조선 왕실의 백년손님

조선 왕실의 백년손님 — 벼슬하지 못한 부마와 그 가문의 이야기

초판 6쇄 발행 2023년 8월 14일
초판 1쇄 발행 2017년 10월 10일

지은이 신채용
펴낸이 정순구
책임편집 조수정
기획편집 정윤경 조원식
마케팅 황주영

출력 블루엔
용지 한서지업사
인쇄 한영문화사
제본 한영제책사

펴낸곳 (주) 역사비평사
등록 제300-2007-139호 (2007. 9. 20)
주소 10497 경기도 고양시 덕양구 화중로 100(비전타워21), 506호
전화 02-741-6123~5
팩스 02-741-6126
홈페이지 www.yukbi.com
이메일 yukbi88@naver.com

ⓒ 신채용, 2017
ISBN 978-89-7696-552-3 / 03910

조선 왕실의 백년손님

벼슬하지 못한 부마와 그 가문의 이야기

신채용 지음

역사비평사

차례

조선 왕실의 백년손님
― 벼슬하지 못한 부마와 그 가문의 이야기

요즘에는 많이 나아졌다고 하지만, 아직까지도 조선시대·조선왕조를 그리 객관적인 시각으로 바라보지 못하는 사람이 많은 듯하다. 우리나라 지폐에 그려진 사임당 신씨, 세종대왕, 율곡 이이, 퇴계 이황을 훌륭한 인물로 존경하면서도 그들이 살았던 조선시대·조선왕조에 대해서는 일본 제국주의에 국권을 빼앗긴 망국으로 인식하는 경향이 크다. 이는 무엇보다 식민사관의 영향이 컸기 때문이다. 그리하여 광복 70여 년이 지난 지금까지도 부정적인 인식은 완전히 불식되지 않았다.

역사상 망하지 않은 나라는 없다. 하지만 망할 때의 무기력하고 무능력했던 모습만을 보고서 500여 년 장구한 역사를 지닌 왕조 전체를 부정적으로만 볼 수는 없지 않은가. 우리는 대부분 세종의 치세를 훌륭한 역사로 생각하며 자부심을 갖지만, 그냥 그뿐이다. 결국 조선은 망한 나라일 뿐이라는 자괴감마저 갖는다. 정말 세종 이후 450여 년이 넘는 세월 동안 조선은 망해가는 길만 걸어갔단 말인가? 그렇다면 조선 후기의 문예부홍기라고 하는 숙종~정조 연간은 어떻게 등장했단 말인가? 여느 나라와 마찬가지로 조선왕조도 발전과 쇠퇴를 거듭했는데, 일제는 조선의 백성들이 식민지가 된 현실을 당연하게 받아들이도록 하기 위해서 가장 가까운 시대의 역사를 부정적으로만 세뇌했던 것이다.

이렇게 삐뚤어진 의도를 지닌 식민사관을 극복하기 위해 역사학계의 각 분야에서는 조선왕조의 흥망성쇠를 올바르게 보려는 연구를 이미 40여 년 전부터 시작하여 현재까지 이어오고 있다. 그리고 그것을 바로잡는 연구 성과를 이루어냈다. 그중 문화사 부분에서는, 조선왕조 초창기에 고려의 불교문화와 외래 이념인 주자성리학의 문화가 혼재하는 중국풍에서 출발했지만, 중기 이후 성리학에 대한 이해가 깊어지면서 조선성리학을 기반으로 하는 '진경문화'로 변화 발전해갔다는 점을 밝혀냈다. 정치사 부분에서는, 초기의 공신·훈구·척신이 정국의 주도권을 장악하며 정치를 운영해갔지만, 이후 붕당 체제 아래 이조 전랑과 삼사를 중심으로 한 신진 사림 세력이 국왕과 함께 왕도정치를 구현하는 '사림 정치'로 발전했고, 후기에 이르면 정국의 안정과 왕권 강화에 목표를 둔 '탕평 정치'로 변화 발전했다는 점을 밝혀냈다.

필자가 이 책을 기획한 것은 바로 이러한 학계의 연구 성과를 본인의 박사학위논문 발표 예정 주제인 왕의 사위 '부마'를 통해서 대중에게 알리고, 나아가 조선시대, 특히 조선 왕실에 대해 부정적으로 인식하는 현실을 조금이나마 개선하는 데 어느 정도 의미가 있다고 생각했기 때문이다. 부마는 왕의 최측근이지만 벼슬할 수 없는 신분이기 때문에 그 개인에 대한 자료는 소수를 제외하고 극히 제한적이다. 그래서 필자는 어쩔 수 없이 조선왕조 92명의 부마 가운데 정치·문화 부분에서 일정한 역할을 했다고 생각하는 12명의 부마를 뽑은 뒤 그들을 개인별 열전의 형식으로 정리했다.(92명의 부마 명단은 이 책의 '부록' 참조) 선행 연구를 모두 이해하고서 이 책에 담아내지 못한 점이 못내 부끄럽다. 공부는 부족한데 마음이 앞선 탓이다. 혹여 미진한 점이 눈에 띄더라도 넓은 아량으로 이해해주고 아낌없는 지적을 바랄 뿐이다.

필자가 조선시대를 공부하고 이 책을 낼 수 있었던 것은 여러 선생님의 지도와 선후배들의 도움 없이는 불가능했다. 역사 공부의 의미와 학자 본연의 길이 무엇인지를 몸소 보여주시고 필자의 물음에 해박한 지식으로 가르쳐주신 간송미술관의 가헌嘉軒 최완수崔完秀 선생님, 필자에게 조선시대 정치사에 눈을 뜨게 해주시고 항상 자애롭고 세세하게 지도해주시는 국민대학교 명예교수 남강南江 정만조鄭萬祚 선생님, 왕실에 대한 새로운 인식과 부마라는 주제를 전공으로 삼게 해주신 지두환池斗煥 교수님께 이 자리를 통해 깊이 감사드린다. 필자의 논문에 늘 성실하게 조언을 해주는 이근호 선배에게도 감사드린다. 책을 내기까지 필자의 원고를 검토해주고 훌륭한 도판을 제공해준 간송미술관의 탁현규 선배와 김민규 동학, 대학 신입생과 조교의 인연으로 만나서 조선시대를 공부하게 된 계기를 마련해주고 지금까지도 친형제처럼 아껴주는 김혁수 선배에게도 고맙다는 말씀을 드린다.

원고의 출간을 허락해주신 역사비평사의 정순구 대표님과 부족한 글을 필자보다도 자세히 검토하고 편집해주신 조수정 편집장님을 비롯한 출판사 관계자 분들께도 감사드린다.

평생 자식의 뒷바라지를 위해 헌신해오신 부모님께 막내가 이 책을 바친다.

2017년 8월 30일

신채용

일러두기

1 연대 표기는 서기와 국왕 재위년을 병기하되, 서기를 먼저 쓰고 국왕 재위년은 괄호 안에 밝혔다.

2 이 책에 등장하는 부마를 비롯하여 왕실 주요 인물의 정보는 지두환, '조선의 왕실' 시리즈 (전 52권, 역사문화, 1999~2009)를 기본으로 하고, 『선원록璿源錄』·『선원속보璿源續譜』 등 왕실 보첩류와 해당 인물의 족보, 『조선왕조실록』 등의 사료를 근거로 작성했다.

3 이 책에서 인용한 『조선왕조실록』과 『승정원일기』는 국사편찬위원회에서 제공하는 원문을 번역한 것이다. 이 외에 문집 등의 사료는 한국고전번역원 고전종합DB(http://db.itkc. or.kr)와 필자가 조사한 자료를 번역해 실은 것이다.

4 각 부마의 〈인물관계도〉는 주요 인물을 중심으로 정리했기 때문에 직계의 모든 자녀를 표시하지는 않았다.

5 이 책의 부록으로 제공하는 「조선왕조 공주·옹주와 부마 명단」은 조선왕조(대한제국 제외) 역대 25명 국왕의 공주·옹주 및 그 배우자인 부마의 명단이며, 추존왕 및 소현세자와 사도세자의 부마들은 제외했다. 차서次序의 경우 왕비나 후궁 소생의 구분은 대체로 『선원록』과 기존 연구를 따랐지만, 간혹 필자의 조사 결과에 따라 약간 순서를 달리했음을 밝힌다.

왜 부마에 주목하는가

부마와 의빈

왕의 사위를 일컬어 '부마駙馬'라고 하는데, 이 용어는 어디에서 유래되었을까? 역사에 관심을 갖고 있는 사람이라면, 아마도 고려시대 원 간섭기에 고려의 왕들이 원나라 황제의 사위인 부마가 되었기 때문에 그로부터 '부마'라는 명칭이 비롯되었으리라 생각할 듯싶다. 하지만 조선시대 왕의 사위를 지칭하는 공식 용어는 부마가 아닌 '의빈儀賓'이었다. 의빈이라는 한자를 풀어보면 '일정한 예의를 갖추어(儀) 맞이하는 손님(賓)'의 뜻을 가지고 있는데, 우리가 흔히 사위를 '백년손님'이라고 부르는 것과 비슷하다.

'부마'라는 용어는 원래 관직명에서 유래한다. 부마라는 관직이 처음 설치된 것은 중국의 한 무제漢武帝 때이고, 진晉나라 이후부터는 공주와 결혼한 사람에게만 부마도위駙馬都尉로 임명했다고 한다. 조선 후기 이른바 실학자로 불리는 성호星湖 이익李瀷은 그의 저서 『성호사설星湖僿說』에서 부마를 다음과 같이 정의했다.

'부駙'는 가깝고 빠르다는 뜻으로 원래 임금의 수레를 모는 말을 관리하는 벼슬인데, 중국 위魏·진晉 시대 이후 공주에게 장가간 자에게 이 벼슬을 준 것에서 부마라는 명칭이 유래하였다.

이로 본다면 부마란 임금의 수레를 모는 말을 담당하는 관직이었으며, 그 관직을 주로 공주와 혼인한 사람이 맡게 되면서 '부마'라는 명칭이 왕의 사위를 뜻하는 말이 된 것이다.

조선 초까지 왕의 사위를 일컫는 말로 '부마'라는 용어를 썼지만, 이 명칭은 집현전을 통해 왕도정치와 제도 정비를 추진해가던 세종 때 '의빈'으로 바뀌었다. 1431년(세종 13) 우의정 맹사성孟思誠(1360~1438)이 "부마는 황제의 사위를 뜻하기 때문에 마땅히 조선에서는 그 칭호를 쓸 수 없습니다."라고 주장했는데, 이 의견이 받아들여져서 논의가 시작된 것으로 보인다. 그리하여 1434년(세종 16) 명나라 제도에 의거하여 제후국이던 조선에서 국왕의 사위를 뜻하는 '의빈'이라는 명칭이 정해졌고, 그것이 조선왕조 최초의 통일 법전인 『경국대전』에도 그대로 반영되었다. 따라서 조선 국왕의 사위를 뜻하는 공식적인 명칭은 '의빈'이다. 그런데 조선 후기까지도 '부마'와 '부마도위', '의빈'은 혼용되었으며, 『조선왕조실록』에도 '의빈'보다 '부마'라는 명칭이 훨씬 더 많이 기록되어 있으므로 조선시대 왕의 사위를 부마라고 일컫는다 해도 무방하다.

부마의 지위

　왕의 자녀를 부르는 명칭으로 '대군'과 '군', '공주'와 '옹주'가 따로 있는 데서 알 수 있듯이, 그들의 지위는 똑같지 않고 차등이 있었다. 이렇게 호칭을 달리 부르는 기준은 그들의 생모가 왕비냐 후궁이냐의 신분으로 정해졌다. 그렇다면 왕의 사위, 곧 공주 또는 옹주와 혼인한 부마는 어떠했을까? 왕의 자녀들이 생모의 지위에 따라 그들에게 따라붙는 칭호와 지위에 차등이 있듯이, 당연히 부마도 그 배우자가 공주냐 옹주냐에 따라 지위에 차이가 존재했다. 『경국대전』에 보면 공주든 옹주든 왕의 여식과 혼인한 자는 '위尉'라는 동일한 명칭의 작위를 받는다. 하지만 공주와 혼인한 부마가 처음에 종1품의 품계를 받는데 비해, 옹주와 혼인한 자는 그 아래인 종2품의 품계를 받는다.

　그렇다고 해서 부마의 이 같은 품계 차등이 지속되었던 것은 아니다. 그들 내부적으로 서열은 존재했지만, 조선 후기에 이르면 옹주와 혼인한 자도 부마로서 가장 높은 품계인 정1품 수록대부綏祿大夫까지 올랐다. 이 밖에 세자빈의 딸 '군주郡主'와 혼인한 자는 '부위副尉'(정3품)의 품계를 받았고, 세자의 후궁 소생인 '현주縣主'와 혼인한 자는 '첨위僉尉'(종3품)라는 품계를 받았는데, 이들은 모두 훗날 세자가 왕위에 오르면 자동적으로 왕의 사위로서 이전 시기의 부마들과 동등한 지위를 누릴 수 있었다.

　그리고 조선시대에는 이들에 관련된 관서인 의빈부儀賓府를 따로 두어 부마에 대한 예우와 생계 등을 관리해주었다.

과거 응시 금지, 정치 참여 금지!

왕의 사위인 부마는 일반 사대부처럼 과거도 보고 벼슬도 지낼 수 있었을까? 조선 개국 후 8년이 지난 1400년(정종 2) 5월, 부마는 왕족인 종친과 함께 벼슬길에 나올 수 없도록 과거 응시가 제한되었다. 그뿐 아니라 중앙 관직과 정치제도가 지속적으로 정비되면서 부마는 일반 관료와 달리 별도의 관품官品과 관계官階를 받아야 했다.

하지만 그것은 원칙으로만 존재했을 뿐 조선의 문물제도가 어느 정도 완비되는 성종 전까지는 오히려 부마들이 왕의 측근이면서도 일반 관료처럼 높은 관직에 올라 정치 일선에서 활동하기도 하고, 과거에 응시하기도 했다. 세종 부마 영천위鈴川尉 윤사로尹師路(1423~1463)는 의정부 좌찬성을 지냈으며, 세조 부마 하성위河城尉 정현조鄭顯祖(1440~1504)는 특명으로 과거에 응시하여 급제했던 사실에서 이를 확인할 수 있다.

그러다가 성종 대에 이르러 『경국대전』이 반포되고 조정 내에 사림 세력이 등장하는 등 성리학적 사회질서가 정착되어가자, 부마의 정치 참여를 제한해야 한다는 사회적 분위기가 조성되었다. 즉, 성종 이후부터 부마는 법에 따라 주어진 관직만 받아야 했으며, 일반 관료처럼 조정에 나가 정치에 참여하는 일이 허락되지 않았고, 과거 응시 또한 철저하게 제한받았다. 이 같은 원칙이 세워지고 시행될 수 있었던 배경에는 조선왕조가 성리학을 국가 이념으로 삼아 건국되었다는 이유가 크다. 성리학에서 중요시하는 명분과 의리의 기준으로 본다면, 왕의 가까운 인척인 사위가 정치 일선에 나서는 것은 분명 용납되지 못할 사유이기 때문이다.

같은 맥락으로, 사림이 주요 정치 세력으로 활동하던 조선 중기에 왕의 장인인 국구國舅가 정치 일선에 나서는 것 역시 용납될 수 없는 일이었다. 이는 본인 스스로도 당당할 수 없는 데다 사림의 지탄을 받기에 마땅한 일이었다.

부마가 된 자는 아무리 뛰어난 학식과 재능을 가지고 있더라도 과거 응시 자격 자체가 주어지지 않았다. 그 때문에 조선 중기 이후부터 사대부 가문의 자제는 부마에 간택되는 것을 결코 달가워하지 않았다고 한다. 상식적으로 생각할 때, 왕의 사위가 된다면 부와 명예를 가질 수 있고 왕실의 일원으로 신분 또한 상승할 텐데, 왜 부마 간택을 달갑게 여기지 않았을까 의문이 들 수 있다. 하지만 과거에 급제하여 관직에 오르고 훌륭한 정사로 치인治人하는 것만이 자신이 갈고닦은 학식과 재능을 펼 수 있는 길이라고 생각했던 사대부로서는 부마의 신분이 결코 영광스럽지 않았던 것이다. 그런 까닭에 부마의 장모인 왕비(또는 대비)가 부마로 간택된 이에게 제도에서 벗어날 만큼 큰 저택을 지어주고 수많은 재산을 하사하면서 벼슬하지 못하게 된 처지를 위로하고 보듬어주기도 했다.

국왕 또한 부마들에게 과거 급제만이 학문의 목적은 아니라는 뜻에서 시문 창작 등 문예를 자주 시험하여 문풍文風을 진작시키기도 했다. 특히 성종 이후의 왕들은 부마들과 자주 시문을 주고받으면서 학문을 장려했는데, 그 결과 중종 부마 여성위驪城尉 송인宋寅, 선조 부마 해숭위海嵩尉 윤신지尹新之, 동양위東陽尉 신익성申翊聖, 금양위錦陽尉 박미朴瀰, 현종 부마 해창위海昌尉 오태주吳泰周 등은 뛰어난 글씨와 문집을 남겨 학자의 면모를 유감없이 드러냈다. 이렇듯 부마가 벼슬하지 못하는 슬픔을 극복하고 탁월한 서예가나 문사로서 이름을 남길 수 있었던 것은 성리학에서 지향하는 궁극적인 인간상과 맞닿아 있다. 요컨대 성리학에서 추구하는 이상적인 인간상은 속세로부터 벗어나 자연에 은거하면서 수기修己의 자세로 성리학 연구에 몰두하고, 이를 바탕으로 제자를 길러내 향촌 사회에 그 이념을 뿌리내리게 하는 은일지사隱逸之士였다. 그러한 대표적인 인물이 바로 우리가 잘 아는 화담華潭 서경덕徐敬德, 남명南冥 조식曺植, 퇴계退溪 이황李滉, 하서河西 김인후金麟厚 등이다. 동시대를 살아간 부마들 또한 이들과 같은 인간상을 지향하면서 벼슬하지 못하는 신분적 굴레에 갇혀 있지 않고 학문을 닦으며, 그것을 기반으로 문예 활동도 주도하게 된 것이다.

왕의 사위, 세자의 매부, 세손의 고모부

조선시대 왕실의 혼인에는 어떤 종류가 있었을까. 국가를 창업하거나 반정을 통해 왕위에 오르지 않고 일반적으로 세자에 책봉된 뒤 왕으로 즉위한 대부분의 경우에는 세자빈의 간택이 가장 중요한 국혼國婚이었다. 왕비가 왕보다 먼저 승하한 경우 새로운 왕비를 들이는 일도 당연히 중요한 국혼에 해당한다. 공주나 옹주의 혼인, 그리고 세자를 제외한 일반 왕자인 종친의 혼인도 왕실 혼인에 속한다. 이외에 후궁을 간택하는 것도 왕실 혼인 중 하나이지만, 후궁은 특별한 경우를 제외하고는 사실상 간택의 과정을 거치지 않았다.

여기에서 공주나 옹주의 남편이자 왕의 사위, 곧 부마 간택이 중요한 이유는, 한 명의 국왕이 공주나 옹주의 수에 따라 부마를 여럿 맞아들일 수 있으므로 부마를 비롯한 그 가문 출신의 인물들을 자신의 근위 세력으로 만들 수 있기 때문이다. 부마는 공주나 옹주의 수의 따라 많게는 10명 이상인 경우도 드물지 않았다. 게다가 공주나 옹주는 왕의 어여쁜 딸이니 사위에 대한 감정도 남달랐을 것이다. 또한 일반 왕자들과 달리 부마는 역모에 추대될 가능성도 거의 없었다. 그런 만큼 부마는 장인인 왕에게서 총애를 받을 수 있었고, 부마 가문은 당대 주요한 정치 세력도 될 수 있었다.

또 한편, 부마는 왕의 사위일 뿐만 아니라 왕위를 물려받을 세자에게는 자형이나 매부이고, 세손에게는 고모부가 되는 존재이다. 이는 무엇을 의미할까? 부마로 간택되었을 때 부마 당사자는 정치 참여가 제한되었던 데 반해 그의 아버지나 할아버지 등은 왕실의 인척으로서 국왕의 근위 세력이 되었다. 그러나 장인인 국왕이 죽은 뒤 처남(또는 처조카), 즉 세자(또는 세손)가 왕위에 오르면 부마는 자형(또는 고모부)으로서 왕의 정치적 후견인이나 조력자 역할을 할 수 있고, 나아가 부마의 후손들도 관직에 진출하여 왕의 든든한 근위 세력이 될 수 있었던 것이다. 부마가 지닌 이러한 특수한 성격의 지위 때문에 부마 간택을 비롯한 혼례 과정은 왕실에서 가장 어른인 대비나 대왕대비가 주관하는 것이 상례이지만, 만약 그들이 죽고 없거나 영향력이 없을 때는 국왕이 직접 부마를 간택했다. 이렇듯 다분히 왕의 정치적 의도하에 간택되었기 때문에 부마를 비롯한 그 가문의 인사들은 후대 왕의 정치적 후견인이나 조력자 역할을 하는 경우가 많았다.

조선왕조 초기 주자성리학에 기반을 둔 정치·사회제도가 정비되기 전, 부마들은 적극적으로 정치 일선에 뛰어들어 권력 쟁탈에서 승리해 재상이 되기도 하고, 역적으로 몰려 처단되기도 했다. 그러나 『경국대전』이 반포되면서 부마가 정치에 관여하는 것이 법적으로 금지되었고, 대신 그들의 아버지나 할아버지, 혹은 부마 자손들의 역할이 더욱 부각되었다. 선출된 권력자가 아닌 세습받은 왕이 다스리는 시대인 만큼 왕의 친·인척은 최고 권력자의 최측근 근위 세력이 되었던 것이다.

　　선조가 영창대군의 보호를 부탁한 유교칠신遺敎七臣의 주요 인사가 부마 가문이었고, 그 부마들이 인조반정에 참여하거나 척화파의 중심 인사로 활동했던 점, 효종이 서인계 관료 가문에서 부마를 간택한 뒤 그 가문의 인사들에게 의정부의 삼정승 등을 독점하게 하면서 국정 현안의 실무를 책임 지우고, 자신의 사위인 부마로 하여금 숙종의 고모부로서 왕권 강화에 힘을 실어주게 했던 점, 영조가 자신의 일곱 부마를 간택하면서 그들 가문의 인사를 모두 탕평파의 핵심 세력으로 양성했으며 그 부마들 중 몇몇이 사도세자와 세손을 보호하다가 훗날 정조 즉위 후 청나라 사행의 정사正使가 되어 북학 수입의 임무를 맡았던 점 등이 바로 그러한 예라고 할 수 있다. 이 외에도 부마나 그 후손들이 조선 후기 정치 세력의 중심에 섰던 사례는 드물지 않다.

　　그동안 조선시대 정치 세력에 대한 연구가 전기에는 공신과 훈척, 사림파를 중심으로, 중·후기에는 동인, 서인, 노론, 소론 등 각 붕당을 중심으로 연구되었고, 왕실 관련 연구에서는 왕비나 후궁만을 주목했기 때문에 왕의 사위인 부마라는 존재와 그 세력은 간과했다. 하지만 『조선왕조실록』 등의 사료에서는 부마 자신을 비롯하여 그 아버지나 자손들이 정치에 적잖은 영향력을 행사했다는 사실을 쉽게 찾아볼 수 있다. 특히 부마는 왕실의 다른 인사에 비해 수적으로 다수를 차지하고 그 가문 출신의 인사들이 조정에 진출하여 왕실의 근위 세력을 구성했다. 따라서 부마를 비롯한 그 가문의 정치적 역할과 위상은 조선시대 정치 세력의 동향을 파악하는 데 매우 중요하다.

조선왕조 500여 년 동안 사상과 문화, 예술이 변화해갔듯이 당연히 정치도 똑같은 모습으로만 운영되지 않았다. 정치를 주도하는 세력이 바뀌면 정치의 지향점도 달라졌기 때문에 정국 운영의 방식도 변화했다. 그렇기 때문에 왕의 사위로서 부마와 그 가문도 당대 정치사의 한복판에 존재하면서 정국 운영을 주도하려는 왕의 정책에 따라 간택된 측면이 크다. 그들은 왕의 사위라는 지위를 이용하여 자신을 간택해준 왕에게 협조하면서 수구적인 자세를 취하거나 왕의 악행을 부추기는 등 역사의 흐름을 가로막기도 했지만, 다른 한편으로는 변화를 이끌어 나가는 군주의 훌륭한 조력자로서 역할을 하기도 했다.

1장 왕위 계승 쟁탈

정업원淨業院 **구기**舊基
홍안군 이제의 부인 경순공주와 영양위 정종의 부인 경혜공주는 남편이 모두 왕위 계승 쟁탈 과정
에서 죽은 뒤 비구니가 된 사연을 갖고 있다. 조선 초기 왕실의 여인 가운데 비구니가 된 이들은
정업원에서 부처님께 귀의하여 구도의 길을 갔다고 한다. 정업원은 원래 도성 안에 있었던 여승방
이지만, 유생들의 반발로 폐지되고 비구니들은 도성 밖으로 쫓겨났다. 지금은 서울시 종로구 숭인
동에 그 터를 알리는 비석만 비각 안에 남아 있다.

왕자의 난과 계유정난

조선왕조는 신진 사대부와 신흥 무인 세력이 연합하여 세운 국가이다. 건국 주도 세력은 불교 국가로서 더 이상의 유지가 힘들다고 판단한 고려왕조를 대신하여 조선을 세우면서, 고려 말부터 수입된 신사상인 주자 성리학을 국가 이념으로 채택했다. 하지만 조선 개국에는 당시 보수 세력인 친원파 권문세족 또한 참여했는데, 그 대표적인 집안의 인물이 태조의 둘째 왕비가 되는 신덕왕후神德王后 강씨康氏와 태조의 부마가 된 홍안군興安君 이제李濟이다.

그리하여 조선 개국 후 새 왕조의 질서를 확립해 나갈 때 신진 사대부와 권문세족 간의 갈등은 필연적으로 일어날 수밖에 없었고, 결국 왕위 계승 문제를 둘러싸고 충돌하게 되는데 그것이 바로 '왕자의 난'이라고 불리는 사건이다. 두 차례에 걸쳐 일어난 왕자의 난에서 승리를 거머쥔 세력은 개혁파 신진 사대부로서, 그 중심에는 태조의 아들 중 유일하게 과거에 급제했던 이방원李芳遠이 있었다. 이방원은 이 사건을 발판으로 삼아 조선의 제3대 왕 태종으로 즉위했다.

태종은 즉위 후 사병私兵 혁파와 동시에 군사권을 장악했으며, 정무의 모든 결재권을 국왕이 가지는 육조직계제六曹直啓制를 실시하여 의정부 재상의 권한을 약화했다. 또한 기득권 세력의 척결을 위해 자신의 맏아들인 양녕대군에게서 왕세자 지위를 박탈하고, 심지어 왕자의 난 때 자신을 도와주었던 처가 민씨 일파도 제거하여 외척의 발호를 막아버렸다. 이후, 셋째 아들인 충녕대군을 세자로 책봉했다. 태종은 충녕대군에게 선위하고 상왕으로 물러났지만 통치자로서 가장 중요한 권한인 군사권만은 직접 관할하면서 세종의 치세를 뒷받침했다.

세종은 아버지가 공신이나 외척 등 왕권 위협 세력을 제거하여 정권을 안정시켜 놓은 덕에 즉위 후 집현전을 중심으로 성리학 이념에 맞는 조선의 문물제도를 안정적으로 정비해 나갈 수 있었다. 선왕 태종이 승하한 뒤에는 국정 운영을 효율적으로 추진하기 위해서 육조직계제를 의정부서사제議政府署事制로 개편했다. 그에 따라 번잡한 정무는 의정부의 재상들에게 맡기고, 자신은 집현전 학사들과 함께 학문과 정치 현안을 논의하는 경연을 통해 성리학 이념에 입각한 왕도정치를 추구했다. 세종의 이러한 왕도정치는 훈민정음 창제, 공법貢法의 제정, 『세종실록오례』, 『속육전』, 『세종실록지리지』, 『칠정산』 등 정치·경제·문화·법률·과학 등 사회 전 분야에서 눈부신 업적을 남기는 바탕이 되었다.

그런데 세종에 이어 즉위한 문종은 재위 2년 만에 승하하고, 어머니와 외할아버지마저 일찍 잃어 외톨이 신세가 된 단종이 12세의 어린 나이로 즉위하자, 세종의 둘째 아들 수양대군이 신숙주^{申叔舟}·권람^{權擥}·한명회^{韓明澮} 등 보수 세력과 결탁하여 왕위를 빼앗는 계유정난^{癸酉靖難}을 일으켰다. 그 결과 세종이 이룩해 놓은 왕위의 적장자 계승을 비롯한 성리학적 종법 질서는 무너지고 왕도정치의 중심 기관이던 집현전도 폐지되었다. 이후 정치 형태는 현실론적인 힘의 논리로 운용되는 패도정치가 나타났다.

계유정난은 왕권 강화라는 미명 아래 수양대군이 중심이 되어 일으킨 사건이지만, 전 시기 정안군 이방원(태종)이 '왕자의 난'을 일으킨 뒤 똑같은 명목으로 추진한 왕권 강화와 전혀 다른 성격을 가지고 있었다. 계유정난은 적장자로서 정당하게 등극한 단종의 왕위를 찬탈한 사건으로, 그 자체가 성리학적 명분에 어긋나는 일이었다. 찬탈 세력은 성리학 이념에 투철했던 집현전 학사들을 제거하고, 왕실과 중첩된 사돈 관계를 맺어 그 세력 기반을 공고하게 다져 나가면서 정국 운영을 독단하는 파행적인 모습을 드러냈다. 이들은 이후 성종, 연산군, 중종 때까지 훈척 세력으로 이어지면서 정국을 주도하며 개혁과 사림을 탄압하는, 이른바 사화^{士禍}가 일어나는 데 근본적인 원인을 제공했다.

그러나 계유정난은 약 240년이 지난 뒤 숙종에 의해 '잘못된 일'로 바로잡힌다. 이에 따라 노산군은 '단종'이라는 묘호廟號를 받아 그 신주가 종묘에 모셔졌고, 역적의 누명을 쓰고 죽은 성삼문成三問·박팽년朴彭年 등의 사육신은 충신으로 인정받아 명예가 회복되었다. 피상적으로만 본다면 왕자의 난과 계유정난 모두 왕권 강화에 목적을 둔 왕위 계승 쟁탈이지만, 그것을 주도한 세력의 정치적 성격과 지향점으로 본다면 두 사건은 전혀 다른 것이다.

조선 건국 초기, 성리학에 대한 이해와 그것을 기반으로 한 사회질서가 확립되기 전에는 왕의 사위인 부마들 또한 왕위 계승 다툼에 직접적으로 참여하는 등 정치 일선에서 활동했다. 예컨대 태조의 부마인 흥안군 이제는 조선 건국 과정에 참여하여 개국공신에 이름을 올렸으며, 세종의 부마인 영천위鈴川尉 윤사로尹師路는 수양대군의 왕위 찬탈에 협조하여 재상이 되었다. 이와 반대로 정쟁에서 패배한 세력에 참여했던 부마들은 아무리 왕의 사위라고 한들 목숨을 부지할 수 없었는데, 바로 그러한 대표적 인물이 문종의 사위인 영양위寧陽尉 정종鄭悰이다.

흥안군은 태조의 부마로 조선 개국의 1등 공신이었으나, 왕자의 난이 일어났을 때 이방원 세력에게 죽임을 당했고, 영양위는 처남 단종을 보호하다가 세조에 의하여 억울하게 죽었다. 이들은 권력 쟁탈 과정에서 희생된 조선 초기 부마의 전형적인 모습을 보여준다. 두 부마의 부인인 경순공주와 경혜공주 또한 남편이 죽은 뒤 여승이 된 공통적인 사연도 가지고 있다.

흥안군 이제 인물관계도

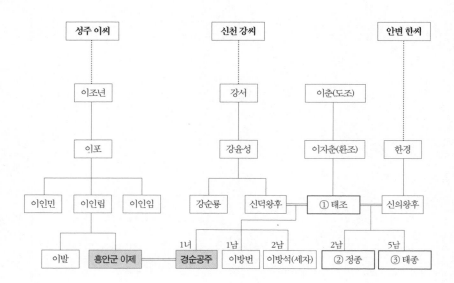

01
개국공신의 운명, **태조 부마 흥안군 이제**

권력 쟁탈의 한가운데서

흥안군興安君 이제李濟(1365?~1398)는 태조 이성계李成桂(1335~1408)의 맏
사위다. 그는 조선이 건국되기 전, 훗날 경순공주慶順公主(?~1407)가 되
는 이성계의 딸과 혼인했고, 이후 고려의 충신인 포은圃隱 정몽주鄭夢周
(1337~1392)를 제거하는 데 참여하면서 개국공신의 반열에 올랐다.

하지만 개국 이후에는 자신의 처남인 세자 방석芳碩(1382~1398) 및 정도
전鄭道傳(1342~1398), 남은南誾(1354~1398), 심효생沈孝生(1349~1398)과 결탁하여
정안군 이방원李芳遠(1367~1422)에 맞섰다. 1398년(태조 7) 제1차 왕자의 난
이 일어났을 때 이방원과 조준趙浚(1346~1405) 등은 정도전 세력을 제거한
뒤 태조의 윤허를 받아 방석에게서 세자의 지위를 박탈했다. 그 당시 이
제는 태조의 곁에 있다가 집으로 돌려보내졌지만, 끝내 이방원의 군사들
에게 피살되고 말았다.

ⓒ한국학중앙연구원

흥안군 이제

이제는 고려 말 권문세족의 후손으로 태어나 이성계의 맏딸 경순공주와 결혼했으며, 이후 이성계를 추대하여 개국공신 1등에 책록되고 흥안군에 봉해졌다. 1398년(태조 7) 제1차 왕자의 난이 일어났을 때 정도전 일파에 속했기 때문에 이방원 세력에게 살해되었다.

이제李濟가 집으로 돌아오자 옹주(경순공주)가 이제에게 이르기를 "제가 당신과 함께 정안군(태종)의 사저私邸에 간다면 반드시 살게 될 것입니다." 했는데, 이제가 그 말을 듣지 않았다. 결국 저녁에 군사들이 쫓아와서 그를 죽였다. 정안군이 이 소식을 듣고 그제야 놀라서 즉시 진무鎭撫 전흥田興을 불러들여 말하였다. "홍안군이 죽었기 때문에 노비가 반드시 도망가 흩어질 것이다. 그대가 군사 10여 명을 거느리고 홍안군의 집에 가서 시체를 거두게 하고, 노비들에게 신칙하기를 '만약 도망가는 사람이 있으면 후일에 반드시 중한 죄를 줄 것이다.' 하라."

— 『태조실록』, 태조 7년(1398) 8월 26일

이제의 가문과 이성계의 인적 기반

홍안군의 가문은 고려 말 대표적인 권문세족 중 하나인 성주 이씨다. 그의 증조할아버지가 성산군星山君 이조년李兆年(1269~1343), 둘째 큰아버지가 좌시중左侍中 이인임李仁任(?~1388), 아버지는 밀직부사密直副使 이인립李仁立이다. 이렇게 대단한 위세를 지닌 집안에서 태어난 홍안군이 당시 정치적 성향이 같았던 친원파 신천 강씨를 외가로 둔 경순공주, 곧 이성계의 딸과 혼인한 것은 어찌 보면 당연했다. 경순공주의 외할아버지 강윤성康允成은 고려 충혜왕과 충목왕 때 정2품 관직인 찬성사贊成事를 지냈고, 외삼촌 강순룡康舜龍은 빠이앤티무르(伯顏帖木兒)라는 몽골 이름을 가지고 원나라에 들어가서 숭문감 소감崇文監少監을 지내기도 했다.

훗날 홍안군의 장인이 되는 이성계는 어렸을 때 고향 함흥에서 안변 한씨安邊韓氏(1337~1391)와 혼인했는데, 한씨 부인과의 사이에서 6남 2녀를 얻었다. 우리가 잘 알고 있는 조선의 제2대 왕 정종, 제3대 왕 태종이 모두 한씨가 낳은 아들이다. 이성계는 함흥에서 나고 자라며 그곳의 무인武人으로 활약했기 때문에 첫 혼례도 고향에 있는 처자와 올렸다. 그러나 아버지와 함께 변방의 외적을 물리치며 전투에서 공을 세운 뒤 수도인 개경에 올라와서 둘째 부인을 얻었다. 그녀가 나중에 태조의 계비 신덕왕후神德王后가 되는 강씨康氏(?~1396)이다.

이성계는 아버지 이자춘李子春(1316~1361)이 죽은 뒤 그 지위를 이어받은 20대 후반부터 본격적으로 두각을 나타내기 시작했다. 그는 1362년(공민왕 11) 홍건적에게 함락된 개경을 탈환하여 수복경성공신收復京城功臣 1등에 봉해지는데, 이때 강윤성의 조카 강영康永과 강원보康元甫도 함께 공신에 책봉되었다. 이때가 조선왕조 개국 30년 전이었다. 그 뒤에도 외적을 물리친 공로로 공신에 책봉되는 등 이성계는 젊은 나이에 무장으로서 승승장구했다. 바로 그 덕에 개경에 기반을 가지고 있으면서 자신의 큰아버지 이자흥李子興과 사돈인 친원파 신천 강씨 가문의 사위가 된 것으로 추정되는데, 그때가 그의 나이 31세쯤인 1365년(공민왕 14)을 전후한 시기였을 것이다.

그로부터 10여 년 뒤에 반원 자주 정책을 추진하던 공민왕이 피살되고 친원파 세력이 다시 정권을 잡는 사건이 일어났는데, 이미 친원파 가문의 사위로 있는 이성계에게 이 사건은 자신의 인적 기반을 더욱 공고히 다지는 기회가 되었다. 그때가 1374년에서 1375년 사이인 우왕 즉위

정릉貞陵

태조의 계비인 신덕왕후 강씨의 능으로, 서울시 성북구 정릉동에 소재한다. 정릉은 원래 서울시 중구 정동의 영국대사관 자리에 있었는데, 태종에 의해 지금의 자리로 옮겨졌다. 신덕왕후는 승하 후 곧바로 그 신주가 종묘에 모셔지지 못했으나, 270여 년이 지난 1669년(현종 10) 송시열의 주장에 따라 비로소 종묘에 배향되었다. 이때 무덤도 보수되면서 지금의 왕릉 모습을 갖추게 되었다.

초기였고, 실권자는 이제의 둘째 큰아버지 이인임이었다. 10여 년 전 이성계가 강씨 부인과 혼인하여 바로 경순공주를 낳았다면 이 무렵 그녀는 11~13세 전후의 나이였을 터다. 아마 이성계는 그즈음에 딸을 비슷한 나이(11세로 추정)의 이제와 혼인시킨 것으로 보인다.

태조는 첫째 부인 신의왕후 한씨와의 사이에서 낳은 첫째 딸 경신공주(?~1426)를 1396년(태조 5)에 이애李薆(1363~1414)와 혼인시켰고, 둘째 딸 경선공주를 언니보다 3년 앞선 1393년(태조 2) 10월에 심종沈淙(?~1418)과 혼인시켰다. 이해 1월 첨서중추원사僉書中樞院事 정총鄭摠(1358~1397)이 쓰고 가을 9월에 세운 환조桓祖(이성계의 아버지 이자춘)의 정릉定陵 비문에는 다음과 같은 기록이 있다.

> 한씨가 낳은 두 딸은 아직 어리고, … 계실繼室 강씨는 판삼사사 강윤성의 딸인데 현비顯妃로 책봉되었으며, 아들 방번은 무안군撫安君에 봉해지고, 방석은 어리며, 딸은 경산 이씨(성주 이씨를 가리킴. 경산은 성주의 옛 지명) 이제李濟에게 시집갔는데 (이제는) 흥안군興安君에 봉해졌다.
>
> —『태조실록』, 태조 2년(1393) 9월 18일

즉, 태조가 첫째 부인 한씨에게서 얻은 두 명의 공주는 둘째 부인 강씨가 낳은 경순공주보다 어렸기 때문에 모두 조선 개국 이후에 혼인했다. 따라서 이들보다 앞서 혼인한 것으로 추정되는 흥안군이 태조의 맏사위로서 조선 건국에 적극적으로 참여했고, 그 공으로 개국 1등 공신이 되었던 것이다.

이렇게 태조 이성계는 자신의 두 번째 혼인은 물론이고 강씨 부인 소생 맏딸의 혼인 상대도 당대 가장 막강한 정치 세력인 권문세족 이인임 가문으로 택함으로써 친·인척 후원 세력을 단단히 등에 업을 수 있었다. 친원파 성향의 인척들은 이성계가 친명 성향의 신진 사대부들과 연합하여 친원파를 몰아낼 때도 살아남을 수 있었다. 친원파 가문 출신의 흥안군이 조선 개국에 참여하여 공신의 반열에 오를 수 있었던 것도 바로 이성계의 사위였기 때문에 가능한 일이었다.

태조

이성계는 고향 함흥에서 안변 한씨와 혼인하고, 아버지가 죽은 뒤 그 지위를 이어받아 동북면東北面 상만호上萬戶가 되었다. 이후 외적을 물리친 공을 세워 중앙 정계로 진출했으며, 권문세족의 후손인 신천 강씨를 둘째 부인으로 맞아들이면서 기득권 세력의 지지도 얻을 수 있었다. 하지만 정치적으로는 신진 사대부와 연합하여 조선왕조를 세우고 태조로 등극했다.

개국 1등 공신

고려 말 최고 실권자 가문의 후손 이제를 사위로 삼은 이성계는 본격적으로 대권을 향한 꿈을 실현해 나가기 시작했다. 먼저 무장으로 외적을 물리치면서 이름을 날리고 공신에 책봉되는 등 출세 가도를 달렸는데, 마침내 1388년(우왕 14) 54세의 나이로 수문하시중守門下侍中이라는 재상의 지위에 올랐다. 바로 이해에 요동 정벌을 나갔다가 군대를 돌리는 '위화도 회군'을 단행하여 개경을 점령하고, 자주적 노선을 취하던 최영崔瑩(1316~1388)을 제거하는 정변을 일으켜 성공했다. 이어 이성계는 '홍무洪武' 연호를 쓰면서 친명 정책을 내세우고, 9세의 어린 세자 창昌을 왕으로 옹립했다. 변방 출신의 무인이던 그는 이로써 고려 말기 실질적인 최고 권력자가 되었다.

이해 12월에는 친명파들이 이성계를 추대하여 새 왕조를 건국하고자 하는 급진 개혁파와 고려왕조의 유지 속에서 점진적인 개혁을 추진하려는 온건 개혁파로 나뉘었는데, 주도권을 잡은 급진 개혁파의 이성계·조준·정도전 등은 그들이 옹립한 창왕을 1389년 11월에 폐위하고 종실 정창군定昌君 왕요王瑤를 새로 추대했다. 정창군은 고려의 마지막 왕인 공양왕이다. 급진 개혁파는 이후 온건 개혁파 제거에 본격적으로 돌입했다.

성인이 된 이제는 장인의 최대 정적이던 정몽주 제거에 참여했다. 그의 나이 28세 무렵인 1392년 3월에 장인 이성계가 명나라에서 돌아오는 공양왕의 세자 왕석王奭을 마중하러 나갔다가 말에서 떨어지는 사고가 일어났다. 그러자 이 틈을 타서 온건 개혁파인 정몽주는 이성계 일파를 제거하려는 계획하에 조준·정도전 등을 탄핵했으며, 공양왕은 그의 청을 받아들여 이들을 귀양 보내버렸다. 바로 이때 이제는 이 국면을 타개할 방법을 찾기 위해 자신보다 어린 처남 이방원을 찾아갔고, 그 자리에서 정몽주를 제거해야 한다는 방원의 말을 들었다. 당시 이방원은 친어머니 한씨가 1년 전인 1391년 9월에 죽어서 무덤(훗날 제릉齊陵) 옆에 여막을 짓고 여묘살이를 하고 있었다. 바로 그곳에 이제가 찾아갔던 것인데, 그 상황이 『태조실록』에 다음과 같이 전한다.

우리 전하(태종)가 그때 모친상을 당하여 속촌粟村에 있는 묘 옆에서 여묘살이를 하고 있었는데, 이제가 차와 과일을 가지고 찾아왔다. 전하가 이제에게 "정몽주는 반드시 우리 집안에 해로우니 마땅히 먼저 제거해야 한다." 하고 말하니, 이제가 "네, 네" 대답하였다.

태조가 벽란도에 도착하여 머물 때, 전하(태종)가 달려가 고하기를 "정몽주는 반드시 우리 집안을 모함할 것입니다." 하니, 태조가 대답하지 아니하였다. …

전하가 즉시 태조의 사제私第(사저)로 돌아와서 상왕(정종)과 이화李和(의안군, 이성계의 이복동생)·이제와 의논하여 이두란李豆蘭을 시켜 몽주를 치려고 하니, 이두란이 말하기를 "우리 공公(태조)께서 모르는 일을 제가 어찌 감히 하겠습니까?" 하니, 전하가 말하기를 "아버님께서 내 말을 듣지 아니하시지만 정몽주는 죽이지 않을 수 없기 때문에 내가 마땅히 그 허물을 책임지겠다." 하고는 휘하 군사 조영규趙英珪를 불러 말하기를 "이씨李氏가 왕실에 공로를 세운 사실은 나라 사람들이 모두 알고 있다. 그러나 지금 소인의 모함을 당했기 때문에, 만약 스스로 변명하지 못하고 손을 묶인 채 살육을 당한다면 저 소인들은 반드시 이씨에게 나쁜 평판을 뒤집어씌울 것이니, 후세에 누가 이 사실을 알겠는가? 휘하의 군사들이 많은데, 그중에서 한 사람도 이씨를 위하여 힘을 쓸 사람이 없는가?" 하니, 조영규가 분개하면서 말하기를 "감히 명령대로 하지 않겠습니까?" 하였다.

— 『태조실록』, 총서

이제와 그의 처남 이방원을 중심으로 하는 세력은 결국 조영규趙英珪 (?~1395)를 시켜 정몽주를 선죽교 위에서 때려죽였다. 온건 개혁파의 핵심 인물인 정몽주가 제거되자 허수아비 임금 공양왕은 왕위에 오른 지 3년도 못 되어 폐위되고, 마침내 1392년 7월 17일 이성계가 58세의 나이로 국새를 받아 왕으로 등극했다.

이성계의 사위 이제는 개국의 공으로 배극렴裵克廉(1325~1392)·조준·정도전 등과 함께 1등 공신이 되면서 흥안군에 봉해졌고, 강씨의 첫째 아들인 무안대군 방번芳蕃(1381~1398)과 함께 의흥친군위 절제사義興親軍衛節制使에 임명되었다. 태조는 사위 흥안군의 본관 성주를 왕실의 관향인 전주로 바꿔주면서 그에 대한 총애를 모든 신하에게 보여주기도 했다.

이렇듯 한때는 흥안군과 이방원이 매부와 처남의 관계로 이성계를 추대하여 조선 건국이라는 동일한 목적을 가지고 서로 협력하는 사이였지만, 건국 후에는 왕위 계승을 둘러싸고 서로 죽일 수밖에 없는 정적으로 마주하는 운명을 맞는다.

포은 정몽주

정몽주는 1337년(충숙왕 복위 6)에 정운관鄭云瓘과 영천 이씨永川李氏 사이에서 태어나 24세의 나이로 과거에 장원급제했다. 신사상인 주자성리학을 연구하여 이른바 동방 이학理學의 시조로 평가받으면서 신진 사대부의 중심 인사가 되었다. 급진 개혁파에 맞서 고려왕조를 유지하면서 개혁을 추진하려 했지만, 1392년 4월 선죽교에서 이방원의 수하인 조영규에게 격살당했다.

1401년(태종 1) 영의정부사에 추증되고, 1431년(세종 13) 『삼강행실도』에 충신으로 실렸으며, 1517년(중종 12) 문묘에 종사되었다.

이제 개국공신 교서李濟開國功臣敎書

1392년 태조 이성계가 이제에게 내린 공신 교서이다. 고려 말 정치의 난맥상과 조선 건국의 정당
성을 천명하고, 건국 과정에서 이제 등이 크게 공을 세웠으므로 개국 1등 공신에 봉한다는 내용이
다. 현재까지 유일하게 전하는 개국공신 교서이다.

정도전과 결탁

경순공주의 친동생이자 홍안군 이제의 처남인 방석이 11세의 나이로
조선 건국 후 한 달여 만인 8월 20일에 세자로 책봉되었다. 이 일은 홍
안군으로 하여금 훗날 왕의 유일한 친자형이 된다는 섣부른 기대를 안
겨주었을 것이다. 개국 1등 공신이자 태조의 사위라는 지위를 갖고 있는
데, 그에 더해 친처남이 세자에 책봉되었으니 홍안군의 위세는 실로 거
칠 것이 없었다. 그가 사적인 감정을 품고 관원을 폭행한 일이 일어났는
데도 사헌부에서 홍안군을 탄핵하는 관원이 없었을 정도다.

하지만 그가 누린 영화는 딱 거기까지였다. 세상만사가 그의 생각처럼
이루어진다면 얼마나 좋겠는가. 조선왕조를 발전시키고 이끌어 나갈 주
역은 홍안군이 아니라 바로 주자성리학 이념에 투철한 신진 사대부였기

때문이다.

한편, 태조의 첫째 부인 한씨가 낳은 아들 중에는 조선 개국에 앞장선 인물이 많았다. 조선 제2대 왕 정종으로 즉위한 이방과李芳果(1357~1419), 제3대 왕 태종으로 즉위한 이방원이 대표적이다. 특히 그중에서도 이방원은 길재吉再(1353~1419), 원천석元天錫(1330~?)과 같은 당대 최고의 학자들에게서 성리학을 배웠고, 신진 사대부 민제閔霽(1339~1408)의 사위가 되었으며, 1383년(우왕 9)에는 과거에 급제한 경험도 갖고 있다. 그는 태조의 여덟 아들 가운데 유일한 과거 급제자로서 성리학을 익힌 신진 사대부였다. 그야말로 학식과 정치적 수완을 갖춘 가장 뛰어난 아들이었다. 게다가 아버지의 최대 정적인 정몽주를 제거하는 데 앞장서서 조선 개국을 앞당겼다. 이러한 그를 제치고 막내아들 방석을 세자로 세운 일은 건국의 주축 세력인 신진 사대부에게 엄청난 충격으로 다가왔을 것이다. 사실 신진 사대부뿐 아니라 이방원에게도 그 일은 엄청난 충격이었을 터다. 이때 그의 나이 26세로 그 누구보다 조선 개국에 공이 컸는데, 겨우 11세의 어린 이복동생이 세자로 책봉되었으니 개인적으로도 얼마나 큰 실망과 타격을 받았을지 짐작할 만하다.

방석의 세자 책봉은 신덕왕후 강씨와 그의 사위 홍안군 등 권문세족의 후예들이 정도전 일파와 결탁하여 주도한 일이었다. 방석이 세자로 책봉되고 이듬해인 1393년(태조 2) 6월 19일에 갑자기 내시 이만李萬이 참형을 당하고 방석의 원래 부인인 현빈 유씨賢嬪柳氏가 쫓겨나는 사태가 벌어졌는데, 대간과 형조에서는 백성들이 그 이유를 알지 못해 의심하고 두려워하므로 관련자를 국문하여 정상을 밝힐 것을 태조에게 청했다. 하지만 태조는 자신의 집안일이라며 외부인들이 알 바가 아니라고 구차하게 말하면서, 오히려 대간과 형조의 관리들을 국문하고 귀양 보내버렸다. 이때 처벌받은 이들이 좌간의左諫議 이황李滉(?~1401), 우간의右諫議 민여익閔汝翼(1360~1431), 직문하直門下 정탁鄭擢(1363~1423), 기거주起居注 이지강李之剛(1363~1427), 형조 전서刑曹典書 이서李舒(1332~1410), 사헌 중승司憲中丞 박포朴苞(?~1400), 사헌 시사司憲侍史 이원李原(1368~1430) 등으로서, 이들 대부분은 이방원 측 성향의 인사였다. 즉, 현빈 유씨가 쫓겨난 이유는 항간에 알려졌듯이 내시와 간통했다기보다는(실록에도 간통했다는 말은 나오지 않는다) 정치적인 이유로 폐출되었음을 짐작케 한다.

결국 이듬해인 1394년(태조 3) 10월, 정도전 일파는 자신들의 최측근 세력인 심효생의 딸 부유 심씨富有沈氏를 세자빈으로 들였다. 방석의 세자 책봉과 심씨의 세자빈 책봉은 신덕왕후와 흥안군, 그리고 정도전 일파가 태조 승하 이후의 왕실을 장악하고자 도모한 일련의 사건이었다.

그러나 세자 방석의 든든한 후원자인 생모 신덕왕후가 2년 뒤인 1396년(태조 5)에 갑자기 승하했다. 게다가 정도전을 명나라로 압송하라는 명 태조의 칙명이 내려지는 일까지 일어났는데, 그 이유는 정도전이 작성한 표문表文에 황제를 능멸하는 문구가 있다는 것이었다. 다급해진 정도전은 신병을 이유로 명나라에 가지 않으면서, 다른 한편으로 자신과 갈등을 빚고 있는 왕자들의 병권을 빼앗기 위해 중국의 사례를 들어 왕자들을 전국 각 도로 내보낼 것을 계획했다. 그런데 이듬해 1397년 4월, 조선과 정도전을 견제한 명 태조가 사은사로 왔던 판삼사사判三司事 설장수偰長壽 편에 예부의 자문咨文을 보내면서 "정도전이란 자는 왕에게 어떤 도움을 주고 있는가? 왕이 만일 깨닫지 못한다면 이 사람은 반드시 화禍의 근원이 될 것이다."라는 글까지 써 보내자, 정도전은 설장수를 무고하는 한편 자신이 판의흥삼군부사判義興三軍府事로서 예전에 태조에게 올렸던 『오진도五陣圖』를 바탕으로 군사훈련을 추진했다. 이는 진법 훈련을 명목으로 군사권을 장악하고자 하는 의도가 숨어 있었다. 급기야 1년 뒤 1398년(태조 7)에 명 태조가 승하하자 정도전은 요동 정벌을 내세우면서 대규모 군사훈련을 강화했다. 그러나 이해 가을 8월 26일, 정도전은 자신의 계획을 미리 눈치챈 이방원 세력에게 일격을 당하고 만다. 이것이 바로 '정도전의 난' 또는 '제1차 왕자의 난'이라고 불리는 사건이다.

당시 이방원은 정도전과 심효생 등이 남은의 애첩인 소동의 집에 모여 있다는 첩보를 듣고 곧바로 쳐들어가 이들 모두를 제거했으며, 이후 좌정승 조준과 우정승 김사형金士衡(1341~1407) 등과 연합한 뒤 경복궁으로 가서 친군위 도진무親軍衛都鎭撫로 있는 자신의 고종사촌 조온趙溫(1347~1417)을 불러내 합세했다.

이때 흥안군은 자신의 친처남들인 세자 방석, 무안대군 방번과 함께 대궐에서 이방원 세력에 맞서 한판 일전을 벌이고자 갑옷을 입은 채 준비하고 있었다. 일촉즉발의 긴장감이 도는 이때 방원의 지시를 받은 도당都堂이 이미 정도전·남은 일파를 제거했다는 사실을 태조에게 아뢰었다. 그러자 태조 곁에 있던 흥안군은 군사를 거느리고 나아가 이방원 세력을 공격하겠다고 말했다. 당시의 상황이 『태조실록』에 전한다.

도당에서 백관들을 거느리고 임금에게 아뢰었다. "정도전·남은·심효생 등이 무리를 이루고서 비밀히 모의하여 우리의 종친宗親 원훈元勳을 해치고 우리 국가를 어지럽게 하려 했습니다. 일이 급박한 바람에 신 등은 미처 아뢰지 못하였습니만, 그들은 이미 제거되었습니다. 원하옵건대 성상께서는 놀라지 마옵소서."

이제가 그때 곁에 있다가 임금에게 아뢰기를 "여러 왕자들이 군사를 일으켜 남은 등을 죽였으니 장차 화가 신에게도 미칠 것입니다. 청하옵건대 군사를 거느리고 나가서 저들을 공격하게 해주십시오."라고 하니, 임금이 말하였다. "걱정하지 말아라. 화가 어찌 너에게까지 미치겠는가?" 화和(의안군)도 또한 말리며 말하였다. "내부에서 일어난 일이니 서로 싸울 필요가 없다."

이에 이제가 칼을 빼고서 노려보기를 몇 번이나 했지만, 화和는 편안히 앉은 채 움직이지 않았다.

— 『태조실록』, 태조 7년(1398) 8월 26일

홍안군은 이방원 세력과 일전을 각오했지만, 태조가 만류했다. 더 이상 방석이 세자로 있을 수 없다는 대세를 깨달았기 때문일 것이다.

이후 태조가 방석의 세자 지위를 박탈하자 방석은 울면서 하직 인사를 하고 나갔다. 세자빈 심씨가 그의 옷자락을 부여잡은 채 울며불며 매달렸으나 소용없었다. 궁성에서 나간 방석은 결국 이방원 세력에게 죽임을 당했고, 그 형 무안대군 또한 통진으로 유배 가던 중 피살되었다. 태조가 신덕왕후 강씨와의 사이에서 낳은 두 아들 모두 이복형에 의해 비운의 운명을 맞이했던 것이다. 홍안군은 이때 자신의 집으로 돌려보내졌으나 그 역시 죽임을 면치 못했다. 이방원에게 귀의하면 살 수 있을 것이라며 부인 경순공주가 남편을 설득해보았지만, 그의 운명은 달라지지 않았다.

비구니가 된 부인의 운명

이제가 왕위 계승 쟁탈의 소용돌이 속에서 죽임을 당한 뒤 부인 경순 공주의 운명도 순탄하게 흘러가지 못했다. 그녀는 남편과 두 동생이 죽은 지 1년 뒤인 1399년(정종 1) 9월 10일 아버지 태조의 명으로 머리를 깎고 여승이 되었다. 아마도 태조는 남편과 두 동생을 잃은 딸에게 아버지로서 속세의 상처를 치유해줄 수 있는 방법이 오직 부처님께 귀의하도록 하는 것밖에 없다고 생각했을지도 모른다.

비구니가 된 경순공주의 삶에 대해서는 실록에 더 이상 전해지는 바가 없지만, 일설에는 정업원淨業院에 머물렀다고 한다. 당시 방석의 부인, 곧 경순공주의 올케 심씨도 비구니가 되었는데, 그녀가 1408년(태종 8)에 그곳의 주지가 되었다는 사실로 보아 왕자의 난에 남편을 잃은 시누와 올케가 부처님께 귀의하여 서로를 의지하면서 살았으리라 추정된다.

경순공주는 출가한 지 8년 후인 1407년(태종 7) 8월 7일에 슬하에 자식 없이 생을 마감했다. 고려 말 권문세가의 외손녀로 태어났고 새로운 국가인 조선왕조의 공주가 되어 짧게나마 화려한 삶을 살았지만, 결국 그녀의 운명도 비극적으로 끝나고 말았다. 세월이 흘러 1438년(세종 20), 세종은 홍안군 이제의 동생 병조 판서 이발李潑(1372~1426)의 둘째 아들 이윤

李潤을 홍안군과 경순공주의 후사로 삼아 대를 잇게 해주었다.

둘째 부인과 그 소생의 자녀들을 먼저 저승으로 떠나보낸 태조도 상심이 클 수밖에 없었을 것이다. 그래서인지 경순공주가 죽은 이듬해인 1408년(태종 8) 5월 24일에 춘추 74세로 승하했다. 고려 말 외적을 물리치면서 명성을 날린 뒤 중앙 정치에 뛰어들어 권력의 실세 가문들과 연이어 인척 관계를 맺고, 정치적으로는 신진 사대부와 연합하여 조선왕조를 창업한 한 시대의 영웅이었으나, 그때 인연으로 낳은 두 아들을 잃고 딸은 비구니가 되어버린 아버지로 보자면 슬픈 사연을 지닌 왕이었다.

그의 맏사위 홍안군은 세종 즉위 후인 1422년(세종 4)에 신원되어 장인 태조의 묘정에 배향되었으며, '경무景武'의 시호를 받았다.

왕권 강화의 명분

성리학적 윤리관에 따른 적장자 왕위 계승 원칙을 어그러뜨린 정도전·남은·심효생과 이들 세력에 가담한 홍안군 이제가 세자 방석을 옹위하기 위해 이방원 등 한씨 부인 소생의 왕자들을 제거하려다가 도리어 그들에게 죽임을 당한 사건이 바로 조선왕조 건국 초기의 왕위 계승을 둘러싸고 일어난 제1차 왕자의 난이다.

정권을 잡은 이방원은 적장자 세습의 원칙과 명분을 내세워 자신의 형 이방과를 제2대 왕으로 즉위케 하고, 또한 2년 뒤에는 정종에게 적장자가 없다는 명분을 내세워 본인이 제3대 왕으로 등극했다. 즉위하고 곧이어, 자신이 격살했던 정몽주를 고려의 충신으로 선양하여 영의정부사에 추증하고, 불교 억압 정책을 펼쳐 그 나름대로 성리학 이념에 맞는 정책을 표방하기는 했다. 그러나 다른 한편으로는 강력한 왕권 확립을 위해 과거 자신을 도왔던 공신과 외척을 제거하면서 세자(양녕대군)를 폐위했고, 종친 등이 갖고 있던 병권을 혁파했으며, 육조직계제를 실시했다. 재위 말년인 1418년(태종 18)에는 셋째 아들 충녕대군(훗날 세종)을 세자로 책봉한 뒤 그 장인 심온沈溫(1375~1418) 일파마저 제거함으로써 왕실의 외척을 모조리 폐가시켜버렸다. 정적을 제거할 때 잔인할 만큼 무자비한 모습을 보인 태종의 정치 수완은 결과적으로 아들 세종 대의 정치적 안정과 발전을 가져왔다. 세종은 이를 기반으로 왕도정치를 통해 주자성리학에 대한 이해를 심화해갔으며, 각종 문물제도를 정비해 나갔다.

태종은 이미 세자로 책봉된 이복동생을 죽이고 정권을 탈취했기 때문에 집권 명분이 약할 수밖에 없었으며, 이는 적극적으로 왕권 강화 정책을 펼친 하나의 이유이기도 했다. 그런 태종의 왕권 강화 지향적인 모습을 훗날 손자 수양대군이 왕위를 찬탈하는 명분으로 삼는 아이러니를 낳았는데, 그것이 바로 왕권의 강화라는 미명 아래 조카 단종과 그를 보호하려는 충신을 역적으로 몰아서 죽여버린 '계유정난'이다.

영양위 정종 인물관계도

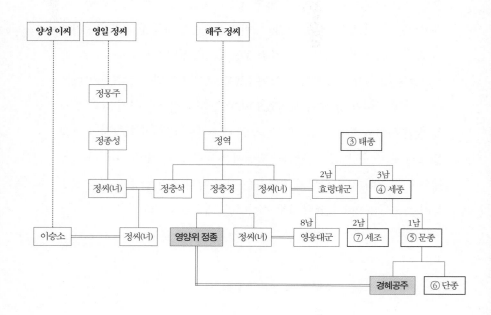

양성 이씨　영일 정씨　　　해주 정씨

정몽주

정종성

③ 태종

정씨(녀)　정총석　정충경　정씨(녀)　　2남 효령대군　　3남 ④ 세종

이승소　정씨(녀)　영양위 정종　정씨(녀)　8남 영응대군　2남 ⑦ 세조　1남 ⑤ 문종

경혜공주　⑥ 단종

02
단종의 보호자, **문종 부마 영양위 정종**

300여 년 뒤 인정된 충신

조선 제5대 왕 문종의 딸 경혜공주敬惠公主(1435~1473)와 혼인하여 영양
위寧陽尉에 봉해진 정종鄭悰(1435~1461)은 자신의 처남인 단종의 유일한 보
호자였다. 단종이 숙부 수양대군에게 왕위를 빼앗기고 난 뒤, 영양위 정
종은 단종의 복위를 도모했다는 이유로 억울하게 죽임을 당했고, 300여
년이 훨씬 지난 뒤에야 정조에 의해 충신으로 인정되면서 그 명예가 회
복되었다.

이때에 이르러 전교하기를 "… 영양위 집의 일을 논하면서 '난신亂臣
으로 논할 수 없다.'고 하셨다. 그 훌륭하신 훈계와 계책은 해와 별처
럼 환히 빛나 임시방편에 통달하고 원칙을 부식한 성인의 깊은 뜻을
삼가 엿볼 수 있다. 그것을 천명하고 드러내는 것이 어찌 우리 후인에

장릉莊陵 **배식단**配食壇**과 충신위**忠臣位
위패

강원도 영월군에 소재한 장릉(단종의 능) 경내에는 단종을 위해 절의를 지킨 충신 32인의 위패가 모셔진 장판옥藏版屋이 있다. 위 사진은 단종을 위해 목숨을 바친 영령을 추모하기 위해 매년 단종 제향과 함께 제사를 지내는 제단인 배식단이고, 왼쪽 사진은 충신 32인의 위패이다. 안평대군을 첫째로 시작해서 영양위 정종은 9번째로 '贈議政府領議政寧陽尉獻愍公鄭悰증의정부 영의정 영양위 헌민공 정종'이라고 씌어 있다.

게 달려 있지 않겠는가. …" 하였다.

—『정조실록』, 정조 15년(1791) 2월 21일

어린 임금의 보호자

정종의 본관은 해주, 아버지는 형조 참판을 지낸 정충경鄭忠敬(?~1443)이
다. 할아버지 정역鄭易(?~1425)은 1383년(우왕 9) 이방원(훗날 태종)과 함께 문
과에 급제한 동방급제 사이로 신진 사대부였고, 작은아버지 정충석鄭忠
碩(1406~1473)은 포은 정몽주의 손녀사위이다. 정역은 태종과 쌓은 친분을
바탕으로 자신의 딸을 그의 둘째 아들인 효령대군 이보李補(1395~1486)에
게 시집보내 사돈 관계를 맺었다. 즉, 정종에게 효령대군은 고모부이다.

정종은 문종이 세자로 있을 때인 1450년(세종 32) 1월 24일에 16세 동
갑인 경혜공주(당시 평창군주)와 혼인했다. 경혜공주의 어머니 세자빈 안동
권씨安東權氏(1418~1441)는 9년 전 공주의 동생인 단종을 낳고 산후병으로
죽었기 때문에 남매는 할아버지 세종과 아버지 문종의 보살핌을 받으며
자랐는데, 손주를 아끼던 세종도 손녀가 혼인한 지 한 달도 채 지나지 않
은 2월 17일에 승하하고 말았다. 그래서 경혜공주와 동생 단종이 의지할
데라고는 오직 아버지 문종밖에 없었다.

그러나 공주의 나이 18세 때인 1452년에 아버지 문종마저 재위 2년 4
개월 만에 39세의 나이로 승하하면서 공주와 단종의 불행이 시작되었다.
정종의 아버지 정충경 또한 이미 오래전에 죽었기 때문에 이들을 거센

정치적 격랑에서 막아줄 보호자는 그 어디에도 없었다. 이러한 상황에서 문종의 외아들인 세자가 12세의 나이로 즉위했다. 아직 앳된 단종의 주변에는 세종의 아들로서 장성한 5명의 대군 숙부가 있었는데, 그들 모두가 자신들의 맏조카인 어린 임금을 보호해주지는 않았다.

이 때문에 정종은 부인 경혜공주와 함께 단종의 부모 역할을 자임해야 했을 것이며, 그에 따라 첫 번째로 염두에 둔 것이 단종의 왕비를 간택하는 일이었을 터다. 당시 단종은 3년 전에 승하한 할아버지 세종의 상례를 치르느라 세자빈을 들이지 못했는데, 세종의 삼년상이 끝나고 그 신주를 종묘에 부묘한 뒤 한 달여 만에 아버지 문종도 승하하는 바람에 또다시 혼인 시기를 늦출 수밖에 없었다. 단종의 나이가 아직 어렸으므로 혼인이 급한 일도 아니어서 문종의 국상 기간이 끝나면 자형인 영양위 정종과 누이 경혜공주가 주도하여 국혼을 치르려고 했다.

하지만 숙부 수양대군은 단종에 대한 영양위와 경혜공주의 후견인 역할을 그저 두고만 보지 않았다. 삼년상을 마친 이후에 왕비를 간택해야 하는 예법을 어기고 미리 선수를 쳤던 것이다. 왕실의 주도권을 장악하기 위해서는 일단 내명부에서 단종의 보호 세력을 먼저 제거해야 할 필요성을 수양대군은 잘 알고 있었다. 특히 그중에서도 경혜공주와 단종의 보모 역할을 하던 세종의 후궁인 혜빈 양씨惠嬪楊氏(?~1455)가 우선적인 제거 대상이었다. 혜빈이 왕비가 없던 그 무렵의 내명부를 주관하고 있었기 때문이다.[1] 수양대군은 그녀가 가지고 있는 내명부의 권한을 빼앗기 위해 자신의 처백부 윤규尹珪(1365~1414)의 외손녀이자 문종의 후궁인 귀인 홍씨貴人洪氏를 숙빈에 봉해서 후궁의 최고 등급으로 올린 뒤, 그녀로

하여금 내명부를 주관하게 했다. 그리고 나서 세종과 문종의 유훈을 받아 단종을 보호하던 좌의정 김종서金宗瑞(1383~1453)와 영의정 황보인皇甫仁(?~1453)을 한명회韓明澮(1415~1487)와 권람權擥(1416~1465)의 간교를 이용해 죽였다. 이때가 1453년(단종 1) 10월 10일이며, 이 사건이 바로 '계유정난'이다.

수양대군이 단종의 보좌 세력을 숙청하고 정권을 장악하자, 이때 겨우 19세에 불과한 영양위 정종은 처남 단종을 보호하기 위해 그를 궁궐에서 나오게 한 뒤 자신의 집에 머무르게 했다.

> 당시 왕(단종)은 (문종의) 부마 정종의 집으로 거처를 옮겼다. 수양대군이 어느 날 밤에 정종의 집으로 와서 임금에게 아뢰기를 "김종서 등이 난을 일으켰는데, 일이 급해서 미처 아뢰지 못하고 죽였습니다." 하였다. 임금은 나이가 어렸기 때문에 놀라 일어나 말하기를 "이 일을 어찌하겠소? 숙부는 나를 살려주시오." 하니, 광묘光廟(세조)가 아뢰기를 "이는 어렵지 않습니다. 신이 맡아 처리하겠습니다." 하였다.
>
> ─ 『대동야승大東野乘』 「역대요람歷代要覽」, 경태景泰

부모도 없이 나이도 어린 데다 목숨도 부지하기 어려운 상황에서 단종은 누이와 자형에게 의지하고 있었다. 이런 와중에 숙부가 갑옷을 입은 채 수많은 무사를 거느리고 와서 고명대신인 김종서와 황보인을 주륙했다고 하니 얼마나 무서웠겠는가. 단종의 유일한 친혈육인 경혜공주와 자형 정종이 도와줄 수 있는 일은 오직 그와 함께 있어주는 것뿐, 다른 방법이 없었다.

수양대군의 왕실 장악

수양대군은 김종서를 제거함으로써 왕위 찬탈 계획에서 가장 큰 걸림돌을 치운 셈이었다. 이제 조정 안에서 수양대군이 왕으로 즉위하는 데 반대할 자들은 없는 셈이나 마찬가지였다. 하지만 그는 여기서 그치지 않고 자신의 반대편에 있던 친형제들을 비롯한 종친과 영양위 세력을 차례차례 가차 없이 제거해 나가기 시작했다.

먼저 바로 아래 동생인 안평대군 이용李瑢(1418~1453)을 죽였다. 세종의 셋째 아들 안평대군은 아버지를 닮아 뛰어난 학식과 인품을 갖췄으며, 이런 명망 덕에 김종서 등 조정의 대신은 물론이고 훗날 사육신이 되는 집현전 학사들과도 매우 친밀한 관계를 가지고 있었다. 조정 밖의 실력자로 부상하는 동생 안평대군이 형 수양대군에게는 눈엣가시였을 것이다. 수양대군은 결국 그에게 황보인·김종서 등과 한패라면서 역적의 누명을 씌워 강화도 교동에 유배 보낸 뒤 10월 18일에 사사했다.

한 달여 뒤에는 막내 동생 영응대군 이염李琰(1434~1467)의 부인인 해주 정씨海州鄭氏를 쫓아낸 뒤, 4년 전 1449년(세종 31)에 이미 내쫓았던 전처 여산 송씨礪山宋氏, 곧 송현수宋玹壽(?~1457)의 누이를 다시 강제로 들이게 했다. 송현수는 수양대군과 친구 사이였으며, 내쫓은 부인 정씨는 영양위 정종의 누나이다.

수양대군은 더 나아가 1453년(단종 1) 친구 송현수의 딸을 단종의 왕비로 간택하고 이듬해 1월에 왕비로 책봉했다. 이 간택은 단종이 아버지 문종의 삼년상을 채 마치기도 전에 이루어졌고 서둘러 왕비를 맞이하게 했으므로 인륜에도 어긋나는 일이었다. 누나 경혜공주와 단종의 보모로 있던 혜빈 양씨로서도 그것을 막아낼 도리는 없었다. 결국 이들도 왕비 간택의 심사 자리에 참여했지만, 실질적인 발언권은 없었다. 이때 간택된 여인이 정순왕후定順王后 여산 송씨礪山宋氏이다. 영응대군의 부인 송씨는 정순왕후의 고모이자 시숙모이다.

　한편 단종에게는 친누이 경혜공주 외에 이복 누이 경숙옹주도 있었다. 그녀는 문종의 후궁인 사칙 양씨司則楊氏의 딸인데, 여산 송씨가 단종비로 간택된 지 3개월 뒤에 강자순姜子順과 혼인했다. 강자순의 어머니 인천 이씨仁川李氏는 수양대군의 부인 파평 윤씨坡平尹氏(훗날 정희왕후)의 외사촌이다. 즉, 강자순이 부마가 된 것은 수양대군의 인척이라는 점이 고려되었을 것이다. 이렇게 조정과 왕실 모두 수양대군의 세력으로 채워지자, 이제 남은 일은 수양대군 자신이 국왕으로 등극하고 그 사실을 대내외에 선포하는 것이었다.

억울한 죽음

　1455년(단종 3) 윤6월 11일 수양대군은 단종을 위협한 뒤 선위禪位의 형식을 내세워 조선의 제7대 왕으로 즉위했다. 이날 수양대군은 넷째 동생 금성대군 이유李瑜(1426~1457)와 혜빈 양씨 등을 반역죄로 묶어 모조리 축출했는데, 그들과 친밀하게 지냈던 정종도 예외는 아니어서 훗날 처남 단종이 죽임을 당한 영월로 유배 보냈다.

엿새 뒤인 윤6월 17일 정종은 부인 경혜공주의 신병 때문에 잠시나마 풀려나서 서울로 돌아왔지만, 두 달 뒤 다시 수원으로 유배되었다. 이후 정종은 집과 토지를 비롯한 모든 재산을 빼앗겼으며, 부마의 신분까지 박탈당했다. 그의 재산은 찬탈 세력인 신숙주申叔舟(1417~1475), 권람, 한명회의 손으로 넘어갔다.

세조가 즉위하고 얼마 지나지 않았을 때 대내외적으로 큰 사건이 벌어졌다. 먼저 국내에서는 1456년(세조 2)에 성삼문成三問(1418~1456), 박팽년朴彭年(1417~1456), 이개李塏(1417~1456), 하위지河緯地(1417~1456), 유성원柳誠源(1426~1456) 등 집현전 학사를 중심으로 하는 일군의 신하가 도모한 단종 복위가 김질金礩(1442~1478)의 배신과 고발로 발각되어 실패한 사건이 일어났다. 또 이듬해 1457년에는 명나라에서 경제景帝(경태제景泰帝)가 폐위되고 상황 영종英宗(정통제正統帝, 복위 뒤에는 천순제天順帝)이 복위하는 사건이 일어났다. 나라 안팎에서 벌어진 일련의 사건은 세조를 비롯한 찬탈 세력에게 불안감을 주었을 것이다.[2]

세조는 정권을 장악하고 마침내 왕위에도 올랐지만 이렇듯 불안정한 상황이었기 때문에 왕위의 정통성을 가지고 있는 단종의 존재가 퍽 불편했을 것이다. 그리하여 사육신의 단종 복위에 연루되었다는 이유로 기어코 단종을 노산군으로 강등한 뒤 영월로 유배 보내고 유폐시켜버렸다. 그뿐 아니라 이미 귀양살이를 하고 있는 영양위 정종과 금성대군에 대한 감시도 한층 강화했다. 당시 한양과 가까운 통진(지금의 경기도 김포 지역)에서 유배 생활을 하던 정종은 다시금 멀리 떨어진 전라도 광주로 옮겨지는 고초를 겪어야 했다. 세조는 더욱 철저한 감시를 위해 이들이 안치된 곳의 난간과 담장을 될 수 있는 한 높고 견고하게 쌓고 외부인의 왕래를 일체 금지하는 조치를 취했다. 찬탈로 집권하여 왕위 계승의 정통성을 갖고 있지 못했던 만큼 반대 세력을 무자비하게 탄압했으며, 그런 한편 도성 안에 원각사 10층 석탑을 조성하는 등 국시國是에 어긋나게 대대적으로 불사를 후원했다.

정종의 부인 경혜공주는 동생 단종이 숙부에게 억울하게 왕위를 빼앗긴 뒤 영월에 유폐되고, 남편 또한 유배지를 전전하는 등 가족에게 불어닥친 모진 풍파에 심신이 지쳤을 만도 하건만, 한시도 남편 곁을 떠나지 않은 채 보살폈다고 한다. 그 사실이 공주의 생애를 기록한 묘지墓誌에 전하고 있다.

> 경태景泰 을해년(1455, 세조 1)에 정종이 죄를 지어 광주로 유배되자 공주가 따라가 있으면서 온갖 곤욕을 겪었는데, 이는 일반 사람들도 감당해내지 못할 정도였다. 그런데도 공주는 조금도 원망하거나 슬퍼하는 기색이 없이 아침저녁으로 도리를 다하였다. 끝내 남편 정종이 죽게 되자 공주가 매우 슬퍼하였으며 남겨진 자식을 사랑으로 길렀기 때문에 공주의 기구한 운명을 슬퍼하지 않는 사람이 없었고 부인의 도리를 다한 것에 대해 존경하지 않는 자가 없었다.
>
> — 이승소李承召, 『삼탄집三灘集』「경혜공주 묘지」

장릉莊陵
단종은 문종의 아들로 1452년 조선 제6대 왕으로 즉위했지만, 숙부 수양대군에게 왕위를 빼앗기고
영월로 유배를 갔다가 결국 1457년(세조 3)에 죽임을 당했다. 220여 년 뒤 1681년(숙종 7)에 신원되
고 나서 1698년(숙종 24)에 단종으로 추복되었다. 능은 강원도 영월에 있다.

　　1457년(세조 3) 10월 세조는 결국 동생 금성대군을 죽였다. 금성대군은
1년 전 사육신 사건으로 경상도 순흥에 위리안치되었는데, 바로 이듬해
6월 순흥의 관노가 금성대군이 단종의 복위를 도모하고 있다며 고발했
다. 그러자 신숙주와 정인지鄭麟趾(1396~1478) 등 찬탈 세력은 금성대군과
단종의 처단을 주장했고, 당시 종친을 대표하던 양녕대군과 효령대군까
지 정종과 금성대군의 처벌을 조카 임금 세조에게 청했다. 세종이 왕이
된 뒤에도 지극히 모셨던 두 형이 정작 동생의 손자 단종과 손녀사위 정
종을 죽이는 데 협조했던 셈이다. 결국 그해 10월 단종은 영월에서, 금성

사릉思陵

단종비 정순왕후의 능이다. 사육신 사건으로 1457년 단종이 노산군으로 강봉되자 의덕왕대비懿德
王大妃(정순왕후)도 부인으로 강등되어 평생 서민으로 살다가 1521년(중종 16)에 죽었다. 1698년(숙종
24)에 다시 정순왕후로 추복되었다. 능은 경기도 남양주시 진건읍에 있다.

대군은 순흥에서 비참하게 운명했다.

이제 정종도 무사하기는 힘들었다. 1461년(세조 7) 7월 26일, 전라도 관
찰사 함우치咸禹治(1408~1479)가 '정종이 승려들과 결탁하여 불미스러운 일
을 꾸민다'고 세조에게 보고해서 정종은 의금부에 압송되었다. 단종과
금성대군이 죽은 뒤 4년 동안은 유배살이를 하고 있던 정종에게 그다지
특별한 일이 없었기 때문에 관찰사 함우치의 보고는 어찌 보면 상당히
갑작스러운 일이었다.

전라 감사 함우치는 원래 김종서에게 잘 보이기 위해 사복시에 재직하

던 시절 매일 아침마다 붕어와 메추라기를 잡아서 바쳤던 자이다. 그런데 그의 나이 46세 때인 1453년(단종 1) 6월, 그는 후보 명단에 들지 못했음에도 불구하고 임금의 특지特旨로 동부승지에 제수되었다. 계유정난이 일어나기 약 4개월 전의 일이었다. 이때의 인사를 두고 사관은, 함우치가 예전부터 환관과 결탁하고 있었으며 바로 그때 임금의 명을 전달하는 승전환관承傳宦官 김연金衍이 단종 앞에서 그를 칭찬했기 때문에 특별히 제수된 것이라고 실록에 기록했다. 이에 더해 사관은 좌의정 김종서도 함우치의 동부승지 임명이 환관과 결탁된 일이라고 인식하면서 매우 개탄했다는 사실을 덧붙여 놓았다. 계유정난 후 함우치는 잠시 파직되기도 했지만 세조의 원종공신에 오르면서 1456년(세조 2) 판공주목사를 시작으로 함길도 관찰사, 사헌부 대사헌 등을 역임하며 세조의 총애를 받았다.

함우치의 아버지 함부림咸傅霖(1360~1410)은 정몽주의 문인이면서, 두문동杜門洞 72현(조선의 개국을 반대하여 출사하지 않고 고려에 절의를 지킨 72명의 고려 유신) 중 한 명인 차원부車原頫(1320~1398)의 연안 차씨 가문을 매개로 정도전·심효생·조영규 등과 관계를 맺으며 개국공신도 되었지만, 정도전이 주도한 방석의 세자 책봉에 관여했다는 혐의를 받아 태종 즉위 후 사간원의 탄핵을 당한 바 있다. 함부림이 갖고 있던 배경과 그가 걸어온 정치 행보는 아들 함우치가 수양대군의 찬탈 세력과 동행하는 이유가 되었을지도 모른다. 게다가 함우치의 족보를 보면, 부인이 세조비 정희왕후의 친정인 파평 윤씨 가문의 처자이고, 그의 매부인 사헌부 장령 김계로金季老는 정희왕후의 외사촌 이계동李繼童과 사돈이다. 정종이 의금부로 압송되기 두 달 전인 1461년(세조 7) 5월 20일에 함우치가 전라도 관찰사로 임명되고, 이계동이 함우치의 장계가 올라오기 10여 일 전인 7월 17일에 사간원의 반대에도 불구하고 미관말직인 소격전 지기에서 갑자기 종6품 신녕 현감으로 자급을 뛰어넘어 임명된 것도 모두 의심스러운 일이다.

결국 그해 10월 20일 세조와 신숙주가 정종을 능지처사할 것을 결정하면서, 단종의 자형이자 문종의 부마인 영양위는 억울하게 역모죄를 뒤집어쓴 채 도성 한복판 군기시軍器寺 앞에서 사지가 찢겨지는 참혹한 형벌을 받고 운명했다. 그의 나이 겨우 27세였다. 조선왕조의 부마 중 능지처사를 당한 인사는 영양위가 유일하다.

젊은 나이로 청상의 몸이 된 경혜공주는 아들 정미수鄭眉壽(1459~1512)와 함께 남편의 유배지였던 광주에 머무르고 있다가 세조의 명으로 다시 서울로 올라왔다. 세조는 그녀를 불쌍히 여겨 노비와 집을 내려주는 등 그 나름의 은정을 베풀었다. 전해지는 말로는 세조의 꿈에 단종의 어머니 현덕왕후가 자주 나타나서 저주했다고 하니, 아마도 그 원한을 조금이나마 풀어보려고 했던 마음이었는지도 모를 일이다.

조선왕조 부마 가운데 가장 억울하게 죽은 영양위 정종은 1758년(영조 34) 영조의 특명으로 신원됨과 동시에 '헌민獻愍'의 시호를 받아 단종의 충신으로 인정받았다. 1791년(정조 15)에는 장릉莊陵 경내의 장판옥에 위패가 모셔지고 배식단配食壇의 배식자 명단에 그 이름이 오르면서 조금이나마 넋을 달래게 되었다.

경혜공주는 남편 정종이 능지처사를 당한 뒤 10여 년이 흐른 1473년(성종 4) 12월 28일에 아들 정미수를 남겨 두고 39세로 생을 마쳤다. 당시 사관은 공주의 일생을 다음과 같이 『성종실록』에 기록했다.

경혜공주 묘와 영양위 정종의 제단
경혜공주와 정종의 묘는 경기도 고양시 덕양구 대자동에 있다. 장명등 뒤에 보이는 봉분이 경혜공주의 묘이고, 그 오른편이 영양위 정종의 묘인데 봉분 없이 제단만 있을 뿐이다.

사신은 말한다. "예전 정종이 벌을 받아 죽자, 공주는 머리를 깎고 여승이 되었는데 매우 가난했다. 세조가 공주를 불쌍하게 여겨 노비를 돌려주고 내수사에 명하여 집을 지어주게 했다. 아들 정미수는 나이 16세로서, 어머니인 공주의 병이 심해지면 반드시 먼저 약을 맛보았고 옷은 띠를 풀지 않은 채 지냈으며, 심지어 어머니의 똥을 맛보기까지 하면서 간병하였다."

— 『성종실록』, 성종 5년(1474) 1월 1일

경혜공주 묘비
오랜 세월 동안 관리가 되지 못해 묘비의 글씨가 거의 마모된 상태이지만, 희미하게나마 '公主之墓'(공주의 묘)를 알아볼 수 있다.

공주의 슬픈 운명과 함께 어린 아들의 지극한 효성이 드러나 있는 기록이다.

영양위 정종과 사촌 처남–매부 사이인 삼탄三灘 이승소李承召(1422~1484)는 공주의 묘지명에서 그녀의 슬픈 운명을 이렇게 표현했다.

사람이 태어나서 장수하거나 요절하며 궁박하거나 영달하는 데는 그
운수가 있는 법이거늘, 저 푸르른 하늘은 아무런 단서가 없으니 기필
期必할 수가 없다. 왕녀라는 귀한 신분으로도 그 복록을 누리지 못했

고, 정숙하고 화락한 덕을 지니고 있으면서도 장수하지 못한 것은 무슨 까닭이란 말인가? 그렇지만 하늘이 보답하는 것은 소홀한 듯하면서도 잃지는 않기 때문에 흐르는 광채와 남은 경사가 후세를 기다려서 더욱더 크게 빛날 것이리라. 나는 이로부터 천명은 어기지 않음을 징험할 것이다.

— 이승소, 『삼탄집』 「경혜공주 묘지」

영양위와 경혜공주의 유일한 아들인 정미수는 훗날 세조가 불러들여 궁궐에서 생활했으며 나중에 성종으로 즉위하는 자을산군을 모시며 자랐는데, 성종 승하 후에는 연산군의 아들 양평군 이성李諴을 양육하면서 연산군의 총애를 받았다. 1504년(연산군 10) 갑자사화가 일어나 조정의 권신들이 죽음을 면치 못할 때, 세조의 왕위 찬탈을 도와서 부귀영화를 누렸던 한명회와 정창손鄭昌孫(1402~1487) 등도 부관참시를 당했는데 정미수는 바로 이때 금부당상의 직책을 맡아 그들에 대한 처벌을 수행했다. 억울하게 죽은 아버지와 금지옥엽 공주로 태어났지만 한 많은 삶을 살다 간 어머니를 위해 복수했던 셈이다.

2장 폭군과 함께한 운명

연산군 묘
연산군은 1506년 중종반정으로 폐위되어 '군君'으로 강등되었기 때문에 무덤 역시 왕릉이 되지 못했다. 그래서 그의 묘에는 왕릉에 세우는 병풍석, 석마, 석양 등이 없다. 또한 묘비에는 '燕山君之墓'(연산군의 묘)라고만 간단히 새겨져 있을 뿐이다. 묘는 서울시 도봉구 방학동에 있다.

새로운 훈척의 등장

세조의 왕위 찬탈로 보수파인 훈구 세력이 집권하면서 집현전이 폐지되고 사육신 등의 성리학자들이 제거됨에 따라 조선왕조 개창 이래 정착되어가던 성리학적 가치관과 사회질서가 무너졌다. 세조는 아버지 세종이 효율적인 왕권 수행을 위해서 추진했던 '의정부서사제'를 태종 때의 '육조직계제'로 되돌려 왕권의 강화를 전면에 내세웠다. 그 결과 세종 대 성리학에 대한 이해를 바탕으로 실현하고자 했던 왕도정치가 세조 대에 이르러 훈척勳戚(훈구 척신)들의 힘의 논리로 운영되는 패도정치로 변질되었다.

특히 한명회 등 찬탈 세력은 왕실과 중첩된 혼인 관계를 맺으며 그 지지 기반을 확고히 다져서 이른바 훈척을 형성했다. 세조에 이어 왕위에 오른 예종은 한명회의 사위였으며, 예종의 조카로서 그 다음 왕으로 즉위한 성종도 한명회의 사위였다. 즉, 한명회는 자신의 권력 유지를 위해 삼촌과 조카 사이인 예종과 성종에게 각각 두 딸을 왕비로 들여보낸 파행적인 혼사를 맺은 것이다. 세조비 정희왕후를 배출한 파평 윤씨 가문도 이 시기 가장 막강한 훈척 가문이었다. 파평 윤씨는 중종 때까지 4명의 왕비(세조비 정희왕후, 성종 계비 정현왕후, 중종 1계비 장경왕후, 중종 2계비 문정왕후)를 배출하면서 왕실을 지배했다.

찬탈 세력에 의해 조정 안의 올곧은 선비들이 제거되기는 했지만, 그런 와중에도 이들의 정신을 계승하여 성리학을 연구하는 일군의 학자가 재야에 존재하고 있었다. 매월당梅月堂 김시습金時習(1435~1493), 추강秋江 남효온南孝溫(1454~1492) 등 이른바 '생육신'이라고 불리는 이들이다. 이들은 세조의 왕위 찬탈과 사육신의 죽음을 지켜본 뒤 벼슬길에 나아가지 않고 평생 재야에서 성리학 연구에 매진하며, 세조가 파헤쳤던 단종의 생모 현덕왕후 권씨의 무덤인 소릉昭陵의 추복追復을 청하는 상소를 올리는 등 원칙과 명분을 바로 세우고자 노력했다.

성종 대에는 조정에서도 사림 세력이 등장하기 시작했는데, 특히 점필재佔畢齋 김종직金宗直(1431~1492)은 도승지와 이조 참판 등을 역임하며 성종의 총애를 받았다. 그는 유향소의 복설을 건의하는 등 성리학적 사회 질서의 확립을 위해 노력했고, 그의 제자 김일손金馹孫(1464~1498)은 홍문관 박사와 사간원 헌납 등 간쟁을 맡은 삼사의 요직에 재직하면서 시정時政에 대한 개혁을 주장했다. 그들이 이렇게 이조와 삼사의 관직에 임명되고 조정에서 활동할 수 있었던 것은 세종을 닮은 성종 덕분이었다. 성종은 『국조오례의』와 『경국대전』을 완성한 임금답게 기존 장서藏書 기관이던 홍문관을 집현전과 같은 기능과 위상을 갖게 했다.

하지만 사림은 아직까지 훈척에 맞설 만큼의 정치 세력화를 이루지는 못했기 때문에 정치적 시련이 닥칠 때마다 겪는 좌절과 피해도 클 수밖에 없었다. 개혁파 사림에 대한 기득권 보수 훈척 세력의 탄압은 왕실을 통해서 이루어졌는데, 이른바 '사화'가 바로 그것이다. 훈척 세력은 새로운 왕이 즉위함에 따라 새로운 훈척으로 교체되기도 했다. 이를테면 성종 대까지 파평 윤씨의 주도 아래 청주 한씨, 고령 신씨, 하동 정씨가 훈척의 중심을 이루는 가운데 연산군의 장인인 신승선愼承善의 거창 신씨와 임사홍任士洪의 풍천 임씨가 이 시기에 나타난 새로운 훈척 세력이다. 특히 신승선은 세조의 왕위 찬탈에 협조했던 임영대군(세종의 4남)의 사위이고, 임사홍은 효령대군(태종의 2남)의 손녀사위라는 사실에서도 알 수 있듯이, 찬탈 세력의 집권은 세조 당대만이 아니라 그 증손자인 연산군과 중종 대까지 이어졌다.

　사림파에 대한 훈척 세력의 대대적인 탄압은 연산군 때부터 본격적으로 시작되었다. 연산군의 생모 함안 윤씨咸安尹氏는 비록 폐비가 되었지만, 성종은 적장자라는 이유로 연산군을 세자로 책봉하면서 자신의 대통을 잇게 했다. 하지만 연산군은 아버지의 바람과 달리 패악 무도한 짓을 서슴지 않는 폭군이 되었다. 개혁의 중심축이던 김종직이 세조의 왕위 찬탈을 비판하면서 쓴 '조의제문弔義帝文'을 그의 제자 김일손이 사관으로 있으면서 사초史草로 기록해 둔 일이 발단이 되어 1498년(연산군 4)에 무오사화가 일어났다. 이 사화는 보수파의 중심인 이극돈李克墩·유자광柳子光·윤필상尹弼商 등이 주도하여 일으켰는데, 그 결과 김종직은 부관참시, 김일손은 능지처사되는 등 사림 세력은 거의 전멸하다시피 했다. 일격을 당한 개혁파 사림은 크게 위축되었으며, 훈척은 다시금 그들의 세력 기반을 공고히 할 수 있었다.

6년 뒤인 1504년(연산군 10)에는 갑자사화가 일어났다. 연산군이 자신의 생모 함안 윤씨의 폐출과 사사에 관여된 왕실 인사와 훈척 세력을 참혹하게 죽이면서부터 이 사화는 시작된다. 이 와중에 임사홍은 사적인 원한을 품고 연산군을 부추겨서 종실 내 사림파의 핵심이자 자신의 처조카이기도 한 주계부정朱溪副正 이심원李深源(1454~1504)과 그의 두 아들을 역적으로 몰아 능지처사하고, 김종직의 제자로 순천에 유배 가 있던 한훤당寒暄堂 김굉필金宏弼(1454~1504)을 효수시키는 등 연산군으로 하여금 무자비한 살육을 자행하게 했다. 이렇게 조선 제10대 왕 연산군은 두 차례의 사화를 일으켜 수많은 사림파 인사는 물론이고 훈구 대신들까지 가차 없이 처단했다. 심지어 자신의 이복동생들과 아버지의 후궁들도 끔찍하게 죽이는 참화를 일으켰으며, 급기야 할머니 인수대비를 머리로 들이받아 죽게 한 패륜을 저질렀다.

연산군의 실정과 관련하여 이 시기 왕실 부마의 삶도 주목할 만하다. 성종 부마 풍원위豐原尉 임숭재任崇載는 연산군의 사치와 향락, 폭정에 일익을 담당했다. 그는 연산군의 매부로서 채홍사가 되어 전국의 미녀를 연산군에게 갖다 바치는 등 온갖 만행을 저질렀다. 연산군의 부마 능양위綾陽尉 구문경具文璟은 중종반정으로 장인 연산군이 폐위되자 그도 함께 작위가 박탈되고 공주와 강제 이혼당하는 등 본인의 의지와 상관없이 이혼과 재결합을 반복하는 기구한 운명에 부딪혔다.

풍원위 임숭재 인물관계도

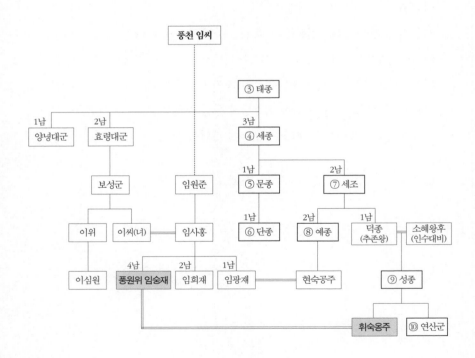

풍천 임씨

③ 태종

1남 양녕대군
2남 효령대군
3남 ④ 세종

보성군
임원준

1남 ⑤ 문종
2남 ⑦ 세조

이위
이씨(녀)
임사흥

1남 ⑥ 단종
2남 ⑧ 예종
1남 덕종(추존왕)
소혜왕후(인수대비)

이심원
4남 풍원위 임숭재
2남 임희재
1남 임광재
현숙공주

⑨ 성종

휘숙옹주
⑩ 연산군

03
연산군의 채홍사, **성종 부마 풍원위 임숭재**

작은 소인, 큰 소인

임숭재任崇載(?~1505)는 성종의 후궁인 명빈 김씨明嬪金氏의 첫째 딸 휘숙옹주徽淑翁主(?~1506 이후)와 혼인하여 부마가 되면서 풍원위豊原尉에 봉해졌다. 그의 아버지는 임사홍任士洪(1449~1506)이고, 부인 휘숙옹주는 연산군과 이복 남매이다. 따라서 임숭재는 연산군에게 매부가 된다. 자신의 처남 연산군을 성군聖君으로 인도하지 못한 그에 대한 평가가 『중종실록』에 이렇게 전한다.

그때 사람이 다음과 같은 시를 지어 읊었다.

작은 소인 임숭재, 큰 소인 임사홍이여   小任崇載大任洪
천고에 으뜸가는 간흉이구나   千古姦兇是最雄

천도는 돌고 돌아 보복이 있으리니 　　　　　天道好還應有報

알리라, 네 뼈 또한 바람에 날려질 것을 　　　從知汝骨亦飄風

— 『중종실록』, 중종 1년(1506) 9월 2일

인수대비의 총애

임숭재의 본관은 풍천이다. 그가 부마로 간택된 것과 그의 아버지 임사홍이 권세를 휘두를 수 있었던 것은 무엇보다 할아버지 임원준任元濬(1423~1500)이 왕실의 총애를 받았기 때문이다. 임원준은 1456년(세조 2) 과거에 장원급제한 뒤 예종 때 의정부 좌참찬(정2품)에 올랐으며, 성종의 즉위를 도와 좌리공신 3등 서하군西河君에 봉해졌다. 임원준이 순조롭게 출세 가도를 달릴 수 있었던 것은 어렸을 때부터 신동으로 알려질 만큼 문장에 뛰어났을 뿐만 아니라 풍수지리 및 의술에도 상당한 지식을 가지고 있었기 때문이라고 한다.

그런데 사실 임원준은 1444년(세종 26) 진사시進士試에서 부정을 일으킨 사건이 발각되는 바람에 세종으로부터 종신토록 과거 응시를 제한받았던 일이 있다. 하지만 세조의 왕위 찬탈에 협조한 효령대군의 문객으로 들어가면서 계유정난 이후 직첩을 돌려받았고, 마침내 세조가 찬탈한 이듬해인 1456년에 장원급제까지 했던 것이다. 어쨌든 그의 문장력은 수준급으로 이름이 난 듯한데, 1445년(세종 27) 세종이 효령대군의 별서에 찾아갔을 때 마침 그곳에 있던 임원준을 불러다가 글 짓는 재주를 시험

망원정望遠亭

망원정은 효령대군의 별서에 있던 정자이다. 원래 이름은 희우정喜雨亭이지만, 성종의 형 월산대군의 소유가 되면서 그 이름이 망원정으로 바뀌었다. 서울시 마포구 양화대교 북단에 있으며, 바로 앞으로는 강변북로가 지나간다.

희우정이란 이름에는 다음과 같은 사연이 전해 내려온다. 세종이 1425년(세종 7) 5월에 형 효령대군의 별서인 이곳을 방문했을 때의 일이다. 당시 한창 바쁜 농사철이지만 극심한 가뭄으로 인해 농민들의 피해가 커서 세종의 근심도 많았다. 그런데 세종이 별서에 행차한 바로 그때 마침 큰비가 내렸고, 세종은 그 기쁜 마음을 담아 정자의 이름을 '희우정'이라 지었다고 한다.

해보고 칭찬했다는 일화가 전해진다. 그런 임원준의 재능을 얼마나 아꼈던지 효령대군은 자신의 손녀사위로 그의 아들 임사홍을 들였다. 효령대군의 증손자로서 종실 내의 사림파였던 주계부정 이심원李深源(1454~1504)과 그의 고모부 임사홍의 악연은 바로 이 관계로부터 시작된 셈이다.

임사홍 또한 아버지를 이어 1466년(세조 12) 과거에 급제한 뒤 홍문관 교리, 이조 판서 등 요직을 지냈고, 맏아들 임광재任光載(1465~1495)를 1475년(성종 6)에 예종의 딸 현숙공주(1464~1502)와 혼인시켜 부마가 되게 하는 등 풍천 임씨 가문을 훈척의 시대에 그 중심에 들어서게 했다. 이렇듯 아버지 임원준과 함께 왕실의 총애를 받던 임사홍은 대사간과 도승지에까지 오르지만, 그의 전횡을 보다 못한 주계부정 이심원을 중심으로 하는 사림파의 탄핵을 받아 결국 의주로 유배되었다. 그 후 임사홍은 30년 가까이 조정에 나오지 못한 채 성종 연간 조정에서 소외되었다. 이 때문에 처조카 이심원에 대한 원망이 컸으며, 나아가 훗날 갑자사화를 일으키는 하나의 원인이 되기도 했다.

유배에서 풀려난 임사홍은 자신의 아버지 임원준이 성종의 어머니 인수대비(소혜왕후 한씨)의 총애를 받은 덕에 1486년(성종 17) 3월 직첩을 돌려받아 신분을 회복했다. 인수대비가 임원준를 총애한 것은 다름 아닌 그의 의술 때문이었다. 2년 뒤인 1488년(성종 19)에 대비가 병이 들자 임사홍의 집으로 잠시 거처를 옮긴 적이 있는데, 이때도 임원준이 지어 올린 약을 먹고 병세를 회복했다. 어머니 인수대비가 워낙 임원준을 신뢰했기 때문에 성종 또한 임원준·임사홍 부자가 사림의 비판을 받더라도 눈감아줘야만 했다.

성종은 그들의 전횡을 모른 체하고 더 나아가 자신의 딸 휘숙옹주의 배필로 임사홍의 넷째 아들 임숭재를 결정했다. 조정 내의 사림파는 간신 임사홍의 아들이 왕실의 부마가 될 수 없다면서 성종에게 줄기차게 반대 상소를 올렸지만, 성종은 이들의 의견을 물리치고 결국 1491년(성종 22) 3월에 임숭재를 부마로 간택했다. 이는 아마도 성종 본인의 의중이라기보다는 인수대비의 영향이 크게 작용했을 것이다.

임사홍이 두 아들을 각각 예종과 성종의 부마로 들여보내 왕실의 일원

경릉敬陵

경릉은 추존왕 덕종과 소혜왕후의 능으로, 경기도 고양시 서오릉 경내에 있다. 세자의 장례로 치러져 석물이 간소한 덕종 능에 비해, 소혜왕후 능은 위 사진에서 보듯 왕비릉의 형식을 갖추고 있다. 소혜왕후는 세조의 맏아들 의경세자(덕종)의 부인이며 성종의 어머니다. 시동생 예종이 왕위에 오른 지 14개월여 만에 승하하고, 성종이 즉위한 뒤 인수대비에 책봉되었다.

이 되자, 당시 사관은 임숭재가 혼인한 날 밤 집에서 불이 난 일에 대해 다음과 같이 논평했다.

> 휘숙옹주가 임숭재에게 하가下嫁했는데, 임숭재는 임사홍의 아들이다.
> 이날 밤 임사홍의 집에서 잘못하여 불이 났기 때문에 옹주가 이웃집에 임시로 거처했다.
> 　사신史臣은 말한다. "임사홍은 소인인데 불의한 행실로 부귀를 누렸

기 때문이다. 그 아들 임광재가 이미 공주(현숙공주)에게 장가갔는데, 지금 또 임숭재가 옹주에게 장가를 갔으므로 복福이 지나쳐서 재앙이 발생한 것이니, 불이 그 집을 태워버렸던 것이다. 착한 사람에게는 복을 주고 악한 사람에게는 재앙을 주니, 천도天遵는 속이지 않는다."

―『성종실록』, 성종 22년(1491) 8월 27일

훈척 세력은 왕실의 어른인 인수대비와 결탁하여 왕실과 혼인을 맺고 개혁파를 탄압했는데, 특히 임사홍 가문은 신숙주와 한명회가 죽고 난 이후 새로이 등장한 왕실의 인척 세력이었다. 임원준과 임사홍은 인수대비의 총애를 등에 업고 온갖 전횡을 일삼았으며, 훗날 연산군을 충동질하여 수많은 사림파 인사를 죽음으로 몰고 갔다. 또한 임원준 부자를 유달리 신뢰했던 인수대비는 정작 그들의 부추김에 넘어간 손자 연산군의 머리에 들이받혀 절명했다.

채홍사가 된 부마

임숭재가 부마가 되고 3년이 흐른 뒤인 1494년에 성종이 재위 25년 만에 38세로 승하하고, 조선 제10대 왕으로 세자 이륭李懌(1476~1506)이 즉위했다. 그가 바로 연산군이다. 임숭재는 아버지 임사홍과 함께 인수대비에 이어 연산군에게도 남다른 비호를 계속 받았다. 그는 1500년(연산군 6)에 손위 처남인 연산군에게 상소하여 지난날 자신의 아버지 임사홍

연산군 금표비禁標碑

연산군은 서울 주변 지역을 왕의 사냥터, 유흥지로 지정하면서 일반인의 출입을 금지하는 금표비를 세웠다. 이 비는 경기도 고양시 덕양구 대자동에 있다. 비 앞면에는 '禁標內犯入者 論棄毀制書律處斬금표내 범입자 논기훼제서율 처참'이라고 새겨져 있는데, 무단으로 들어올 경우 참한다는 뜻이다. 이 비가 세워진 고양군은 1504년(연산군 10) 왕의 유흥지가 되었다가 1506년 중종반정으로 복귀되었다.

이 사림파에게 소인배로 지목받았던 사실을 탄원함으로써 정계에 복귀할 수 있도록 만들었으며, 이듬해인 1501년(연산군 7) 통헌대부通憲大夫(정2품 하)에 올랐다.

이후 그는 1503년(연산군 9)에 연산군이 평소 마음에 품은 기생 광한선을 궁궐로 들이면서 연산군의 총애를 더욱 크게 받아 궁중의 음악과 무용에 관한 일을 담당하는 관청인 장악원掌樂院의 제조提調가 되었다. 그아비 임사홍도 얼마 지나지 않아 조정에 들어와서 기생들의 명단을 적은 『장화록藏花錄』이라는 책을 만들어 올리기도 했다.

사헌부와 사간원에서는 간사한 임숭재를 제조에 임명하는 것은 부당하다며 반대하고 나섰지만, 이미 제정신이 아닌 연산군은 오히려 그를 옹호하면서 대간을 처벌했다. 대간의 탄핵에도 아랑곳하지 않은 임숭재 역시 연산군에게 미녀들을 뽑을 때 그들의 연령 및 자녀와 지아비의 유무도 따지지 말 것을 청하는 등 왕의 음란하고 포악한 본성을 기르는 데 여념이 없었다. 그러한 임숭재를 더욱 신임한 연산군은 그에게 자급資級을 올려주기까지 했다. 반면 이 일에 대해 따졌던 대사헌 성현成俔(1439~1504)과 사헌부 집의 권유權瑠는 죽은 뒤에도 그 죄를 소급 적용하여 갑자사화 때 부관참시를 당했다. 수많은 대신을 함부로 죽이고 온갖 패악과 횡포를 부리며 음탕함이 극에 치달은 연산군은 폭군의 전형을 보여주고 있었다.

임숭재는 여러 차례 채홍사에 임명되어 전국의 미녀들을 징발해서 연산군에게 바쳤는데, 그가 미녀들을 뽑아 올리기 위해 전국 팔도를 돌아다닐 때면 왕의 행차에 버금갈 만큼 위세가 대단했다고 한다. 이 사실이 『연산군일기』에 기록되어 있다.

왕이 예전에 임숭재를 경상도로 보내서 미녀와 좋은 말을 구해 오도록 하였는데, 온 도道의 백성들이 소문만 들으면 전부 도망갔고 그에게 뇌물을 셀 수 없이 주었지만 그는 받기를 그치지 않았다. 그는 옥교屋轎에 올라타서 사람들에게 메고 다니도록 하였는데, 앞에서 당기고 뒤에서 옹위하여 길을 막고 지나가므로 바라보는 자가 "임금의 행차다."라고 말하였다. 임숭재가 돌아온다고 하니 왕이 승지들에게 명하여 강변에서 맞이해주고 잔치를 벌여 위로하게 하였다.

임숭재가 죽자 왕이 매우 슬퍼하여 항상 울울하고 즐거워하지 않았

다. 그 후에 부마 민자방閔子芳·남치원南致元이 비록 아첨하여 잘 보이
기는 했지만, 임숭재 같은 자가 없었다.

—『연산군일기』, 연산군 10년(1504) 윤4월 27일

실록 기사에서 보이듯, 임숭재가 채홍사의 임무를 마치고 돌아올 때면
연산군은 승지와 재상을 보내 위로연을 베풀어주는 등 참으로 혼군昏君
다운 일을 벌였다.

연산군이 임숭재를 얼마나 각별히 생각했던지, 그의 집과 창덕궁 사이
의 민가 40여 채를 모두 헐어내고 궁궐에 바로 드나들 수 있도록 양쪽에
담장을 쌓아 그들만의 통로를 만들어 놓기도 했다. 연산군은 그 길을 통
해 임숭재의 집으로 곧장 가서 갖은 음행을 일삼았다. 어느 날 연산군이
그의 집 정자에 앉아 "이 정자가 매우 맑고 깨끗하구나."라고 말하니, 임
숭재가 꿇어앉아 대답하기를 "신이 이 정자를 열어 놓고서 임금님 모시
기를 기다린 지가 오래되었습니다."라고 했다 한다. 그야말로 죽이 잘 맞
는 처남과 매부요, 폭군과 간신이었다.

중종의 선처

임숭재의 가문에는 사림파에 속한 이도 있었는데, 바로 그의 둘째 형
인 임희재任熙載(1472~1504)다. 임사홍의 풍천 임씨 가문은 당대 훈척의 중
심이었지만, 임희재는 사림파의 거장 김종직의 문인이 된 이후 1498년

(연산군 4) 무오사화가 일어나자 동문인 이목李穆(1471~1498)의 일파라는 이유로 귀양을 가야 했다. 갑자사화가 일어났을 때는 과거 그가 왕을 비방하는 시를 썼다는 이유로 결국 능지처사를 당한 인물이다. 이렇게 훈척 가문 안에서도 사림파가 배출되는 사실은, 성리학 이념에 입각한 사림파의 명분론과 개혁론 앞에 비대해져만 가는 훈척 세력이 그 어떤 대응책도 제시하지 못하는 한계를 극명하게 보여주는 것이라고 할 수 있겠다.

형 임희재는 사림파로서 연산군에게 비참한 죽임을 당했는데, 동생 임숭재는 폭군 연산군과 함께 갖은 악행을 저질렀기 때문일까? 부마가 된 지 14년 만인 1505년(연산군 11) 임숭재는 병을 얻어 젊은 나이에 죽었다. 사관이 『연산군일기』에 기록한 임숭재의 졸기卒記에는 그에 대한 평가와 연산군의 만행이 잘 나타나 있다.

풍원위 임숭재가 죽었다. … 임숭재는 노래와 춤에 재주가 있었다. 그가 춤출 때 혹 몸을 움츠리면 아이들처럼 온 몸의 관절과 뼈마디(肢節)가 재롱을 떨어 기변機變의 교巧와 같았으며, 특히 처용무를 잘 추었다. 활쏘기와 말타기도 조금 할 줄 알았기에 왕도 그와 함께하는 것을 좋아하여 혹 노래도 하고, 춤도 추고, 활도 쏘고, 말도 달리는데, 날마다 임숭재와 짝이 되었다.

임숭재도 스스로 왕의 은총만을 믿고 그 아버지와 함께 날마다 흉모를 꾸몄으며, 평소에 혐의를 둔 자에게는 보복하지 않은 적이 없었다. 자기에게 붙좇는 자는 비록 비천한 무리라도 반드시 천거하여 쓰게 하였으므로 조정을 흐리게 하고, 왕의 악을 점점 더 자라게 하는

© 신재용

휘숙옹주, 풍원위 임숭재 묘

중종반정으로 연산군이 폐위되고, 아버지 임사홍은 반정군에 맞아죽었지만, 그때 이미 생존해 있지 않은 임숭재는 중종의 선처로 작위가 유지되었던 것 같다. 현재 남아 있는 그의 묘비에는 '崇德大夫豊原尉任公之墓숭덕대부 풍원위 임공지묘'(묘비 전면의 왼쪽)라고 새겨져 있다.(묘비 전면의 오른쪽에는 '徽淑翁主之墓휘숙옹주지묘'라고 새겨져 있음) 묘비 뒷면에 새겨진 '정덕正德(명 무종明宗의 연호) 6년 4월'이라는 기록으로 보아 1511년(중종 6) 4월에 세워졌음을 알 수 있다. 묘는 경기도 여주시 능현동에 부부 합장묘로 조성되어 있다.

데 못하는 일이 없었다. 그가 병들어 괴로워한다는 말을 왕이 듣고 내시(中使)를 보내서 할 말이 무엇인가를 물으니, 대답하기를 "죽어도 여한이 없으나, 다만 미인을 바치지 못한 것이 한입니다." 하였다. 그가 죽자 왕은 몹시 슬퍼하여 승지 윤순尹珣을 보내 조문하게 하고, 부의를 특별히 후하게 주었다. 빈소를 차린 뒤에 임금은 그 처와 간통한 일이 빌미가 될까 걱정해서 내시를 보내 관을 열고 시체의 입에 무쇠 조각을 물려 진압시켰다.

— 『연산군일기』, 연산군 11년(1505) 11월 1일

임숭재가 천수를 누리지 못하고 일찍 죽은 것은 그 자신에게는 오히려 더 다행한 일이었는지도 모른다. 왜냐하면 그가 죽고 바로 이듬해(1506)에 중종반정이 일어나서 연산군이 폐위되고, 아버지 임사홍은 반정군에게 맞아 죽었기 때문이다. 만약 그가 살아 있었더라면 아버지처럼 비참하게 격살되는 것을 면치 못했을 터이나, 그 전에 죽은 덕에 시신이라도 온전히 보존할 수 있었으리라.

반정을 주도한 공신들은 임사홍과 임숭재 부자에 대해 백성을 도탄에 빠트리고 임금을 불의에 들게 했으니 그 죄를 물어 부관참시해야 한다고 주장했지만, 중종은 자신의 이복 누이이자 임숭재의 부인인 휘숙옹주가 살아 있으므로 차마 그렇게까지는 못하겠다고 하면서 신하들을 설득했다. 중종은 그나마 젊은 나이에 죽은 임숭재에게 최대한 인정을 베풀어 선처해준 것이다. 임숭재의 부관참시를 반대한 중종의 마음을 실록은 다음과 같이 전한다.

의금부가 아뢰기를 " … 임숭재는 왕실의 사위로서 궁궐에 출입하며 그 아비 임사홍과 함께 안팎으로 연계하여 간악한 짓을 하였으며, 갖은 방법으로 이간질하고 헐뜯어서 임금이 악한 일을 하도록 부추겼고, 선량한 사람을 해치고 백성을 도탄에 빠뜨리며 임금을 불의에 들게 해서 종사를 위태롭게 하였으니, 그 죄에 대한 처분은 부관참시하고 가산을 적몰하는 것이 어떠하겠습니까?" 하니, 전교하기를 "박원종朴元宗·유순정柳順汀·성희안成希顔에게 의논하라." 하였다.

박원종 등이 아뢰기를 "임사홍의 죄는 부관참시하고 가산을 적몰하는 것이 마땅하며, 임숭재 또한 이 율律에 따라 의논하여 결정하는 것이 마땅하오니 오직 성상의 판단에 달렸을 뿐입니다." 하였다.

전교하기를 "부관참시의 형벌은 예로부터 드물게 쓰였는데 요즘에는 이 형벌을 보통으로 여기니 매우 참혹하다. 내가 잠저에 있을 때 부관참시라는 말을 들으면 매번 마음이 측은하였다. 이제 임사홍 부자의 죄는 진실로 용서하지 못할 것이나, 임사홍은 의금부가 아뢴 대로 단죄했고, 임숭재는 휘숙옹주가 아직 살아 있기 때문에 내 차마 형벌을 내리지 못하겠다. 부관참시와 가산의 적몰은 면제하되, 이미 내려주었던 집만 관부에 소속시키는 것이 좋겠다. 또 묘소의 석물石物도 철거하는 것이 좋겠다." 하였다.

— 『중종실록』, 중종 1년(1506) 9월 26일

능양위 구문경 인물관계도

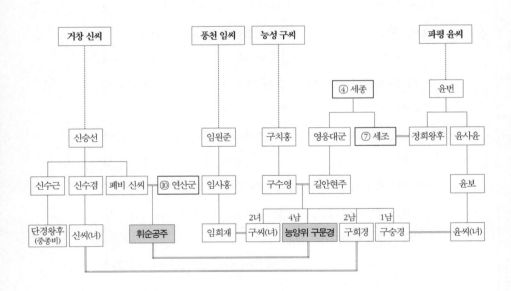

거창 신씨   풍천 임씨   능성 구씨   파평 윤씨

④ 세종   윤번

신승선   임원준   구치홍   영응대군   ⑦ 세조   정희왕후   윤사윤

신수근   신수겸   폐비 신씨   ⑩ 연산군   임사홍   구수영   길안현주   윤보

단경왕후(중종비)   신씨(녀)   휘순공주   임희재   2녀 구씨(녀)   4남 능양위 구문경   2남 구희경   1남 구승경   윤씨(녀)

04

폐주로 인한 이혼, **연산군 부마 능양위 구문경**

순탄치 못한 결혼 생활

구문경具文璟(1492~?)은 연산군의 장녀 휘순공주徽順公主 이수억李壽億 (1492~?)과 1501년(연산군 7)에 혼인했다. 이에 따라 그는 능양위綾陽尉에 봉해지고 연산군의 부마가 되었지만, 장인 연산군이 1506년에 왕의 자리에서 쫓겨났기 때문에 구문경 또한 부마 신분이 계속 유지될 수 없었다. 폐위된 임금의 사위이므로 작위가 박탈되는 것은 그럴 수 있다고 해도, 연산군 폐위의 여파로 인해 본인의 의지와 상관없이 이혼과 재결합을 반복한 구문경의 삶은 부부 관계에서마저 자유롭지 못했던 기구한 운명을 짐작케 한다.

유순柳洵이 의논을 드리기를 "무릇 부부의 윤리는 매우 중하고, 배필의 정 또한 간절합니다. … 더구나 출가한 딸은 그 친정아버지 쪽의 죄에 연좌시키지 않는 뜻이 매우 분명합니다. 다만 구수영具壽永이 청해서 자신의 아들 구문경을 그 처와 이혼하게 한 것은, 오로지 폐주(연산군)가 종묘사직에 죄를 지었고 그 딸이 예전에 공주의 칭호를 가지고 있었으므로 자신의 아들이 공주와 변함없이 부부로 있는 처지가 마음에 편치 못했기 때문입니다. 이에 구수영이 아들 부부의 이혼을 아뢴 것이니, 이 또한 변란을 만나서 어쩔 수 없이 그리된 일입니다. 지금은 성명聖明께서 밝게 살피시고 인심이 크게 안정되었기 때문에 필부필부의 원한 또한 마땅히 불쌍히 여기셔야 할 것입니다. 구문경 부부를 다시 결합하도록 명하시는 것이 사리에 합당합니다." 하였다.

— 『중종실록』, 중종 3년(1508) 10월 7일

찬탈 세력과 연산군의 척족

구문경의 본관은 능성이다. 그가 부마가 될 수 있었던 배경은 자신의 가문이 세조의 찬탈 세력 및 연산군의 처가인 거창 신씨와 밀접한 관계를 맺고 있었기 때문이다. 구체적으로 살펴보면, 구문경의 어머니는 길안현주吉安縣主(1457~1519)로서 수양대군의 친구인 송현수의 누이 여산 송씨가 세종의 여덟째 아들인 영웅대군과의 사이에서 낳은 딸이며, 구문경의 맏형 구숭경具崇璟은 세조비 정희왕후의 조카인 윤보尹甫의 사위다. 즉, 구문경 집안은 세조 찬탈 세력과 혼인 관계로 맺어져 있었다. 그뿐만 아니라 구문경의 둘째 형 구희경具希璟(1488~1541)은 연산군의 처남인 신수겸

愼守謙의 사위이고, 둘째 누이는 임사홍의 며느리다. 이 같은 가문의 배경 아래 구문경이 연산군의 부마로 간택되었던 것이다. 요컨대 구문경 집안이 왕실의 인척이 될 수 있었던 데는 가까운 일가가 세조의 찬탈 세력에 이어 연산군의 척족과도 뗄 수 없는 관계였기 때문이다.

구문경은 성종 말기인 1492년(성종 23)에 태어났다. 성종은 즉위한 이듬해(1470) 예문관에 전임관 15명을 더 두면서 집현전의 기능을 더했고, 1478년(성종 9)에는 예문관의 집현전 기능을 아예 홍문관으로 이양함으로써 홍문관을 세종 대의 집현전처럼 학술·언론의 핵심 기관으로서 위상을 갖게 했다. 또한 1476년(성종 7)에 사가독서賜暇讀書를 부활시켜 젊은 문신들을 학문에 전념케 했는데, 이는 바로 세종 대의 집현전 제도를 다시금 완벽하게 재현한 것으로 볼 수 있다. 사가독서란 학문이 뛰어난 젊은 문신을 선발한 뒤, 그들에게 휴가를 주어 그 기간에 독서 및 연구에만 몰두하게 하는 제도이다. 세종 때는 주로 근교의 사찰인 진관사津寬寺에서 사가독서를 하게 했으므로 '상사독서上寺讀書'라고 부르기도 했다. 이후 성종 때 지금의 서울 용산에 별도의 독서당을 설치했고, 중종 때는 서울의 동호대교 북단 쪽인 성동구 옥수동에 설치했다. 여하튼 이를 통해 양성된 사림은 성종이 그 위상을 높인 홍문관에서 활동하며 일정하게나마 조정 내의 훈척 세력을 견제했다. 구문경이 태어난 무렵은 이렇듯 개혁을 갈망하던 신진 사림 세력이 차츰 조정에 진출하면서 삼사의 요직에 임명되던 시기였다.

하지만 사림파의 개혁은 쉽사리 이루어지지 않았는데, 왕실을 지배하고 있던 훈척이 그 세력을 더욱 공고히 하고 있었기 때문이다. 대를 이

회묘懷墓

연산군의 생모인 폐비 윤씨의 묘이다. 원래 서울시 동대문구 회기동에 있었지만, 1969년 지금의 자리인 고양시 서삼릉 경내로 옮겨졌다. 왕비의 자리에서 쫓겨나 폐비가 된 탓에 처음 묘를 만들 때는 왕릉의 격식을 갖추지 못했지만, 연산군 10년(1504)에 윤씨를 제헌왕후로 추존하고 묘를 회릉으로 격상하여 새로 조성했다. 중종반정으로 회릉은 다시 회묘로 강등되었지만, 석물이나 문인석·무인석 등은 그대로 남아 왕릉의 형태를 갖추고 있다.

어가면서 왕비를 배출해온 파평 윤씨가 이미 왕실을 장악한 상태였으며, 그 외의 훈척은 한명회를 중심으로 한 찬탈 세력을 대체하여 임사홍·구수영·신수근(1450~1506) 등이 연산군의 척족 세력으로서 새로이 사림 세력을 압도하고 있었던 것이다. 그뿐만 아니라 성종 말기에 새로운 왕의 등장을 앞두고 사림 세력은 위기를 맞게 되는데, 세자 이륭의 처가가 바로 세조 찬탈 세력과 밀접한 관계를 맺고 있던 거창 신씨 가문이기 때문이었다.

90 조선 왕실의 백년손님

연산군의 신임을 얻은 사돈

구문경이 3세 되던 해 1494년(성종 25)에 성종이 승하하고 연산군이 즉위했다. 널리 알려져 있듯이 연산군의 어린 시절은 불행했다. 연산군이 7세 때, 곧 1482년(성종 13)에 어머니 함안 윤씨咸安尹氏가 폐출된 뒤 사약을 받아 죽고, 외할머니와 외삼촌들도 모두 유배를 갔기 때문에 어린 세자는 어머니와 외가 없이 자라야 했던 것이다. 이후 연산군은 성종의 계비 정현왕후貞顯王后 파평 윤씨坡平尹氏의 보살핌 속에서 성장했으며, 12세 때인 1487년(성종 18)에 신승선愼承善(1436~1502)의 딸 거창 신씨居昌愼氏(?~1537)를 세자빈으로 맞아 가례를 올리고 7년 뒤에 왕으로 즉위했다.

구문경은 무오사화가 일어난 지 3년이 지난 1501년(연산군 7)에 10세의 나이로 연산군의 첫째 딸 휘순공주와 혼인하면서 자신의 가문도 본격적으로 훈척의 대열에 올려놓았다. 이미 연산군의 척족과 긴밀한 관계에 있던 그의 아버지 구수영은 아들이 부마가 된 이후 의금부의 수장인 판의금부사(종1품)에 제수되었으며, 특히 장악원 제조를 맡은 뒤로는 임숭재와 함께 지방의 미녀와 기녀들을 뽑아 바치면서 더욱더 연산군의 신임을 얻었다. 그가 선발해서 올린 기생 중에는 생원 황윤헌의 첩이었던 최보비라는 여인도 있었는데, 이 여인이 연산군의 총애를 받아 숙원에 봉해진 사실이 실록에 전한다.

> 황윤헌의 첩 보비는 성이 최이다. 얼굴과 몸맵시가 곱고 아름다우며
> 가야금도 잘 탔는데, 구수영이 바쳤다. 왕이 귀여워하고 매우 사랑하

여 숙원에 봉했는데, 얼굴과 재주가 모두 뛰어나서 그보다 나은 후궁이 없었다. 그러나 성질이 매우 사납고 괴팍하여 말하는 것이나 웃기를 좋아하지 않았다. 왕이 늘 취홍원聚紅院에 들어가 술에 취해 노래하고 희롱하며 춤추고, 홍청興淸(전국에서 뽑아 들인 기녀)들과 희롱하는 것으로 즐거움을 삼았는데, 보비는 홀로 얼굴만 매만지고 있었다. 왕은 그녀가 옛 지아비를 사모한다고 생각해서 황윤헌을 죽이려고 하였다.

— 『연산군일기』, 연산군 11년(1505) 10월 6일

이혼과 재결합

연산군 대에 잘나가던 구문경 가문의 등등한 위세도 잠시뿐이었다. 그가 부마가 된 지 5년 만인 1506년 중종반정이 일어나서 연산군이 폐위되었기 때문이다. 연산군의 사위인 구문경도 부마라는 신분과 부인의 공주 작위가 박탈되었다. 이제 그는 왕실의 일원이 아닌 일반 사대부일 뿐이며, 폐군의 사위이기에 얼굴을 들고 살아가기도 힘들었을 것이다.

이렇게 구씨 가문이 쇠락의 길을 걸어가나 싶었지만, 처세에 밝았던 아버지 구수영이 중종반정에 참여하면서 정국공신 2등에 올라 능천부원군綾川府院君에 봉해지는 반전이 일어났다. 한때 연산군에게 미녀들을 바치며 총애를 받았던 구수영은 이제 자신의 가문과 연산군의 인연을 아예 끊어버리고자 아들 구문경을 휘순공주와 이혼시키려 했다. 그때가 중종반정이 일어난 지 한 달도 채 안 된 1506년 9월 25일이다. 그 내용이

『중종실록』에 다음과 같이 전한다.

> 능천부원군 구수영이 아뢰기를 "신의 아들 구문경은 일찍이 폐왕(연산
> 군)의 부마가 되었는데, 이제 죄인의 사위가 되었으므로 마음에 미안
> 하니 이혼하기를 청합니다." 하니, 임금이 정승에게 물으라고 전교하
> 였다. 유순과 박원종이 아뢰기를 "과연 혼인 관계를 맺어서는 안 됩니
> 다. 법에 일곱 가지 버리는 것(칠거지악)이 있기 때문에 그의 청을 따르
> 는 것이 마땅합니다." 하니, 가하다고 전교하였다.
>
> —『중종실록』, 중종 1년(1506) 9월 25일

이처럼 구문경은 자신이 원해서 부마가 되지도 않았지만, 이혼 또한
아버지에 의해서 결정되어버렸다.

하지만 그로부터 2년 뒤 1508년(중종 3) 10월 7일, 대사헌 정광필鄭光弼
(1462~1538)의 의견에 따라 구문경과 휘순공주는 다시 부부로 재결합하게
되었다. 물론 그렇다고 해서 부마와 공주의 지위가 회복된 것은 아니었
다. 그 아버지 구수영과 달리 아들 내외의 결합을 주장했던 정광필의 이
야기를 들어보자.

> 대사헌 정광필이 아뢰기를 "… 근래에 전지傳旨를 보건대, 휘신공주徽
> 愼公主(휘순공주)의 칭호를 삭제하고, 구문경의 처로 부르게 하셨습니다.
> 예전에 구문경의 아비 구수영이 이혼시키기를 청한 것은 그 사리를
> 몰랐던 것이며, 국가에서도 또한 이혼까지 시킬 필요가 없었습니다.

구문경과 휘순공주 묘
구문경과 휘순공주의 묘는 서울시 도봉구 방학동의 연산군 묘역 안에 있다. 사진에서 가장 앞쪽의
좌측이 구문경 묘이고, 우측이 휘순공주 묘이며, 제일 뒤쪽 곡장 바로 앞의 쌍분이 연산군과 폐비
신씨의 묘이다.

조종조^{祖宗朝}에서는 부부된 자가 비록 난신^{亂臣}에 관여되었다고 할지라

도 그 자녀를 차마 이별시키지 아니하였습니다. 그런데 근년에 와서

는 죄인과 관계되면 곧장 이혼시키니 인심이 각박해진 것을 여기에서

도 볼 수 있습니다. 만약 그들이 이혼하게 된다면 부부 사이에 어찌

원한이 없겠습니까?" 하였다.

— 『중종실록』, 중종 3년(1508) 10월 7일

아버지가 죄를 지었다고 해서 이미 출가한 딸에게까지 그 죄를 물어

구문경 묘비
연산군의 폐위에 따라 그의 사위인 구문경과 딸 휘순공주도 부마와 공주의 작위를 박탈당했기 때문에 묘비에는 각각 '綾城具公之墓능성구공지묘', '全州李氏之墓전주이씨지묘'라고만 새겨져 있다.

이혼시킨다는 것은 지금 세상에서는 상상도 할 수 없는 일이나, 조선시대에는 그런 이유만 갖고도 상대측 부모에 의한 강제 이혼이 버젓이 이루어지기도 했다. 하지만 정광필은 인간적인 도리가 아님을 내세워 그들의 이혼이 잘못되었다고 주장했다. 마침내 사흘 뒤인 10월 10일에 중종은 정광필의 의견을 받아들여 구문경과 휘순공주를 다시 부부로 맺게 했으며, 반정 이후 몰수한 집과 재산도 돌려주었다.

아마 중종 자신이 반정 뒤에 신씨愼氏(1487~1557, 연산군의 장인 신승선의 손녀이자 신수근의 딸, 단경왕후) 부인과 강제 이혼을 당했기 때문에 구문경만이라

연산군과 폐비 신씨의 묘

연산군은 1494년 12월 24일 성종이 창덕궁에서 승하하자 5일 뒤 29일에 즉위했다. 그러나 패륜과 실정으로 중종반정을 당하여 1506년 재위 12년 만에 쫓겨났다. 원래 묘는 장사 지낸 곳인 강화도 교동에 있었지만 신씨 부인의 상언으로 서울시 도봉구 방학동으로 옮겨졌다. 묘역 안에는 연산군의 사위와 딸의 묘도 함께 있다.

도 다시 결합시켜 부부의 인연을 이어가게 하려는 생각이었을지도 모르겠다.

구문경은 휘순공주와의 사이에 1남 구엄具渰을 두었다. 이들 부부의 묘는 장인이자 친정아버지인 연산군의 묘가 있는 곳(서울시 도봉구 방학동)에 자리해 있다.

임금의 사위였으나 장인이 폐위되자 자신도 부마의 지위를 잃고, 아버지에 의해 부인과 강제로 이혼했다가 또다시 결합하여 살게 된 구문경의 인생은 어쩌면 조선왕조에서 가장 기구한 운명을 지닌 부마라 하겠다.

3장 사림파로의 전향

풍죽風竹
세종의 현손인 탄은灘隱 이정李霆(1554~1626)이 그린 〈풍죽〉으로, '바람 타는 대'라는 뜻이다.(견본 수묵, 71.5×127.5cm)
대나무는 선비의 절개를 상징하는 사군자 중의 하나이다. 이 그림은 모진 바람을 이겨내는 어린 대나무의 기세를 강렬하면서도 순간적으로 포착하여 표현한 조선 최고의 묵죽화로서,(백인산, 『간송문화』 제69호, 2005) 수차례 사화를 당했음에도 끝내 사림의 시대를 열어젖힌 선비의 정신을 담아냈다.

성리학적 사회질서의 정착

　연산군은 재위 기간 동안 두 차례의 사화를 일으켜 사림뿐만 아니라 훈구 세력까지 탄압하고, 패륜을 저지르는 등 악행을 일삼았다. 그의 패륜은 조선왕조의 기본 윤리인 성리학의 삼강오륜을 거스르는 일이었기에 그것만으로도 반정의 명분은 충분했다. 그런데 이에 더해서 임사홍 등이 중심이 된 연산군의 척족 세력이 부추겨 일으킨 갑자사화는 세조의 찬탈 세력으로서 이미 고인이 된 한명회·정창손을 부관참시했을 뿐만 아니라, 당대 훈척의 상징인 파평부원군 윤필상尹弼商(1427~1504), 영의정 성준成俊(1436~1504), 좌의정 이극균李克均(1437~1504), 예조 판서 이세좌李世佐(1445~1504) 등을 사사하면서 폐족廢族를 만들어버리는 등 훈척 세력의 존립 기반을 위태롭게 만들었다. 그리하여 종국에는 연산군이 이들 훈척의 한 세대 후배 격이라고 할 만한 평성군平城君 박원종朴元宗(1467~1510), 전 참판 성희안成希顔(1461~1513), 이조 판서 유순정柳順汀(1459~1512) 등을 중심으로 한 세력에 의해 왕위에서 쫓겨났다. 이후 연산군은 강화도로 유배 간 뒤 그곳에서 얼마 지나지 않아 31세의 젊은 나이로 생을 마쳤다. 폭정을 거듭하던 연산군을 몰아내고 그의 이복동생 진성대군을 새로운 왕으로 추대한 이 사건을 중종반정(1506)이라고 부른다.

　그러나 반정을 주도한 세력은 또 다른 보수 세력인지라 기존 훈구 세력과 마찬가지로 새로운 질서 확립을 위한 변화에 소극적이었으며, 새로운 왕과 함께 국가를 이끌어갈 만한 이념과 능력을 갖추지 못했다. 그 때문에, 반정을 통해 왕위에 오른 중종은 아버지 성종이 재현하고 형 연산군이 폐지했던 독서당과 홍문관을 복구하여 다시금 사림파를 육성하면서 공신을 견제하고자 했다. 이를 위해 중종은 먼저, 성리학에 대한 이해를 바탕으로 현실 개혁안을 제시한 조광조趙光祖(1482~1519)를 등용한 뒤 '현량과賢良科'라는 제도를 통해 본격적으로 사림파를 조정에 진출시켰고, 이들을 언관직인 삼사에 포진시킴으로써 보수화된 공신 세력을 견제했다. 즉, 사림 세력이 훈척에 맞설 수 있는 일군의 정치 세력화를 이룬 것이 바로 이 시기였다.

이 무렵 조정에 진출한 사림파는 구체제의 인습과 폐단의 혁파를 주장했다. 불교와 도교 문화의 잔재로 인식되던 기신제忌晨祭 및 소격서昭格署 혁파, 왕실의 고리대업으로 전락한 내수사內需司 장리長利의 혁파, 반정에 큰 공을 세우지 않았는데도 공신에 책봉된 이들의 공훈을 취소하거나 삭제하는 '위훈僞勳 삭제' 등 급진적인 개혁을 밀고 나갔다. 이와 더불어 성리학적 사회질서를 정착시키기 위해 『소학小學』의 보급을 장려하고, 향촌 공동체에 향약을 실시할 것을 주장했다. 이와 같은 정책의 궁극적인 목적은 그들이 유교적 이상 정치라 여기는 삼대(중국 고대의 하·은·주 시대)의 지치至治를 실현하기 위한 것이었다.

그러나 경제 현안의 개혁과 '위훈 삭제'와 같은 주장은 기득권 공신 세력의 이해관계와 직결된 문제로 그들의 정치적·경제적 지위를 위태롭게 할 수 있기 때문에 거센 반발을 불러왔다. 결국 보수 세력은 급진적 개혁에 경계심을 느낀 중종을 앞세워 조광조를 비롯한 사림 세력을 대대적으로 탄압하고 제거하는 기묘사화(1519, 중종 14)를 일으켰다.

중종의 어머니는 성종의 계비인 정현왕후 파평 윤씨다. 중종은 대군 시절에 연산군의 장인인 신승선의 손녀와 혼인했지만, 반정이 성공한 뒤 신씨 부인의 집안이 폐주와 얽혀 있다(신씨 부인의 고모가 연산군의 비이며, 아버지 신수근은 연산군의 처남)는 이유로 강제 이혼을 해야 했다. 이후 아버지 성종처럼 중종 역시 외가인 파평 윤씨 여인들을 왕비로 맞이했는데, 그 첫 번째 계비가 장경왕후章敬王后이며 인종을 낳은 뒤 산후병으로 죽었다. 두 번째 계비도 파평 윤씨 가문에서 맞이했는데, 그녀가 명종을 낳은 문정왕후文定王后이다. 이처럼 왕실이 파평 윤씨를 중심으로 훈척의 지배 아래 있었기 때문에 보수 훈척 세력에 맞서 개혁을 주장했던 사림 세력의 열세는 어찌 보면 당연했다. 결국 기묘사화로 조광조가 사약을 받고 죽는 등 사림 세력은 다시 한 번 좌절을 맛보아야만 했다.

하지만 시간이 흘러 반정공신 및 이들과 연계한 보수 세력이 노쇠해지자, 중종은 기묘사화로 죽은 인사들의 명예를 회복시켜주고, 사림파의 핵심 인사인 김안국金安國(1478~1543)을 대제학에 등용하는 등 사림 세력을 다시 조정으로 불러들였다. 이러한 분위기 속에서 우리나라 최초의 서원인 백운동서원白雲洞書院이 건립되는(1543, 중종 38) 결실을 보기도 했다.

중종 말기에 사림파에게 우호적인 분위기는 그리 오래가지 못했다. 이무렵은 왕세자 이호李峼(1515~1545, 훗날 인종)의 왕위 계승을 앞두고 있던 때이며, 문정왕후와 윤원형尹元衡 등 파평 윤씨 훈척 세력은 경원대군 이환李峘(1534~1567, 훗날 명종)을 등극시키고자 왕세자 주변의 사림 세력에 대한 탄압을 꾀하던 때였다. 실제로 인종이 즉위한 지 1년도 못 되어 31세의 젊은 나이로 승하했기 때문에 문정왕후와 윤원형의 꿈은 이루어진 셈이다. 어린 명종의 뒤에서 문정왕후와 윤원형 등은 실질적인 권력을 행사하며 자연스레 사림을 탄압했고, 결국 을사사화(1545)를 일으켰다.

사림파에 대한 윤원형 등 훈척 세력의 탄압은 이후에도 지속되었지만, 수차례 사화를 거치면서도 성리학 경전인 『소학』의 보급, 향약의 실시, 서원의 건립 등 중앙과 지방에서 성리학적 사회질서의 정착을 추구한 사림의 노력은 헛되지 않았다. 그 노력의 결과는 1550년(명종 5) 풍기 군수로 있던 퇴계退溪 이황李滉(1501~1570)의 청으로 백운동서원이 '소수서원'으로 사액되고, 명종의 친정親政(1553, 명종 8) 이후에는 남명南冥 조식曺植(1501~1572) 등 사림파 인사의 등용을 추진하는 것으로 나타나기 시작했다. 성리학적 사회질서의 정착은 훈척 세력의 탄압을 받는 가운데서도 계속 이어져갔던 것이다.

1565년(명종 20)에 문정왕후가 승하하면서 윤원형도 축출되자, 그때까지 정권을 쥐고 흔들던 훈척은 정치 세력으로서 종말을 고하고, 바야흐로 본격적인 사림의 시대가 도래했다. 사림은 예의와 염치, 절개를 최고의 도덕적 가치로 숭상하고, 정치에서는 명분과 원칙을 목숨같이 여겼다. 그에 따라 수양대군의 왕위 찬탈에 협조했거나 사화를 일으켜 사림의 탄압에 앞장섰던 세력의 후손은 사림의 시대에 더 이상 정치 세력으로서나 왕실의 구성원으로서 주류가 되지 못하였다.

16세기 초·중반의 사림 세력은 연산군, 중종, 명종 연간 총 네 번의 큰 사화를 겪었지만 그 생명력을 잃지 않고 끝내 훈척을 몰아냈다. 사림 세력이 네 차례나 참혹한 화를 입으며 끊임없이 좌절을 겪으면서도 살아날 수 있었던 까닭은 그들이 도덕적으로 우위에 있을 뿐만 아니라 성리학적 명분과 원칙에 기반을 둔 개혁을 주장했기 때문일 것이다. 보수 훈척 세력은 현실적인 이해관계를 중시하면서 그저 자신들의 기득권 유지에 급급하여 사림을 탄압했을 뿐, 국정 현안에 대한 실질적인 개혁안을 제시하지 못했다. 그들의 무능력은 결국 훈척 내에서도 사림파 인사가 나올 수밖에 없는 상황을 만들었다.

그렇게 등장한 인사가 바로 훈척의 후손이라는 집안 내력을 갖고 있으면서 생육신 계열의 소학계小學契 사림파에 속한 이들이다. 신숙주의 손자 신종호申從濩(1458~1497), 한명회의 손자 한경기韓景琦(1472~1529), 임사홍의 아들 임희재任熙載(1472~1504)가 대표적인 인물이다. 이들은 세조의 왕위 찬탈에 협조했거나 사림파를 탄압하면서 정권을 휘둘렀던 할아버지 또는 아버지와 달리 성리학 이해에 몰두했고, 그 결과 출신 성분은 훈척이지만 사상적으로는 성리학으로 무장한 사림파가 될 수 있었다.

훈척의 자손이 사림파가 되어가는 모습은 성종의 부마 고원위高原尉 신항申沆과 중종의 부마 여성위礪城尉 송인宋寅을 통해 알 수 있듯이 왕실에서도 나타났다. 신항은 신숙주의 증손자로서 아버지는 신종호이다. 송인의 외조부는 김종직의 문인인 영의정 남곤南袞이다.

성종 때 『경국대전』이 반포되면서 부마는 공식적으로 과거에 응시할

수 없었다. 따라서 아무리 뛰어난 학식을 가지고 있는 부마라도 의빈부
儀賓府에 속한 채 명예직의 벼슬만 받고 살아야 했다. 고원위 신항과 여성
위 송인은 이 같은 신분적 제약 때문에 정치 일선에 참여하지 못했지만,
그 대신 자신이 갖고 있는 재능을 학문에 쏟아부었다.

고원위 신항 인물관계도

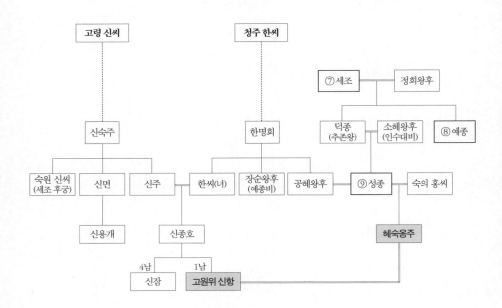

05

뛰어난 문장가, **성종 부마 고원위 신항**

연산군의 시기

신항申沆(1477~1507)은 1490년(성종 21) 14세의 나이로 성종의 후궁인 숙의 홍씨淑儀洪氏(1457~1510)의 첫째 딸 혜숙옹주惠淑翁主 이수란李秀蘭(생몰년 미상)과 혼인하여 고원위高原尉에 봉해졌다. 왕비 소생의 공주가 모두 요절한 성종에게는 신항이 맏사위였다. 신항의 증조할아버지가 신숙주, 진외조陳外祖가 한명회로서, 그의 가문은 세조의 최측근이었다.

조부의 정치적 성향과 달리 아버지 삼괴당三槐堂 신종호申從濩(1456~1497)는 당시 재야 사림과 남효온南孝溫(1454~1492)과 교류했고, 과거에서 세 번이나 장원할 만큼 학식도 출중했다. 그런 아버지 밑에서 자란 신항도 상당한 학식을 갖추고 있었다. 하지만 그가 겸비한 학식과 재능은 연산군의 총애를 받던 다른 부마들의 시기를 받았고, 처남 연산군도 그가 맡고 있던 제조提調의 직임을 해임해버렸다.

전교하기를 "여러 왕자들과 부마는 의식이 풍족하여 학문이 필요하지
않은데, 지금 고원위 신항은 굳이 옛글을 기억하고 문사들과 교유하
므로 상으로 준 가자加資를 삭제하고 제조의 직에서 해임하여 여러 왕
자들과 부마로 하여금 징계하는 바가 되도록 한다." 하였다.
— 『연산군일기』, 연산군 10년(1504) 12월 28일

부마에게 학문이 필요 없다는 연산군의 말은 그저 왕실에서 하사해준
많은 재산을 가지고 놀고먹으면 된다는 뜻이므로 사대부 가문 출신의 신
항에게는 매우 치욕적으로 느껴졌을 것이다. 학문의 목적이 오직 과거
급제와 부귀영화를 누리는 데 있다고 생각하는, 참으로 어리석고 어두운
임금이 아닐 수 없다.

학무소용學無所用 재무소전才無所展

신항은 본관이 고령이며, 1477년(성종 8) 7월 신종호의 장남으로 태어났
다. 독서를 시작하던 예닐곱 살 어릴 때부터 그는 매우 총명했다고 전해
진다.

공의 휘는 항沆, 자는 용이容耳이다. 나면서부터 총명함이 남보다 뛰어
났고, 나이 겨우 7~8세 때부터 독서하기 시작했는데 그 뜻을 게을리
하지 않았다. 몇 년이 지나 시서詩書를 익히고 나서 『황산곡집黃山谷集』

도 외웠는데, 참판(아버지 신종호)께서 시험하고자 외워보라고 하니, 한
글자도 틀리지 않았다.

— 신용개申用漑, 『이요정집二樂亭集』「고원위 신도비명」

신항은 1490년(성종 21) 4월 15일 혜숙옹주의 배필로 정해진 뒤 4월 27
일에 혼인하고 순의대부順義大夫(종2품 하) 고원위에 봉해졌다. 성종은 궁궐
에서 귀하게 자란 혜숙옹주 수란이가 혹시나 시부모님께 교만하게 굴지
않을까 싶은 걱정스러운 마음이 들었던 모양이다. 시아버지가 될 우승지
신종호를 불러다가 며느리에 대한 따뜻한 가르침을 부탁했다. 지엄한 국
왕이지만 딸을 시집보내는 마음은 여느 친정아버지와 같았으리라.

우승지 신종호에게 전교하기를 "옹주가 하가한 후에 시부모님을 뵙는
예禮가 있는데, 옛 성현이 예를 만들 때 어찌 그 의도가 없었겠는가?
가도家道는 마땅히 근엄하게 할 바이다. 옹주가 궁궐 안에서 나고 자
라 더러 귀한 신분을 믿고서 교만한 폐단이 있을 것이다. 반드시 어렸
을 때부터 예를 알아야 하니, 습관이 몸에 배어 성품이 된 후에야 며
느리의 도道를 지킬 수 있을 것이다. 경은 존귀하게 대우하되 그 예를
폐하지 말도록 하라." 하였다.

— 『성종실록』, 성종 21년(1490) 4월 15일

총명하고 글재주가 뛰어난 신항은 성종의 사랑을 듬뿍 받았다. 성종은
맏사위 신항에게 자주 시를 지어 올리라고 했으며, 이에 신항이 글을 올

광진廣津

겸재謙齋 정선鄭敾(1676~1759)의 『경교명승첩京郊名勝帖』에 실려 있는 이 그림은 서울시 광진구에 있었던 광나루를 진경화법으로 그린 것이다.(견본 채색, 31.5×20.0cm) 그림의 중앙 쪽 우뚝 솟은 아차산 아래 언덕에 있는 기와집과 누각이 당시 권세가들의 별서였을 것으로 추정된다.

고원위 신항의 동생 신잠申潛은 조광조의 기묘사림으로서 현량과를 통해 조정에 진출했지만 훗날 기묘사화로 축출되자 이곳 아차산 아래에 은거하면서 서화를 즐기며 지냈다고 한다.

리면 성종이 보고 언제나 감탄해 마지않았다고 한다. 어느 날 사위 고원위가 부인 혜숙옹주와 함께 광진廣津(현재 서울시 광진구)의 별서別墅에 계시는 할머니 한씨 부인을 뵈러 간다는 소식을 들은 성종은 그에게 특별히 음식을 하사하면서 시를 지어 올리라고 했다. 신항이 10수의 시를 지어 올리니, 이를 본 성종은 "지금 네가 지은 시를 보아하니 설령 유명한 문장가라도 이보다 더 할 수는 없겠구나."라고 추어올렸다. 시를 잘 지었던 신항에 대해서는 조선 중기 문장사대가인 상촌象村 신흠申欽(1566~1628)도 극찬했으며, 그래서 그의 요절을 더욱 안타까워했다.

> 귀족 자제들 중에 시를 잘 짓는 자는 고원위와 여성위礪城尉가 있는데, 고원위의 작품은 맑고 아름다우며, 여성위의 작품은 전아하고 치밀하다. 고원위는 일찍 죽어서 그 재능을 다하지 못했으니 애석하다.
>
> ─ 신흠, 『상촌고象村稿』 「청창연담晴窓軟談」

홍문관을 통해 인재를 키우고 학문을 가까이한 성종이니, 뛰어난 재능을 지닌 맏사위를 당연히 총애했을 것이다. 언젠가 성종이 문묘에 갔을 때, 신항의 얇은 옷을 본 성종은 자신의 옷을 벗어 입혀주었다는 일화가 전한다.

국왕과 사위인 부마가 서로 시를 지어 주고받는 모습은 성종 때부터 나타나는데, 특히 사림 정치가 본격적으로 시작되는 선조 대에는 학식이 출중한 자들로 부마를 선발했다. 선조는 자신의 사위들과 자주 시문을 주고받으면서 그들의 작품에 대해 칭찬을 아끼지 않았으며 후한 상도 곧 잘 내려주었다.

성종 때 반포한 『경국대전』에서는 부마에게 공식적으로 과거를 보지 못하게 함은 물론이고, 실직實職 또한 받을 수 없게 규정해 놓았다. 이로 써 조선시대 부마는 정치 일선에 참여하지 못하는 제도가 정착되었다. 그런 까닭에, 아무리 학문이 뛰어나더라도 그것을 쓸 곳이 없고, 아무리 재능이 뛰어나더라도 그것을 펼칠 곳이 없던(學無所用, 才無所展) '부마'라 는 신분의 굴레를 장인인 국왕만이라도 알아주면서 위로해주려고 했을 것이다.

성종이 1494년(성종 25) 38세의 나이로 승하할 때 신항은 겨우 18세였 다. 장인 성종의 승하를 신항은 부모를 여읜 일처럼 슬퍼했다고 한다.

참소로 인한 시련

성종이 승하하고 3년 뒤 1497년(연산군 3) 신항은 아버지마저 여의었다. 아버지 신종호는 전해 겨울 10월 명나라로 가는 사행의 정조사正朝使로 임명되어 북경에 갔다가 이해 봄에 돌아오던 중 병이 나서 개성에 이르 렀을 때 죽었다. 부친이 귀국 도중에 몸져누웠다는 소식을 듣고 신항이 약을 구해 개성으로 달려갔지만 아버지의 병세는 이미 깊어 손쓸 수 없 는 상태였다. 결국 신종호는 다음 날 세상을 뜨고 말았다.

아버지의 삼년상을 마친 1499년(연산군 5)에 신항은 부마들이 으레 맡 는 오위도총부 부총관을 겸했고, 26세 되던 1502년(연산군 8)에는 귀후서

歸厚署(예장禮葬 관련 일을 담당한 관서) 제조 및 혜민서 제조를 역임하면서 공평하게 사무를 처리하여 백성의 신망을 두텁게 받았다. 하지만 그의 이런 능력은 연산군의 질투와 미움을 사기에 충분했다. 2년 뒤 갑자사화로 엄청난 규모의 숙청이 자행되던 해인 1504년(연산군 10) 겨울에 신항은 자신을 시기하던 임숭재의 참소로 의금부에 하옥되고, 가자된 통헌대부의 작위도 거둬들여졌다. 무오사화와 갑자사화를 일으켜 수많은 사람을 제거한 연산군과 그에게 빌붙은 임숭재는 자신보다 뛰어난 학식을 지닌 고원위가 사림과 교유하면서 백성의 신망을 얻고 있는 모습이 몹시 거슬렸을 것이다.

연산군은 이듬해인 1505년에 신항을 불러다가 국상의 단상短喪 제도에 대해 물으면서 트집을 잡았다.

왕이 고원위 신항을 내전으로 불러 중국의 단상 제도가 어떤 것인가를 논하게 하였다. 신항이 이르기를 "3년의 제도는 천자로부터 만백성에 이르기까지 통용하는 것입니다. 그러나 호원胡元이 북쪽 오랑캐의 종자로서 중화를 더럽혀 물들인 지가 100여 년이 넘기 때문에 그습속이 지금까지도 다 혁파되지 못하였습니다. 단상이 어찌 중국의 옛 제도이겠습니까? 이는 오랑캐 원元의 남은 풍습이 아직 없어지지 않았기 때문입니다." 하니, 왕이 입을 다문 채 기뻐하지 않았다.

소혜왕후의 상기를 단축하게 되어서, 왕이 신항을 불러 이르기를 "이제 내가 소혜왕후의 상기를 단축하고자 하는데, 이것도 오랑캐의 풍속이냐?" 하였다.

신항이 밖으로 나와 친한 사람에게 말하기를 "왕의 무도함이 날로
심해지는 까닭에 반드시 사대부의 상기도 단축할 것이다." 하더니, 이
때에 이르러 과연 그 말과 같았다.

— 『연산군일기』, 연산군 11년(1505) 6월 30일

연산군은 할머니 소혜왕후를 머리로 들이받아 죽게 한 일도 모자라 그
상기喪期마저 단축하려 했지만, 신항은 연산군 앞에서 단상이 오랑캐의
습속이라며 강직한 소신을 드러냈다.

서른 평생

마침내 1506년 반정이 일어나 연산군이 폐위되고 중종이 즉위하자, 신
항은 주위 사람들로부터 반정군에 참여해서 공신이 되라는 권유를 받았
다. 그러나 그는 애초 반정에 참여하지도 않았는데 무슨 염치로 갈 수 있
겠냐며 거부했다. 중종은 그런 신항을 원종공신에 책봉하고 봉헌대부(정
2품 상)의 품계를 내렸다. 이듬해인 1507년(중종 2), 신항은 병을 얻어 2월
19일 집에서 죽었으며, 그때 나이 겨우 31세였다. 혜숙옹주와의 사이에
1녀 1남을 두었으나 모두 요절했다. 신항의 부음을 들은 중종은 사직제
社稷祭를 지내던 중 음복례飮福禮를 정지하면서 공식적인 정무와 시장 상
인의 상거래를 이틀간 금지했고, 별도의 부의를 내려주며 그의 죽음을
애도했다.

고원위 신항과 혜숙옹주 묘
신항은 신숙주의 증손으로 훈척 가문에서 태어났지만, 사림과 교유한 부친의 영향을 받아 뛰어난
학식을 갖고 있었다. 14세 때 혜숙옹주를 아내로 맞이해 성종의 부마가 되고 고원위에 봉해졌다.
그의 묘는 경기도 의정부시 신곡동에 소재하며, 부인 혜숙옹주 묘와 쌍분으로 조성되어 있다.

　혜숙옹주는 남편 고원위의 행적을 후세에 전하기 위해 신도비를 세우
고자 그 비문을 신항의 당숙인 이요정二樂亭 신용개申用漑(1463~1519)에게
부탁했다. 신항의 마지막 모습을 서술한 비문의 내용에 따르면, 그는 자
신의 운명을 원망하지 않았다. 성종의 맏사위로서 안타깝게 요절한 고
원위 신항이 임종할 때 동생 신잠申潛(1491~1554)에게 남긴 유언 및 죽음을
앞두고 벗들과 나눈 대화가 전해지고 있는데, 간략하게 옮기면 다음과
같다.

신항이 임종할 때 동생 신잠을 불러서 말하기를 "사람의 몸에는 근신
謹慎 하나만 있을 뿐이고, 재예才藝는 그 다음이다. 두 가지를 모두 가
진다면 정말 좋겠지만, 그렇게 하지 못한다면 재예를 버리고 근신을
지켜야 한다." 부인 옹주에게는 단지 부모님께 효도할 것만을 말하고
다른 유언이 없었다.

　또 문병을 온 친구들의 손을 잡고 말하기를 "어머니께서 아직 생
존해 계시는데 나는 지금 죽으려 하니 부모님께 죄를 짓는 심정 때문
에 애통하네." 하였다. 곁에 있는 사람들이 그를 위로하기를 "천도天道
는 선한 자에게 복을 내리고 악한 자에게 재앙을 내린다고 하는데, 공
은 선을 쌓았음에도 왜 이런 불행한 이치가 있단 말인가?" 하니, 신항
이 말하기를 "천도를 기약할 수 있는가? 천도를 기약할 수 있다면 어
찌 안회顔回가 요절했겠는가?" 사람들이 말하기를 "안회는 어질었지만
장수하지 못한 것은 어째서인가?" 하니, 신항이 말하기를 "모두 자연
의 이치이다. 하늘이 어찌 만물에게 똑같은 수명을 줄 수 있겠는가?"
하였다. …

— 신용개, 『이요정집』 「고원위 신도비명」

　유언에서 볼 수 있듯이 신항은 왕의 사위가 되어 남부러울 것이 없는
부귀를 얻었지만 항상 겸손하고 삼가하는 '근신' 하나만을 가장 중요한
덕목으로 삼았다. 사람다운 사람이 된 이후에야 그 재능이 빛을 발할 수
있음을 알고 있었던 성리학자 고원위라고 하겠다.

　세조의 왕위 찬탈에 협조한 신숙주의 후손으로 태어나 성종의 부마가

된 고원위 신항은 아버지 신종호의 영향으로 성리학을 공부했다. 그리하여 성리학에 대한 이해를 심화하고 늘 검소한 몸가짐으로 폭군의 시대에 부마의 정도正道를 걸어갔다.

그의 동생 신잠은 중종 때 현량과를 통해 조정에 진출했지만 기묘사화에 연루되어 전라도 장흥으로 유배 갔다. 나중에 풀려났지만 그 뒤 20여 년간 아차산 아래에서 은거하다가 인종 때 비로소 나와 태인 현감, 상주 목사 등을 지냈다. 신잠은 관리로서 청렴함과 목민관으로서 자애로움을 두루 갖추었으며, 형 신항의 유언을 지키면서 살았다고 전해진다.

여성위 송인 인물관계도

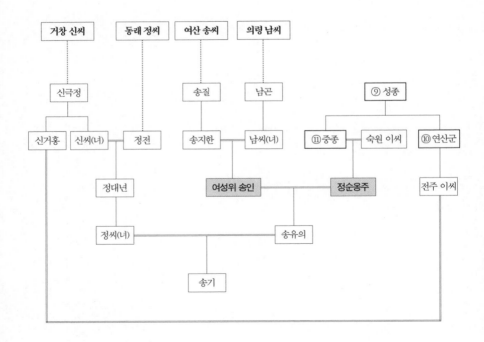

06
문집을 남긴 문사, **중종 부마 여성위 송인**

'문단'의 시호를 받은 부마

송인宋寅(1517~1584)은 중종의 후궁인 숙원 이씨淑媛李氏의 첫째 딸 정순 옹주貞順翁主 이정환李貞環(1517~1581)과 혼인하여 여성위礪城尉가 되었다. 그는 벼슬할 수 없는 부마의 신분임에도 성리학 공부를 게을리하지 않았으며, 수많은 시문과 독자적인 예설禮說을 남기고 서예에서도 뛰어난 실력을 드러냈다. 사림이 정계에 진출했다고는 하지만 어디까지나 실권은 훈척이 쥐고 있던 시대에 송인은 몇 안 되는 성리학자 부마 가운데 한 명이었다. 그런 그에게 훗날 인조는 '문단文端'이라는 시호를 내려주었다.

송인은 중종의 부마로서 부귀한 신분에 있으면서도 마치 포의布衣의 선비처럼 지냈다. 예서隸書에서는 다른 사람들보다 뛰어나 으뜸이었으며, 시도 잘 지었으나 서예에 가려서 잘 알려지지 않았다. 또한 그가 지닌 인품의 고매함은 서예나 시문보다 더 뛰어났다.

— 『인조실록』, 인조 13년(1635) 8월 1일

친가 외가 모두 영의정 가문

송인의 본관은 여산이다. 그는 1517년(중종 12) 7월 13일에 송지한宋之翰 (1493~1563)의 아들로 태어났는데, 어머니 의령 남씨宜寧南氏(1492~1521)가 30세에 별세하자 어린 시절을 외할머니 연안 이씨延安李氏(1473~1529)의 보살핌 속에서 보냈다. 어머니 남씨는 송인을 포함하여 세 명의 아들을 낳았지만, 송인을 제외한 두 아들은 모두 어려서 죽었다.

송인의 할아버지 송질宋軼(1454~1520)은 연산군 때 이조 참판과 형조 판서 등을 지냈지만 중종반정의 공신이 되면서 영의정까지 오른 훈구파의 중심인물이며, 세조의 원종공신과 성종의 좌리공신이 된 눌재訥齋 양성지梁誠之(1415~1482)의 손녀사위다. 또한 송인의 외할아버지는 김종직의 문인이면서도 훗날 기묘사화를 주도한 남곤南袞(1471~1527)이다. 이처럼 보수 성향의 기득권 가문에서 태어난 송인은 외할아버지 남곤이 영의정으로 재직하고 있을 때인 1526년(중종 21) 12월에 10세의 나이로 부마에 간택되고, 2년 뒤 1528년에 정순옹주와 혼인함으로써 여성위에 봉해졌다.

그는 어머니를 일찍 여읜 까닭에 외가에서 자랐다. 외할아버지가 김종직의 문인이었던 영향을 받아서인지 송인은 어릴 적부터 선비들과 교유하면서 학문을 논하고 글쓰기를 즐겼다고 한다. 그러면서 자연스럽게 송

송지한 묘비
글과 글씨 모두에서 탁월한 재주를 지닌 송인은 궁궐 현판과 사대부의 묘갈명 등을 많이 남겼다. 송지한의 묘비는 아들 송인이 48세 즈음에 쓴 글씨다. 송인은 왕실 서체의 기본인 송설체에 뛰어났는데, 이 묘비의 글씨는 40대 후반의 나이만큼이나 완숙하고 부드러운 필력을 보인다. 송지한 묘는 경기도 양주시 은현면의 여산 송씨 묘역에 아들 송인 묘와 함께 있다.

인의 학문적 명성도 널리 알려졌을 것이다. 그가 18세 때인 1534년(중종 29)에 종친부가 주관하여 경복궁 경회루에서 중종을 모시고 잔치가 벌어졌다. 중종은 잔치를 기념하기 위해 종친과 부마들에게 시를 지어 올리라고 했는데, 이때 송인이 지은 시가 2등으로 뽑히면서 그의 품계가 자의대부(종2품 상)로 가자되었다.

당시 부마는 벼슬할 수 없는 신분이기에 학문을 할지라도 쓸모없다고 여기는 자가 많았다. 관직에 나아가지 못하는 상황에서 학문이 별 소용없다고 생각했던 왕자와 부마들은 낙심하거나 반발심에 일반 백성들을 괴롭히는 일이 흔했고, 송인도 한때나마 모리배와 결탁하여 자신의 지위를 앞세워 백성들의 가옥과 전답 등 재물을 탐했다. 이 때문에 그는 사헌부와 사간원의 탄핵을 받은 일도 있다.

비록 행실에 흠이 나긴 했지만 송인의 문장력은 중종의 사위들 중에서 제일이었던 것 같다. 1542년(중종 37) 부마와 종친을 대상으로 시험한 제술製述 과목에서 또다시 우수한 성적으로 입상하여 한 자급이 올라간 사실은 이를 뒷받침한다. 이때 그의 나이 26세였다.

문집 『이암유고』

송인이 28세 되던 1544년(중종 39)에 장인 중종이 춘추 57세로 승하하고, 인종이 즉위했다. 중종비 장경왕후 파평 윤씨는 인종을 낳고 며칠 뒤 산후통으로 승하했는데, 인종도 즉위한 지 1년도 채 지나지 않은 1545년 7월에 31세를 일기로 승하했다. 인종에게는 왕위를 계승할 아들이 없었기 때문에 당시 문정왕후 소생의 경원대군 이환李峘(1534~1567)이 12세의 어린 나이로 즉위했다. 그가 곧 조선 제13대 왕 명종이다.

명종과 정순옹주는 그 어머니가 각각 왕비와 후궁으로 이복 남매이지만, 어찌 되었든 송인은 명종에게 자형이다. 송인은 명종과 처남-자형의 관계라서 궁궐에 자주 드나들 법도 했지만 장인 중종이 승하한 뒤부터 조정에 출입하는 일이 거의 없었다. 대신, 한강변에 있는 수월정水月亭과 본가에 있는 '이암頤庵'이라는 처소에 기거하면서 본격적으로 사림의 명사들과 어울려 지내며 만년까지 문예활동에 힘을 쏟았다. 그는 시와 문장뿐만 아니라 서예에도 뛰어난 재주를 가지고 있어 왕릉의 지석誌石이나 궁궐의 현판, 사대부의 비문까지 지었으며, 글씨도 많이 남겼다.

당시 조정에서는 사림에 대한 문정왕후와 윤원형의 탄압이 지속되다가 명종의 친정親政(1553, 명종 8)을 전후한 무렵부터 남명南冥 조식曺植(1501~1572) 등 사림파 인사의 등용을 추진하기 시작했다. 또한 재야에서는 퇴계退溪 이황李滉(1501~1570)과 고봉高峯 기대승奇大升(1527~1572) 사이에서 사단칠정四端七情 논쟁이 벌어지며 주자성리학에 대한 이해를 진전시켜 가고 있었다. 그뿐만 아니라 향촌의 사림이 성리학을 진흥하고 인재를 양성하기 위해 건립한 서원이 국가로부터 노비·서적 등을 지원받으면서 '사액서원'으로 인정받고 있었다. 이렇듯 조정 안팎에서 나타나는 사림의 동향은 이미 조선왕조가 사림의 시대로 진입했음을 보여주는 것이라고 하겠다.

바로 이러한 시기에 송인은 젊었을 때와 다르게 부마로서 조정에 나가지 않고 학문과 예술에 몰두하면서 사림과 어울렸고, 왕실 귀족의 문예를 주도했던 것이다. 그러던 중 1563년(명종 18) 47세 때 아버지를 여의고, 삼년상을 마친 뒤 50세가 되던 1566년(명종 21)에 할아버지의 공훈을 이어받아 여성군礪城君에 봉해지지만 끝까지 조정에 나가지 않았다.

그가 사림의 명사들과 주로 어울리던 수월정은 서울의 동호대교 북단에 있었다고 전해지나, 임진왜란으로 불타버려 남아 있지 않다. 신흠은 「동호의 수월정에서 노닐다(游東湖水月亭)」라는 시의 서문에서 송인에 대한 존모의 마음을 드러냈는데, 송인의 손자 송기宋圻가 수월정의 옛터에

압구정狎鷗亭

압구정은 서울 동호대교 남단에 한명회가 지은 정자로, '갈매기와 친하게 지내는 정자'라는 뜻을 지니고 있다. 송인의 수월정이 그 맞은편 북쪽에 자리했다고 하니 압구정과 서로 마주 보고 있었을 것으로 추정된다. 겸재 정선의 『경교명승첩』에 실려 있는 그림이다. (견본 채색, 31.5×20.0cm)

초당草堂을 지은 것을 보고 그 감회를 표현한 글이었다.

서문

수월정에 올라가 이틀 밤을 묵고 돌아왔는데, 동양위東陽尉(신흠의 아들로 선조 부마인 신익성申翊聖)도 따라갔었다. 이 정자는 바로 고故 부마 여성위 송인의 별장이었다. 여성위는 문장과 인망으로 당시에 우뚝 드러났고, 서법書法에 더욱 뛰어나 왕희지王羲之의 경지를 얻었으므로 한 시대 금석문의 글씨가 모두 그의 손에 맡기어졌다. 나도 여성위를 직접 보았는데, 아름다운 풍채가 단아하고 묵중하며 눈과 눈썹이 그림 같이 생겨서 참으로 귀공자의 풍모였다.

… 지난 무자년(1588, 선조 21)에 내가 파원도정坡原都正* 형님 및 사제舍弟 등과 친구 약간 명을 이끌고 이 정자에 모여서 며칠 동안 즐겁게 놀았는데, 그 후 수년도 못 가서 난리가 일어나 이 정자 또한 전란에 불타 없어져버렸다. 지금 와서 옛 자취를 찾아본 결과 호산湖山은 어제 같으나 인사人事의 슬픈 것이 자못 회포를 견딜 수 없게 되었으니, 왕희지가 이른바 잠깐 사이 사물의 변천에 따라 감개가 일어난다는 말이 사실이로다. 그런데 여성위의 손자 송기가 시정寺正**으로 있으면서 옛 정자의 터에 초당을 짓고 단청을 입혀 새로 건 편액이 환히 빛

---

* 신흠의 자형인 파원도정 이응복李應福(1560~1610)을 말한다. 이응복은 성종의 현손으로, 증조할 아버지가 익양군益陽君 이회李懷(성종의 아홉째 아들)이다.
** 송기는 1604년(선조 37) 내섬시정內贍寺正(내섬시의 정3품 관직)으로 있었다. 따라서 신흠의 이 글은 송인이 죽은 지 약 20년 뒤인 1604년 무렵에 쓰인 것으로 추정된다.

나니, 선대의 업을 계승했다고 이르기에 충분하다. 그리하여 감회를
서술하여 동행들에게 보이는 바이다.

동호의 수월정에서 노닐다   游東湖水月亭

성곽을 나가 포구를 쫓아가서   出郭仍遵浦
저물녘에 배 옮겨 그늘을 따라가니   移舟晚趁陰
서늘한 기운은 참으로 사리를 아는 듯   新涼眞解事
반가운 손들 또한 옷깃을 연하였네   佳客亦聯襟
잠깐 사이 생사의 변천 슬퍼라   俛仰悲遷逝
강산은 끝없이 고금을 겪는도다   江山閱古今
황혼의 경치는 정히 고요한데   黃昏正容與
달빛만 술잔 속에 요란하구나   月色亂盃心

                                    ― 신흠, 『상촌고象村稿』

송인의 문집 『이암유고頤庵遺稿』에는 시와 비문이 특히 많이 수록되어
있는데, 비문의 경우 학문적 깊이와 위상을 인정받지 못한다면 쓸 수 없
는 글이다. 비석에 새기는 글은 대체로 묘주의 후손이나 제자들이 당대
큰 학자에게 부탁했다. 따라서 문집에 비문이 많이 실려 있다는 사실은
그의 학문적 위상이 상당히 높았음을 말해준다. 『이암유고』는 현재까지
알려진 바에 따르면 조선왕조 부마들 가운데 최초로 간행된 문집이다.
    송인이 학문에 몰두한 것은 그 무렵 부마가 조정에 나와 정치에 참여

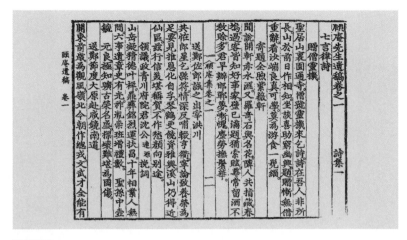

『이암유고』

여성위 송인의 문집으로 12권 5책의 목판본이다. 서문은 장유張維, 후서는 이식李植이 썼다. 문집에는 묘갈, 신도비명, 행장류가 특히 많다. 권9·10은 별집인데, 그중 「예설禮說」은 『가례집람家禮輯覽』의 의문점을 해설하고 시행 방법을 설명한 것이다.

할 수 없는 분위기가 정착된 상황도 하나의 이유가 되겠지만, 무엇보다 명분과 염치를 중요시하는 '사림의 시대'가 도래했기 때문이다. 부마로서 송인 자신도 학문을 닦고 사림의 명사들과 어울리는 것이 조정의 일에 관여하는 것보다 올바른 길이라고 생각했을 터다.

유자儒子의 풍모

송인은 1581년(선조 14)에 동갑내기 부인인 정순옹주가 65세 나이로 죽

정순옹주, 여성위 송인 묘와 묘비
송인은 10세의 나이에 정순옹주의 배필로
간택되고 2년 뒤 혼인하여 여성위에 봉해
졌다. 시문에 능하며, 이황·조식·정렴·이
이·성혼 등 당대 석학과 교유했다.
부인 정순옹주가 송인보다 3년 먼저 세상
을 떠났으며, 나중에 송인이 죽은 뒤 합장
했다. 이들 부부 묘는 경기도 양주시 은현
면의 여산 송씨 묘역에 있다.

은 뒤부터 노환을 앓기 시작했는데, 3년 후인 1584년 7월에는 왼쪽 어깨 뒤에 난 종기가 점점 악화되었다. 이 소식을 들은 선조가 의관을 보내 치료하게 해주었지만, 송인은 결국 수진방壽進坊(현재 서울시 종로구 수송동과 청진동 부근) 자택에서 향년 68세로 숨을 거두었다. 부인 정순옹주와의 사이에 아들 송유의宋惟毅(1536~1591) 한 명만을 두었다.

생전에 송인은 화담花潭 서경덕徐敬德(1489~1546)의 제자가 되지 못한 일을 평생의 한으로 여겼다고 한다. 서경덕의 제자 박민헌朴民獻(1516~1586)이 쓴 송인의 묘지명에는 '송인이 재능을 가지고 있으면서도 정치에 참여하지 못한 자신의 신분에 대해 항상 안타까워했다.'는 말이 있다. 이로 미루어 볼 때, 당시 사대부는 부마가 되어 왕실의 일원이 된다면 남부럽지 않은 부귀영화를 누릴 수 있음에도 불구하고 그 신분을 크게 원하지 않았던 것 같다.

송인의 학식과 인품은 『이암유고』의 서문과 발문을 당대 최고의 학자로 꼽히던 계곡谿谷 장유張維(1587~1638)와 택당澤堂 이식李植(1584~1647)이 써준 데서도 알 수 있다. 장유와 이식은 월사月沙 이정구李廷龜(1564~1635), 상촌 신흠과 함께 '월상계택月象谿澤'이라고 불리던 조선 중기의 문장사대가이다. 장유는 『이암유고』의 서문에서 '부마 된 자들 중에는 유흥에 빠진 사람이 많았는데, 몸가짐을 조심하고 유림과 어울린 자는 송인이 유일하다.'고 했으며, 이식은 발문이라고 할 수 있는 후서後序에서 '예나 지금이나 임금의 사위가 된 자들은 호화스러운 생활을 하면서 그 지위를 믿고 거만을 떨지만, 송인은 초야에 사는 유자儒子의 행실과 덕을 갖추고 있었다.'고 평가했다.

© 한국학중앙연구원

덕흥대원군 신도비(탁본)

덕흥대원군 신도비는 1573년(선조 6)에 세워졌으며, 글씨는 덕흥대원군의 자형인 여성위 송인이 썼다. 비문은 덕흥대원군의 사돈이자 송인의 고종사촌 형인 좌의정 홍섬洪暹(1504~1585)이 지었다. 이때 송인의 나이 57세였으며 아버지 송지한의 묘비를 쓴 지 10여 년이 지난 시기로, 유려하고 더욱 완숙해진 필력을 볼 수 있다.

덕흥대원군은 선조의 생부로 중종의 후궁인 창빈 안씨 소생이다. 선조는 명종의 양자가 되어 즉위했기 때문에, 1569년(선조 2)에 생부 '덕흥군'의 작호에다 '대원군'의 칭호를 더해 다른 종친들과 구별해서 사정私情을 드러냈다. 따로 '종宗'이나 '조祖' 같은 묘호를 올리지 않아 명종에 대한 천리天理를 해치지 않았다.

　　송인의 글씨는 남원의 황산대첩비와 남양주의 덕흥대원군 신도비, 양주에 있는 아버지 송지한의 묘비 등에서 확인할 수 있다.

4장 벼슬하지 못한 슬픔

목릉穆陵

목릉은 조선 제14대 왕 선조와 비 의인왕후 박씨, 계비 인목왕후 김씨의 능을 합칭한 능호이며, 경기도 구리시 동구릉 경내에 위치해 있다. 위의 사진은 선조 능이며, 아래는 정자각이다.

명종이 후사 없이 승하하자 중종의 손자로 왕위에 오른 이가 선조이다. 선조는 잠저 시절부터 독서를 좋아하고 학문에 정진했으며, 즉위한 초기에는 경연을 활발히 열고 사림파를 대거 등용했다. 이에 따라 선조 연간에 본격적인 사림의 시대가 시작되었다. 선조는 자신의 부마들도 대부분 학문과 재능이 출중한 사림과 가문의 자제로 선발했다.

명분과 절개, 사림의 시대

　1565년(명종 20) 문정왕후가 죽고 윤원형도 축출되면서 훈척의 시대는 막을 내렸지만, 사림에 호의적이던 명종마저 2년 뒤 승하하고 말았다. 명종은 인순왕후仁順王后 청송 심씨靑松沈氏(1532~1575)와의 사이에서 순회세자 이부李暊(1551~1563)를 낳았으나, 그는 세자빈을 맞아 가례를 올린 뒤 얼마 지나지 않아 13세의 나이로 요절했다. 그리하여 명종의 후사를 이을 양자로 중종의 손자 하성군 이균李鈞(1552~1608)이 정해졌는데, 그가 바로 조선 제14대 왕 선조이다. 하성군이 다른 왕자들을 제치고 양자가 될 수 있었던 이유는 심의겸沈義謙(1535~1587)과 그의 큰누나인 인순왕후의 결정이 크게 작용했다. 심의겸은 퇴계 이황과 율곡栗谷 이이李珥(1536~1584)로부터 '외척이지만 어진 자'로 평가받으면서 국사에 힘써달라는 부탁을 받기도 했던 인물이다.

　1565년 14세의 나이로 궁궐에 들어온 하성군은 사림과 한윤명韓胤明과 정지연鄭芝衍을 스승으로 모시고 세자 수업을 받았으며, 1567년 명종이 승하하자 대통을 이어받았다. 선조는 즉위한 이듬해인 1568년 사림의 표상인 조광조를 신원하여 영의정으로 추증하고 아울러 시호를 내릴 것을 명한 뒤, 기묘사화를 일으킨 남곤과 심정의 관작을 삭탈했다. 이러한 선조의 조처는 사림 정치의 본격적인 시작을 알리는 신호탄이었다.

사문탈사寺門脫簑
'절 문에서 도롱이를 벗다'라는 뜻을 지닌 이 그림은 겸재 정선이 율곡 이이의 고사故事에 착안하여
그린 것이다.(견본 채색, 32.8×21.0cm) 율곡 이이가 눈 오는 어느 날 소를 타고 절에 찾아가는 모습
이 묘사되어 있다.
율곡은 어머니 사임당師任堂 평산 신씨平山申氏를 여읜 뒤 한때 불교에 귀의한 적이 있다. 이때 성
리학의 우주 철학인 이기론의 근본 원리가 담긴 대장경을 독파했다고 한다.(최완수, 『간송문화』 제76
호, 2009)

    이 무렵 성리학을 연구하는 사람을 중심으로 조선의 사상계도 큰 진전
을 이루었다. 퇴계 이황이 우주 만물의 원칙과 현상이 서로 상호작용한
다는 이원론二元論적인 '이기호발理氣互發'설을 주장하여 중국의 주자성리
학과 동등한 수준을 이루어냈고, 이를 기반으로 그 한 세대 후배인 율곡
이이는 원칙은 변함이 없고 현상만 변할 뿐이라며 '이통기국理通氣局'과
'기발이승氣發理乘'을 핵심 원리로 하는 일원론一元論의 조선성리학을 완성
했다.[1] 이러한 사상의 발전은 학파를 형성하는 밑거름이 되면서 퇴계와

남명 조식을 중심으로 하는 영남 사림, 그리고 율곡과 우계牛溪 성혼成渾 (1535~1598)을 중심으로 하는 기호 사림을 양성해냈다. 그러나 학파의 분화는 곧 자파의 학설을 묵수하는 경직성을 드러내며 사상을 넘어 정치적으로도 반목을 불러일으키는 등 분열의 조짐을 보이기도 했다.

그 결과 사림은 1575년(선조 8) 이조 전랑吏曹銓郎 자리를 두고 동인과 서인이라는 붕당으로 갈리었다. 이 일을 가리켜 '동서 분당'이라고 하는데, 동인에는 이황과 조식의 문인이 많았으며 서인에는 이이와 성혼의 문인이 주를 이루었다. 이렇게 분당이 된 이유는 사림 정치의 특성상 큰 스승 밑으로 학파가 형성되면서 자연스레 이념을 같이하는 정치집단, 곧 붕당이 나타났기 때문이다.

이조 전랑은 이조의 정랑正郎과 좌랑佐郎을 함께 일컫는 관직으로, 5품과 6품의 비교적 낮은 당하관이었다. 하지만 전랑은 삼사 관료의 임명 제청권이라 할 수 있는 통청권通淸權을 가지고 있는 자리였다. 따라서 인사 업무의 핵심 권한을 통해 삼사의 언론을 주도하면서 삼정승과 육판서 및 왕에 대한 견제와 비판을 할 수 있었다.[2] 전랑을 비롯한 삼사의 관원들은 정치 현안이 불거질 때 자파의 견해를 담아 공개적으로 논쟁했는데, 그들이 내건 주장에는 성리학적 명분에 근거한 '공론公論'이라는 여론이 반영되어 있었다. 절개와 염치, 명분을 숭상하는 정치·사회적 분위기 때문에, 조정의 그 어떤 재상도 삼사를 중심으로 하는 신진 사림의 비판을 한 번이라도 받는다면 그 자리에서 물러나지 않을 수 없었고, 왕 또한 그들의 비판에서 자유롭지 못했다. 이런 일이 가능했던 것은 사림이 국가 운영의 원기元氣로 추앙받고, 더 나아가 그들이 내세운 공론에 지치至治를 이루기 위한 이상으로서 군주보다 상위의 개념인 '도道'(천도天道라고도 하는데, 이를 담고 있는 학문이 도학道學이고 공맹孔孟의 학學이다)가 담겨져 있다고 여겼기 때문이다.[3] 이처럼 사림 정치는 소수 권력자들이 국정을 독점하는 형태가 아닌, 신진 사림 세력이 성균관과 지방 서원의 유생 등 가능한 한 많은 사류의 의견을 수렴한 공론을 가지고 국왕과 대신들의 독단적 권력 행사와 부정·비리를 견제하고 비판하면서, 궁극적으로는 왕도정치를 실현하는 것을 목표로 운영되었다.

『택리지擇里志』의 저자 청담淸潭 이중환李重煥(1690~1756)은 윤원형 이후 300년 동안 권력을 휘두른 큰 간신이 나타나지 않은 까닭은 사림 정치의 운영에서 바로 이조 전랑과 삼사의 역할이 컸기 때문이라고 평가했다.

우리나라(조선)의 관직 제도는 상세上世와 달라 비록 삼공과 육경을 두어 모든 관서를 감독·통솔하도록 되어 있으나, 대각臺閣(사헌부와 사간원을 아울러 일컫는 말)에 치중하여 풍문風閒, 피혐避嫌, 처치處置의 법규를 두고 오직 의논하는 것으로써 정사를 하고 있다. 중앙과 지방의 모든 관리를 임명하는 것은 그 권한이 삼공에게 있지 않고, 오직 이조吏曹에 귀속시켰다.

또 이조의 권한이 너무 커질까 염려하여 삼사의 관원을 차의差擬(후보 추천)할 때는 이조 판서에게 맡기지 않고 이조 전랑에게 맡겼다. 그러므로 삼공과 육경이 벼슬은 비록 크고 높지만 조금이라도 불미스러운 일이 있으면 이조의 정랑과 좌랑이 대각의 권한을 주도하여 곧장 삼사의 여러 관원을 시켜 따지게 하였는데, 조정의 풍속이 염치를 숭상하고 명예와 절개를 중요하게 여겼기 때문에 한 번이라도 탄핵을 당하면 그 직을 내놓지 않을 수 없었다. 그러므로 전랑의 권세는 바로 삼공에 견줄 만하였다.

이것이 대관大官과 소관小官이 서로 유지하고 상직上職과 하직下職이 서로 견제하여 300년 동안 큰 권세를 가진 간신이 없고, 신하의 세력이 커져서 제어하기 어려운 근심이 없었던 까닭이다.

— 이중환, 『택리지』 「복거총론卜居總論」, '인심人心'

18세기를 전후하여 조선에서는 성리학의 관념성을 비판하며 사회 개혁 사상으로 이른바 실학이 등장했고, 그렇게 사회 개혁을 주장하는 인사 중 한 명인 이중환조차 이조 전랑과 삼사를 중심으로 운영되던 사림 정치를 긍정적으로 평가했다. 일제 식민지 시기에 식민사학자들이 조선 시대 사림 정치를 망국적인 '당쟁'이라고 폄하하고 호도했다는 사실은 익히 알려진 바다. 그런데 그런 인식의 잔재가 오늘날에도 여전히 남아 있다. 사림 정치의 순기능을 보지 못했기 때문이다.

　사림 정치가 무르익던 선조 연간에는 왕실의 혼인도 당연히 사림파 가문과 이루어졌다. 외가가 한미했던 선조는 10명이 넘는 자신의 딸들을 당대 최고 사림파 출신의 자제와 혼인시켰다. 그중에는 특히 서인 가문 출신이 많았는데, 부마를 비롯한 그 가문의 인물들은 훗날 광해군이 일으킨 영창대군 살해와 인목대비 유폐를 보면서 광해군 조정에 참여하지 않고 선조의 유훈을 지켰다.

　임진왜란이라는 초유의 국가적 위기 상황 속에서 급작스레 세자로 책봉된 광해군은 동인에서 갈라져 나온 대북 세력의 지지를 받고 1608년 즉위했다. 즉위 초기 광해군 정권은 불안정했다. 선조의 두 번째 왕비인 인목대비에게서 태어난 영창대군이 존재했기 때문이다. 따라서 왕위 계승의 정통성 문제를 두고 뒤탈이 생길 소지가 있었다.

광해군은 즉위하자마자 친형 임해군을 역모죄로 몰아 죽인 다음, 즉위의 정통성 확보를 위해 먼저 생모인 공빈 김씨恭嬪金氏를 왕후로 추숭하는 사업부터 추진했다. 자신이 후궁 소생이라는 흠을 덮고자 무리하게 감행한 일이었다. 결국 그는 어머니를 공성왕후恭聖王后로 추존하고, 자신에게 위협이 될 수 있는 9세의 영창대군을 1614년(광해군 6)에 강화 부사 정항鄭沆을 시켜 죽였다. 그 한 해 전에는 계축옥사를 일으켜 인목대비의 아버지이자 영창대군의 외조부인 김제남金悌男을 영창대군 추대 혐의를 씌어 사사해버렸다.

광해군과 대북 세력의 정적 숙청은 계속되었다. 광해군은 계모 인목대비와 그녀의 딸 정명공주를 서궁에 유폐한 뒤 대비와 공주의 지위마저 박탈해버렸다. 바로 '폐모' 사건이다. 아들 된 자가 어머니를 폐한 유례없는 일로서 패륜으로 지탄받았기 때문에 대북 세력을 제외한 조정 안팎 사림의 큰 반발을 불러왔다. 결국 광해군을 도와 '폐모살제廢母殺弟'를 일으킨 대북 세력은 인조반정 이후 조선왕조가 망할 때까지 붕당으로서 정치적 생명을 잃어버리게 된다.

광해군 정권이 민심 이반을 자초한 또 하나의 일은 토목공사였다. 임진왜란 이후 온 국가가 경제적으로 피폐해진 상황에서도 궁궐 중건 사업을 무리하게 일으켰던 것이다. 경복궁을 비롯한 거의 모든 궁궐이 왜란으로 불타버렸기에 궁궐 중건 사업은 어쩔 수 없는 일이었다고는 하지만, 이미 창덕궁과 창경궁 등을 중건했는데 또다시 경덕궁(훗날 경희궁)과 인경궁 공사까지 추진하기에 이르렀다. 무리한 토목공사에 국가재정이 고갈되면서 민생은 도탄에 빠졌고, 병장기를 만들어야 하는 철까지 엄청나게 공사에 투입되다보니 무기를 만들 재료가 줄어들 수밖에 없었다.[4] 결국 이러한 재정난은 인조반정 후 군비 확충의 어려움을 가져와 명·청 교체기의 혼란한 군사적 상황에 효과적으로 대비할 수 없는 근본 원인이 되었으며, 두 차례의 호란에 속수무책으로 당하는 결과로 이어졌다.

율곡학파를 중심으로 한 서인은 광해군의 이 같은 실정을 더 이상 보고 있을 수만 없어 마침내 선조와 그 후궁인 인빈 김씨(仁嬪金氏)의 손자, 즉 능양군 이종(李倧)(1595~1649)을 추대하고 광해군을 내쫓았다. 정치는 물론 인륜에서도 원칙과 명분을 저버린 광해군과 대북 세력을 용납할 수 없었던 것이다. 이것이 1623년에 서인이 주도하여 일으킨 인조반정이다. 이 반정에는 폐모정청(廢母庭請) 논의에 참여하지 않았다는 이유로 광해군과 대북 세력에게 간신으로 지목되기도 했던 선조의 부마들 또한 함께

하거나 후원했다. 그 대표적인 부마가 인빈 김씨의 딸들과 혼인한 해숭
위海嵩尉 윤신지尹新之, 동양위東陽尉 신익성申翊聖, 금양위錦陽尉 박미朴瀰 등
서인계 가문 출신이다.

한편, 이 시기는 임진왜란과 인조반정 등 국가적으로 큰일이 일어나기
는 했지만, 선조 대부터 본격적으로 사림 정치가 이루어졌던 만큼 부마
들은 척신으로 간주되어 정치에 참여하지 못했다. 그리하여 이들은 자신
의 재능을 문학과 예술 분야에서 한껏 발휘했는데, 특히 선조의 부마들
은 장인인 왕과 시문을 주고받으면서 벼슬하지 못한 한을 달래기도 하
고, 혹은 교외의 별장에 머무르면서 사림의 명사들과 어울리며 문예활동
을 주도하기도 했다. 그 가운데 해숭위 윤신지는 부마로서 과거를 보지
못하는 자신을 한때 '폐인廢人'으로 여긴 적도 있지만 선조의 권면에 힘
입어 한평생 학문에 열정을 쏟았다. 많은 글과 글씨를 남긴 동양위 신익
성은 병자호란 때 척화파의 대표로 활동했으며 그런 전력 때문에 청나라
에 끌려가는 고초를 겪기도 했다. 어쨌든 이들 모두 수많은 글을 지어 문
집을 남겼으니, 사림의 문화가 꽃핀 선조 대를 일컬어 '목릉성세穆陵盛世'
라고 하는 이유가 부마들에게서도 확인된다.

해승위 윤신지 인물관계도

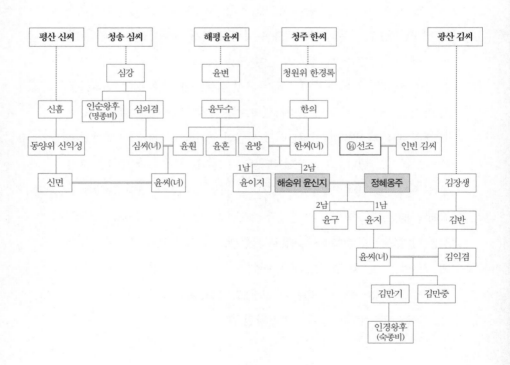

평산 신씨

신흠

동양위 신익성

신면

청송 심씨

심강

인순왕후
(명종비)

심의겸

심씨(녀)

윤씨(녀)

해평 윤씨

윤변

윤두수

윤훤　윤흔　윤방

1남　　　2남
윤이지　해숭위 윤신지

2남　　　1남
윤구　윤지

청주 한씨

청원위 한경록

한의

한씨(녀)

광산 김씨

김장생

김반

김익겸

⑭선조　인빈 김씨

정혜옹주

윤씨(녀)

김만기　김만중

인경왕후
(숙종비)

07
장원급제 실력, **선조 부마 해숭위 윤신지**

학문의 목적

윤신지尹新之(1582~1657)는 선조의 후궁인 인빈 김씨仁嬪金氏의 둘째 딸 정혜옹주貞惠翁主(1584~1638)와 혼인하여 해숭위海嵩尉에 봉해졌다. 그의 할아버지는 퇴계 이황의 문인으로 선조 때 영의정을 지낸 오음梧陰 윤두수尹斗壽(1533~1601)이고, 아버지는 율곡 이이와 우계 성혼의 문인으로 인조 때 영의정을 지낸 윤방尹昉(1563~1640)이다. 조부와 부친 모두 삼사의 요직을 거쳐 정승에까지 오른 관료였으니, 부마가 되어 벼슬길이 막혀버린 윤신지의 마음은 어떠했을까. 윤신지는 그런 마음을 자신의 문집인『현주집玄洲集』「자서自序」에 다음과 같이 표현했다.

> 그해 겨울, 의빈儀賓에 간택되어 스스로를 폐인廢人이라 여겼기에 마음 둘 바가 없었는데, (지금은) 승하하신 선조宣祖께서 (살아생전에) 내가 지

은 시문을 가져다 보신 뒤 크게 칭찬하시고 친서를 자주 내려주시며 권면해주시기를 그치지 않으셨다. 내가 이로 말미암아 감격해서 공부했기 때문에 조금이나마 진전된 것이 있음을 자못 깨달았다.

— 윤신지, 『현주집』「자서」

윤신지가 의빈에 간택되었던 시절을 회상하면서 '마음 둘 바가 없었다'라고 표현한 것은, 청운의 꿈을 품고 과거 공부를 하던 어린 나이에 부마로 간택되자 그동안 공부해온 모든 것이 허사로 돌아가서 삶의 목적조차 사라져버렸다고 생각했기 때문일 것이다. 의빈에 간택된 자신을 스스로 '폐인'이라고 여겼을 정도로 당시 사람은 부마의 지위를 그다지 달가워하지 않았다. 하지만 선조는 벼슬길이 막혀 낙심한 사위 윤신지에게 학문의 끈을 놓지 말라고 격려했다. 과거에 급제해서 높은 벼슬을 하는 것만이 학문의 목적은 아니라는 의미였을 터다.

선조의 총애

윤신지의 본관은 해평이며, 임진왜란이 일어나기 10년 전인 1582년(선조 15) 12월 15일에 윤방과 청주 한씨 사이에서 둘째로 태어났다. 아버지 윤방은 이해에 사마시에 합격했다. 윤신지의 외가인 청주 한씨는 중종 부마 청원위淸原尉 한경록韓景祿(1520~1589)을 배출한 훈척 가문이다. 한경록은 윤신지의 외증조할아버지인데, 문정왕후의 맏사위로서 처외삼촌 윤원형 등과 함께 사림파를 탄압했던 인사다.

어릴 때 윤신지는 할아버지 윤두수의 가르침 아래 성장하다가 11세 되던 1592년(선조 25)에 임진왜란을 겪었다. 이 때문에 잠시 공부를 중단하기도 했지만, 12세 때부터는 아버지 밑에서 독서하기 시작하여 경사經史는 물론이고, 제자백가의 책까지 보지 않은 것이 없었다고 전해진다. 그가 이렇게 열심히 공부한 이유는 아마도 대를 이어 과거에 급제하기 위해서였을 것이다.

1595년(선조 28) 그의 나이 14세 때 드디어 과거 준비를 위해 한양으로 올라왔지만, 바로 이듬해에 정혜옹주의 배필로 간택되었다. 정승이 되고자 했던 그의 꿈은 물거품으로 사라져버렸다. 당연히 손자도 과거를 치러 벼슬길에 나가 재상의 지위에 오르리라 기대했던 할아버지는 '우리 집안에 장원급제 할 아이 한 명을 잃었구나'라며 탄식했다고 한다. 그만큼 윤신지 본인은 물론이고 그 가문에서도 이루 말할 수 없는 실망을 했던 것이다. 사림의 시대를 살아간 사대부들이 부마가 되면 왕실의 일원이라는 지위를 획득함에도 불구하고 그것을 결코 바라거나 기뻐하지 않았다는 사실을 단적으로 보여주는 예다.

하지만 선조는 사대부의 그런 인식에 개의치 않고 자신의 부마 대부분을 학문적 재능이 출중한 자로 선발했고, 사위로 들인 뒤에는 그들과 자주 시문을 지어 주고받으면서 왕실의 문풍文風을 진작했다. 윤신지뿐만 아니라 동양위 신익성, 금양위 박미도 선조의 그 같은 대표적인 부마이다. 셋 모두 사림의 명문가 출신이며, 뛰어난 학식을 바탕으로 문장은 물론 그림과 서예 분야에서도 당대를 대표할 만하다고 평가되는 인물이다.

貞敬夫人全州李氏之墓

無弘文館大提學韓公述之墓

工曹參判

贈議政府左贊成

한술韓述 **묘표**(탁본)

한술(1541~1616)은 본관이 청주이고, 호가 도곡陶谷이다. 이 묘표의 글씨는 윤신지가 48세 때인 1629년(인조 7)에 썼다. 윤신지와 사돈인 김장생의 조부 김호金鎬가 한술의 처숙부 이흡李歙의 장인이다.

윤신지는 16세 되던 1597년(선조 30)에 두 살 어린 정혜옹주와 혼인했다. 혼례를 올리기 전 경운궁에서 선조를 처음 알현했을 때 그는 감히 선조를 올려다보지 못했다. 선조는 그런 윤신지를 보고 "너는 두려워하지 말고 나를 쳐다보라."고 말한 뒤 종이와 붓을 주고서 그동안 익힌 시구詩句를 써보라고 했다. 그의 재능을 시험해보려는 뜻이었다. 윤신지의 글을 받아본 선조는 "너의 서법書法이 나보다 낫구나."라고 칭찬하면서도 "다만 해서로 쓴 글자가 아직 정밀하지 못하고 미숙한 편인데, 행초서(행서와 초서 중간 정도의 필법)부터 쓴다면 끝내 대가가 되지 못할 터이니 우선 행초서를 쓰지 않는 것이 좋겠다."라며 조언을 하고 격려했다. 그 자신이 명필인 선조가 사위 윤신지를 가르치는 따뜻한 마음이 엿보이는 대목이다. 선조는 흡족해하며 윤신지에게 말 한 필을 내려주었는데, 그 말에다 임금이 쓰는 안장까지 특별히 얹어 주었다. 선조는 정혜옹주를 특히 더 어여삐 여겨 부마를 뽑을 때 매우 신중했다고 하니, 윤신지의 재능을 직접 본 선조의 마음이 어땠을지 짐작할 수 있다.

연당원앙蓮塘鴛鴦

정혜옹주가 검은 비단에 연꽃과 원앙을 수놓은 것이다. (견본 자수, 42.7×40.7cm) 원앙은 금슬 좋은 부부를 나타내기도 하지만, 귀한 자식을 뜻하기도 한다. 연이어 핀 연꽃에 원앙이 날아오는 모습을 표현한 것은 귀한 자식을 많이 낳기를 바라는 마음을 담고 있다. (정병삼, 『간송문화』 제79호, 2010) 그러나 윤신지와 정혜옹주는 슬하에 윤지尹墀와 윤구尹坵 두 아들만 두었다.

장인과 사위의 시문 수창

혼례를 올린 지 얼마 지나지 않아 그해 가을 왜구가 재차 쳐들어온 정유재란이 일어났다. 윤신지는 피란살이를 하면서, 19세 되던 1600년(선조 33)에 맏아들 윤지尹墀(1600~1644)를 낳았다. 이해 겨울 아들을 낳은 소식을 선조에게 알리기 위해 잠시 한양으로 올라왔다. 윤신지를 만난 선조는 외손자가 태어난 것을 기념하고 딸의 노고를 위로하며 시를 지어 내려주었는데, 윤신지는 이때부터 장인과 본격적으로 시문을 주고받으면서 창작 수련을 했다. 선조는 윤신지뿐 아니라 다른 사위들과도 시문을 자주 주고받았다. 재능을 가진 부마들을 학문에 정진시키려는 목적에서였다. 이들 부마는 장인 선조의 기대를 저버리지 않고 뛰어난 학자이자 문장가로 성장했다.

1601년(선조 34), 드디어 피란살이를 완전히 끝내고 한양으로 돌아온 윤신지가 선조에게 문안을 드렸는데, 선조는 이번에도 사위의 학문과 문장이 얼마나 늘었는지를 시험해보고자 또 시를 지어 내렸다. 그가 화답하여 올리자, 선조는 "너의 시가 청신하고 빼어나구나. 평소 열심히 공부한 것을 알 수 있겠다."라고 하면서 자못 흐뭇해했다.

선조와 사위의 시문 수창酬唱은 때를 가리지 않았다. 윤신지가 궐내 호위를 담당하는 도총부의 총관이 되어 숙직하고 있을 때인 1602년(선조 35) 겨울의 일이다. 밤늦은 시간 선조는 사위에게 자신이 지은 시와 함께 요깃거리를 내려주면서 화답하는 시를 지어 올리라고 했다. 장인의 짓궂은 명이지만, 윤신지는 당황하지 않고 내려준 시에 운을 맞춰 화답시를 써

내려갔다. 다음은 이때 선조와 윤신지가 주고받은 시다.

총관 해숭위에게 내리노라   賜摠管海嵩尉

도총부에 있는 공에게 한마디 부치나니   寄語諸公摠管曹
호위 느슨히 해 사람 마음 동요케 하지 마오   莫弛扈衛致人騷
새로 핀 매화, 고운 버들엔 봄볕 두루 비추는데   新梅嫩柳韶光遍
베개에 기댄 채 몇 번이나 술잔을 기울였던가   幾倒金壺倚枕高

                                       ──『열성어제列聖御製』

화답하여 올리다   賡韻以進*

오위의 울창한 나무들 도총부 마주하여 서 있고   五衛森羅對馬曹
대나무 담장 위 차가운 달에는 피리 소리 처량하네   竹垣寒月玉蕭騷
기린각** 향기 풍기니 궁궐이 가깝고   麒麟香動金爐近

---

* 원제목은 '壬寅 拜都摠管 入直摠府 宣廟戲賜御製詩一首 仍賜酒饌 令賡韻以進'로서, 번역하면
'임인년 도총관에 임명되어 도총부에 입직(숙직)하러 들어갔는데, 선조께서 장난삼아 시 한 수를
지어 내리시고 주찬까지 내려주시면서 화답하여 지어 올리라고 해서 짓다.'이다. 투석 사건은
이듬해 1603년(선조 36) 2월에도 일어났다.

** 기린각麒麟閣은 중국 한나라 때의 궁궐 전각 이름이다. 무제武帝가 기린을 얻었을 때 마침 전각이
낙성되었으므로 전각 안에 기린의 화상을 그려 붙이고 기린각이라 했다. 이후 한 선제漢宣帝는
국가에 공을 세운 공신 11명의 초상화를 그려서 기린각에 걸어 놓았다는 고사가 전한다.(『한서漢
書』 권54 「이광소건전李廣蘇建傳」) 이 시에서 '기린각'은 선조가 있는 궁궐을 뜻하며, 따라서 기린각
의 향기가 풍긴다는 말은 윤신지 자신이 궁궐과 가까운 곳에 있다는 뜻이다.

지작루 시 전해지니 백설이 높게 쌓여 있네* 鵲鵲詩傳白雪高

봉황의 날개에 기댄 듯 성은 두터워 절로 가련하고 優渥自憐依鳳翼

공로는 깃털마냥 가벼운데 순풍 부니 되려 부끄럽네 順風還愧效鴻毛

한밤중 궁궐은 물처럼 청명하고 고요한데 中宵紫禁淸如水

임금께서 오색 붓 놀리고 계신 것 떠올려보네 想見天人弄彩毫

— 윤신지, 『현주집』

당시 신원을 알 수 없는 무리가 궁궐을 향해 돌을 던지는 일이 일어났기 때문에 궁궐의 호위를 맡은 병조와 도총부의 관원들은 만일의 사태에 대비하기 위해 한밤중에도 경비를 섰다. 윤신지는 총관으로서 숙직 근무를 하고 있었는데, 선조로부터 화답시를 올리라는 명을 받고 궁궐의 상황과 선조의 은혜를 멋들어지게 표현한 시를 지었던 것이다. 이 시를 받아 본 선조는 세상에서 보기 드문 재능이라며 감탄하면서도 윤신지에게 재예로 자만하지 말고 학문에 더욱 정진할 것을 당부했고, 다음 날 숙직을 마치고 집으로 돌아가는 사위에게 자신이 타던 말 한 필과 옥 채찍까지 하사하면서 그에 대한 변함없는 총애를 보여주었다.

또, 하루는 선조가 자신이 가장 경계懲戒로 삼는 『중용』과 『대학』 등 성리학 경전의 글귀인 '尊德性 道問學 愼其獨 思無邪(덕성을 높이고, 물음과 배움으로 말미암으며, 홀로 있을 때 반드시 더 삼가며, 생각에 삿됨이 없어 마음이 바르게 되

---

* 지작루鵲鵲樓는 한나라 때 감천궁 밖에 있던 궁관宮觀으로, 지작관鵲鵲觀이라고도 한다. 두보의 시에 "구름은 봉래전과 가까워 항상 오색이 찬란하고, 눈은 지작관에 아직도 많이 남아 있네.(雲近蓬萊常五色 雪殘鵲鵲亦多時)"라는 구절이 있다.(『杜少陵詩集』 卷6「宣政殿退朝晚出左掖」)

다' 12글자를 크게 써서 윤신지에게 내려주었다. 윤신지는 이 12글자를 소중히 간직하고 있다가 훗날 인조가 재변을 당해 조정의 신하들과 초야의 선비들에게 구언할 때 상소문과 함께 바쳤다. 인조에게 그 글귀를 올리면서 선왕(선조)의 모습을 본받으라는 뜻이 담겨 있었던 것이다.

> 해숭위 윤신지가 소疏를 올리고 아울러 선조대왕께서 직접 쓴 '尊德性
> 道問學 愼其獨 思無邪' 12자를 올리니, (인조가) 답하였다. "직언을 구
> 하는 교서를 내린 지가 여러 날이 되도록 충직한 논의를 듣지 못했는
> 데, 경이 나를 하찮게 여기지 않고 제일 먼저 격언을 진달하고, 또 선
> 왕의 보배스런 필적을 바쳤다. 이를 벽에 걸어 놓고 우러러보니 (선왕
> 께) 직접 가르침을 받는 것 같으며, 옛날을 생각하니 하염없이 눈물이
> 흐른다. 내가 총명하지는 못하지만 감히 아침저녁으로 선왕을 대하듯
> 이 하여 임금을 사랑하는 경의 정성에 어찌 부응하지 않을 수 있겠는
> 가."
>
> ─ 『인조실록』, 인조 3년(1625) 9월 16일

선조의 어필을 받아 든 인조는 몹시 감격스러워하며 윤신지의 뜻에 부응할 것이라 다짐했다. 장인 선조로부터 받은 가르침과 은혜를 그 손자 임금인 인조에게 보답하려는 윤신지의 성품이 느껴진다.

선조와 윤신지가 수차례 시문을 주고받은 일화는 그의 문집인 『현주집』에 전한다. 윤신지는 만년에 장인 선조와 시문을 주고받던 옛일을 추억하면서 자신이 선조에게 받은 은혜를 잊은 채 술이나 마시며 허송세월

하여 성취한 것이 없다고 반성하기도 했다. 하지만 수많은 시문을 남기고 문예계를 주도했던 그가 이렇게 겸손하게 말한 것은 아마도 장인 선조의 가르침이 아니었을까.

충절과 문호

1608년 선조가 승하하고 광해군이 즉위했는데, 이때 윤신지는 27세였다. 명분과 원칙을 중시한 윤신지를 비롯하여 서인 세력은 광해군과 대북 세력에게 견제를 받으며 조정에서 일시 물러나야 했다. 광해군은 영창대군과 그를 보호하던 서인들을 축출한 뒤, 1618년(광해군 10) 왕실의 가장 큰 어른이자 선조의 중전인 인목대비를 폐비시키고 서궁에 유폐했다. 이는 '폐모정청廢母庭請' 논의에 따른 조처였다. 연산군 때 훈구파이면서 실록청 당상으로 무오사화의 빌미를 제공했던 이극돈李克墩(1435~1503)의 5대손 예조 판서 이이첨李爾瞻(1560~1623)과 좌참찬 허균許筠(1569~1618)이 주도하고 우의정 한효순韓孝純(1543~1621)이 발론한 이 논의는 조정 백관들에게 인목대비에 대한 폐모 건의에 동참을 강요했던 사건이다. 윤신지의 아버지 윤방은 이 논의에 줄곧 참여하지 않았던 까닭에 대북에게 줄기차게 공격을 받아 가세가 위태로워지기까지 했다. 윤신지도 마지못해 한두 번 조정에 나아갔을 뿐 평상시에는 두문불출했다고 한다.

광해군이 즉위한 지 15년이 되던 해인 1623년, 결국 광해군을 왕위에서 몰아내고 능양군을 추대하는 정변이 일어났는데 바로 인조반정이다.

능양군은 윤신지의 처조카로, 그 아버지 정원군定遠君 이부李琈(1580~1619)는 정혜옹주의 동복 오라버니다. 성리학적 명분과 의리·도덕을 중시 여긴 윤신지도 반정에 적극 참여했는데, 별운검의 자격으로 대궐에 들어가서 인조를 호위하고 그 공으로 통헌대부에 올랐다.

이후 윤신지는 다시금 활발한 문예활동을 펼치며 왕실의 전례 행사를 주관한다거나, 영위사迎慰使로서 명나라 사신을 맞이하는 일을 담당했다. 이와 관련해서는 흥미로운 일화가 전해진다.

그가 45세이던 1626년(인조 4)의 일이다. 명나라에서 황자皇子를 낳았다는 조서를 반포하러 한림원 편수관翰林院編修官 강왈광姜曰廣(1584~1649) 등이 온다는 소식을 들은 조정에서는 그들이 지나올 주요 길목마다 영위사를 보내 맞이할 준비를 했다. 특히 학자 출신의 사신이 올 경우에는 그들과 학문적 토론을 대등하게 벌일 수 있는 인물이 영위사를 맡는 것이 상례였다. 그런데 이때 윤신지 가문의 인물들이 모든 영위사를 맡는 상황이 나타났다. 윤신지 본인은 안주 영위사, 아버지 윤방은 좌의정으로서 벽제 영위사, 둘째 작은아버지 윤흔尹昕은 평양 영위사로 임명되었고, 막내 작은아버지 윤훤尹暄은 평안도 관찰사였으니, 사신을 맞이하는 거의 모든 임무를 한 가문에서 맡은 유례없는 일이었다.

아버지와 아들이 같은 시기에 똑같이 영위사를 맡았으니 부자의 닮은 모습은 숨길 수 없었나보다. 명나라 사신은 이를 눈치채고 역관에게 물어본다.

벽제역의 잔치에서 조사詔使(조칙을 가지고 오는 중국 사신)가 통역관에게

벽제관

벽제관은 조선시대 중국과 한양을 오가는 길목에 세워져 중국 사신들을 머물게 했던 객관이다. 중국 사신은 한양으로 들어오기 하루 전날 반드시 벽제관에서 숙박하고 다음 날 예를 갖춰 입성했다. 일제강점기에 일부가 헐렸다가 한국전쟁 때 모두 불타버렸기 때문에 지금은 고양시 고양동에 관사의 주춧돌과 장대석만 남아 있다. 위 사진은 1920년대 벽제관의 모습이다.

묻기를 "지난날 안주 영위사(윤신지)의 몸가짐과 행동거지가 오늘 의정議政(좌의정으로 벽제 영위사가 된 윤방)과 자못 닮았는데, 혹시 한집안 사람이 아닌가?" 하니, 통역관이 답하기를 "안주 영위사는 의정공의 아들입니다. 게다가 평양 영위사와 감사도 모두 의정공의 아우들입니다."라고 하였다. 이에 두 조사가 서로 마주보며 웃기를 "과연 그렇네. 과연 그래. 우리가 잘못 본 것이 아니야. 우리 중국에서도 없는 성대한 일이로다. 크게 칭송하고 상을 내려야 한다." 했다고 한다.

— 김만기金萬基, 『서석집瑞石集』「윤신지 행장」

윤신지와 그의 가문은 인조반정 이후 여타 서인과 마찬가지로 중앙의 정치와 외교 및 문화 예술계 전반을 주도해 나갔다. 하지만 이들 서인은 막강한 군사력으로 만주 지역을 석권한 청나라와의 관계에서도 원칙과 명분을 고수했던 탓에 큰 침략을 당하고 말았는데, 그것이 바로 정묘·병자호란이다.

1636년(인조 14) 12월, 청 태종은 명나라 배후의 지원 세력인 조선을 견제하고 굴복시키기 위해 직접 12만 대군을 이끌고 침략해왔다. 청나라 군대는 당시 의주 부윤으로 백마산성을 지키던 명장 임경업林慶業을 피해 압록강을 건넌 지 1주일도 안 돼서 개성까지 진격해올 정도로 파죽지세였다. 급박해진 인조는 대신과 군사들을 이끌고 남한산성으로 피신하여 항전 태세를 갖추었고, 비빈과 왕손들은 강화도로 피란을 갔다. 윤신지도 종묘와 사직의 신주를 받들고 있던 아버지를 모시고 강화도로 갔다. 이때 아버지 윤방은 74세, 윤신지는 55세였다. 늙고 병든 몸이지만 부자는 국가를 배반하지 않고 그 운명을 함께했던 것이다.

강화도에서 윤신지는 소모대장召募大將이 되어 800여 명의 군사를 이끌고 청군이 주둔한 적진으로 돌진했다. 그러나 강력한 화력을 자랑하는 적군에 비해 아군은 추위와 굶주림을 견디지 못하여 대부분 도망가버렸다. 결국 자신의 휘하에 따르는 군사가 없고, 오랑캐로 여기던 청나라 군과 홀로 마주했다는 사실을 알게 된 윤신지는 절벽 아래로 몸을 던졌는데, 요행히 목숨을 건졌다.

이러한 윤신지의 충절을 그의 손녀사위 김익겸金益兼(1615~1637)이 이어받은 듯, 겨우 23세의 나이임에도 불구하고 전황이 불리해지고 성이 함락되자 강화유도대장인 선원仙源 김상용金尙容[1561~1637, 청음淸陰 김상헌金尙憲(1570~1652)의 형]과 함께 화약을 터뜨려 자결했다. 김익겸의 아들이자 윤신지의 외증손자이며 『사씨남정기謝氏南征記』로 유명한 서포西浦 김만중金萬重(1637~1692)은 바로 이때 유복자로 태어났다. 김만중은 아버지와 외가의 충절을 본받아, 훗날 희빈 장씨가 인현왕후를 내쫓고 왕비 자리를 차지했을 때 노론의 원칙론자로서 이를 반대하다가 유배되어 끝내 숨을 거두었다.

윤신지는 병자호란이라는 큰 전란을 겪고 2년 뒤인 1638년(인조 16)에 부인 정혜옹주의 상을 당하고, 그 후 두 아들마저 먼저 세상을 떠나보냈다. 이후 20년 가까이 바깥출입을 삼가다가 1657년(효종 8) 76세의 나이로 죽었다. 선조의 부마가 되어 광해군·인조·효종까지 네 임금을 모시며 원칙과 명분을 지키려 했고, 시·서·화에 뛰어나서 한 시대 사대부들의 선망을 받았던 삶이었다. 부마가 된 자신을 폐인이라고 여긴 적도 있

비폭노안飛瀑蘆雁

해숭위 윤신지가 부인 정혜옹주와 해로하고자 했던 마음을 담아 그린 그림이다.(견본 수묵, 23.5×32.0㎝) 비폭노안은 '날아내리는 폭포 아래의 갈대밭 기러기'라는 뜻인데, 여기서 '蘆雁'은 '老安'과 동음이다. 다시 말해 늙어서(老) 편안(安)하다는 의미로 '노안'이라는 같은 음을 지닌 '蘆雁'(갈대밭 기러기)을 그려 넣고 부부가 한평생 사이좋게 늙어가기를 바란 것이다.(정병삼, 『간송문화』 제79호, 2010)

© 김민규(간송미술관)

정혜옹주, 해숭위 윤신지 묘표

윤신지의 할아버지와 아버지는 각각 퇴계와 율곡의 학통을 이어받고 만인지상의 자리인 영의정까지 오른 인물이다. 윤신지 자신도 장원급제의 실력을 갖고 청운의 꿈을 품었으나, 선조의 부마로 간택되자 스스로 폐인이 되었다고 생각했다. 하지만 선조의 격려로 학문의 끈을 놓지 않았고, 시·서·화에 뛰어나 왕실 귀족 문화를 주도했다. 윤신지와 부인 정혜옹주의 묘는 경기도 고양시 덕양구 원당동에 있으며, 부부 합장묘이다. 묘표는 윤신지가 죽은 해인 1657년(효종 8)에 세워졌다.

지만, 자신의 재능을 평생 학문과 예술에 쏟으며 살다간 윤신지의 졸기가 『효종실록』에 전한다.

> 해숭위 윤신지가 졸하였다. 고(故) 재상 윤방의 아들이자 선조의 부마이다. 글을 잘 지었고 서화에도 능한 데다 아들 윤지와 윤구도 모두 현달하였으므로 풍류와 복록이 일세에 선망의 대상이 되었다. 그러나 오래지 않아 두 아들이 먼저 죽자 이때부터 문을 닫아걸고 일을 사절하기를 근 20년이나 하다가 죽었다.
>
> ─『효종실록』, 효종 8년(1657) 5월 4일

해숭위 윤신지와 정혜옹주의 묘는 경기도 고양시에 있으며, 윤신지가 남긴 시문은 『현주집』으로 간행되어 전하고 있다. 1686년(숙종 12)에 '문목文穆'의 시호가 내려졌다.

동양위 신익성 인물관계도

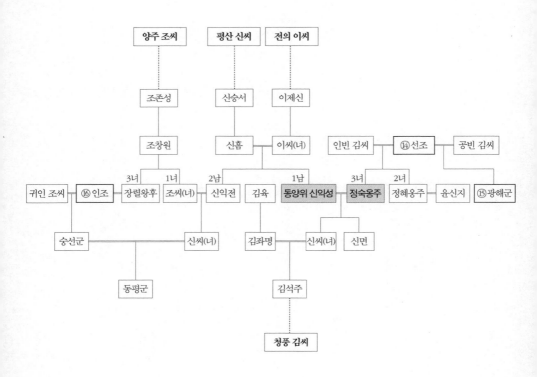

08

강직한 척화론자, **선조 부마 동양위 신익성**

원칙과 명분, 대의

신익성申翊聖(1588~1644)은 선조의 후궁인 인빈 김씨의 셋째 딸 정숙옹주貞淑翁主(1587~1627)와 혼인하여 부마가 되고 동양위東陽尉에 봉해졌는데, 정혜옹주가 정숙옹주의 언니이니 그는 곧 해숭위 윤신지의 바로 아래 동서이다. 신익성의 아버지는 선조로부터 영창대군을 보필해달라는 부탁을 받고 광해군 대 일어난 폐모론에 참여하지 않았던 서인계 예조 판서 상촌象村 신흠申欽(1566~1628)이다. 신익성 역시 그런 아버지의 영향을 받아 성리학적 명분과 원칙에 투철했으며, 청나라가 쳐들어와서 인조가 남한산성에 피신해 있을 때 결사 항전을 주장했다.

동양위 신익성도 뵙고자 청하여 아뢰기를 "전하를 위해 이 계책을 세운 자가 누구입니까? 전하께서는 송나라의 일을 보지 못하셨습니까?

흠종欽宗이 잡혀가자 휘종徽宗이 뒤이어 포로가 되었습니다.* 전하께서는 어찌하여 이런 사리를 살피지 않으십니까? 지금 군부君父를 잡아 적 오랑캐에게 보내려는 대신과 국사를 도모하고 있으니, 망하는 것 외에 무엇을 기다리겠습니까.

신은 15세에 선대 임금의 부마가 된 뒤로 큰 은혜를 받았는데,** 세자를 오랑캐에게 보내는 일을 차마 가만히 보고 있을 수만 없습니다. 신은 마땅히 차고 있는 칼을 뽑아 이 의논을 꺼낸 자의 머리를 벨 것이고, 세자의 말 머리를 붙잡고 그 앞에서 머리를 부수고 죽겠으니, 삼가 원하건대 이를 괴이하게 여기지 마소서." 하니, 상이 이르기를 "묘당廟堂(비변사)의 말이 그런 정도까지는 아니었다. 경이 필시 잘못 들은 것이다." 하였다.

— 『인조실록』, 인조 14년(1636) 12월 17일

당시 전세는 걷잡을 수 없이 조선에 불리하게 돌아가는 상황인지라 완성군完城君 최명길崔鳴吉(1586~1647)을 중심으로 하는 주화파는 오랑캐와 화의를 주장하면서 소현세자를 인질로 보내자는 의견을 제시했다. 그러나

---

* 정강靖康의 변을 말한다. 1126년(정강 1년) 금나라가 송의 수도 개봉開封을 함락하고 흠종과 상황인 휘종을 인질로 끌고 갔다. 흠종은 휘종의 맏아들로서 금나라의 공격을 받기 직전에 양위를 받았다. 두 사람은 인질로 압송된 뒤 귀국하지 못한 채 죽고, 이로써 북송도 멸망했다. 신익성이 이 일을 말한 까닭은 소현세자를 절대로 청나라에 인질로 보낼 수 없음을 주장하기 위해서였다.

** 신익성은 12세 때 선조의 부마로 간택되었지만 그로부터 2년 뒤인 1601년 신익성의 나이 14세, 옹주의 나이 15세 때부터 부부로 살기 시작했다. 왕실 사람들은 보통 10~14세의 나이에 혼인했는데, 세자가 아닌 왕자나 공주는 혼례를 올리고 2~3년 뒤에 비로소 궁궐을 나가 부부로 함께 살았다. 이를 출합出閤이라고 한다.

신익성

17세기에 그려진 작자 미상의 신익성 초상화이다. 청음 김상헌은
신익성의 신도비명에서 '공은 성품과 기운이 호쾌하고 시원스러웠
으며 우뚝한 얼굴에 아름다운 수염이 있었는데, 반열에서도 우뚝
빼어나 위의威儀가 찬란하였으므로 사람들이 바라보고는 경외하였
다.'라고 평했다. 김상헌의 표현대로 신익성은 호방하면서도 수려한
외모를 가졌던 것 같다.(수묵 채색, 30.5×52.8cm)

신익성은 오랑캐의 요구를 절대로 들어줄 수 없다며 끝까지 청군과 싸울 것을 청음 김상헌과 함께 주장했다. 그런데 아무리 부마의 신분이라지만 왕 앞에서 주장하는 발언치고는 너무나 과격하고 무례한 말투가 아닐 수 없다. 하지만 예의와 염치를 모르고 문화적으로 훨씬 열등하다고 여긴 오랑캐에게 항복할 수 없다는 신익성의 주장을 인조 역시 대의적으로 옳다고 생각했기 때문에 그를 나무라지 않았다.

대제학의 재능

신익성의 본관은 평산이다. 1588년(선조 21) 11월 16일 지금의 서울시 종로구 필운동 부근인 한양 인왕산 아래 양생방養生坊에서 신흠과 전의 이씨全義李氏(1566~1623) 사이에서 태어났다. 그가 태어나기 2년 전인 1586년(선조 19)에 아버지 신흠이 문과에 급제했지만 중앙 관직에 임명되지 못하고 북쪽 변방 경원의 훈도가 되는 등 외직을 전전했다. 이렇게 지방의 한직을 맡았던 이유는 과거 그가 율곡 이이를 옹호하는 등 서인 편에 섰다고 해서 당시 집권 세력인 동인에게 배척받은 결과라고 한다. 신익성이 태어나기 전 신흠은 지방에서 올라온 뒤 독서당에 들어갔는데, 그즈음 복두幞頭(관모)를 쓴 어린아이가 자줏빛 옷에 금띠를 두르고 단정하게 앉아 경서를 가지고 있는 모습을 꿈에서 보았다. 복두를 비롯한 의복은 관직을 뜻하고 경서는 학문을 의미하기 때문에, 신흠이 꾼 꿈은 그 아들이 학문을 담당하는 고관인 대제학이 된다는 것을 의미한 태몽이었다.

훗날 아들 신익성은 부마가 되는 바람에 대제학이 되지 못했지만, 그에 못지않은 재능으로 명성을 떨쳤다.

신익성은 7~8세 무렵부터 율곡의 문인인 수몽守夢 정엽鄭曄(1563~1625)과 남곽南郭 박동열朴東說(1564~1622) 등 당대 뛰어난 학자들을 스승으로 모시고 과거 공부를 시작했는데, 아버지를 본받아 자신도 과거에 급제하여 대제학이 되는 소망을 품었을 것이다. 그런데 1599년(선조 32) 11월 그의 나이 12세 때 한 살 연상인 정숙옹주의 부마로 간택되었기 때문에 아버지와 자신의 꿈은 물거품이 되어버렸다.

그가 정숙옹주와 혼인한 때는 임진왜란이 끝난 지 얼마 지나지 않았을 무렵이라 이전 부마들에 비해 호화스러운 혼인식을 올리지 못했다. 거처하는 집도 일반 민가나 다를 바 없었다고 한다. 궁궐에서 금지옥엽으로 자란 어린 정숙옹주는 이런 상황을 견디기 힘들었던 듯 철없이 친정아버지 선조에게 큰 집을 사달라고 졸랐다.

> 정숙옹주가 집 뜰이 좁은 것을 싫어하여 임금에게 "이웃집이 너무 가까워 말소리가 서로 들리고, 처마가 짧아 집안이 드러나서 막히는 것이 없으니, 값을 주시어 그 집을 사게 하여주소서."라고 여쭈었다. 임금은 "소리를 낮게 하면 들리지 아니할 것이고, 처마를 막으면 보이지 않을 것이다. 뜰이 굳이 넓어야 할 필요가 있느냐? 사람의 거처는 무릎만 들여놓으면 족한 것이니라." 하고서, 굵은 발 두 벌을 주며 "이것으로 가리도록 하라." 하였다.
>
> — 이긍익, 『연려실기술』

어린 딸의 하소연을 들어줄 수도 있으련만, 평소 검소하게 생활한 선조는 지혜롭게 설명하면서 그 소망을 들어주지 않았다. 전란 이후 수많은 백성이 굶주리고 있는 상황에서 왕실 사람이라는 이유로 호화롭게 지낼 수 없다고 생각한 선조의 마음이었을 것이다.

신익성은 학문이 뛰어난 아버지를 이어받은 듯 문장과 서예에 재능을 보였다. 그가 15세 때인 1602년(선조 35)의 일이다. 신익성은 장인 선조의 명을 받아서 시를 지어 올렸는데, 그 시를 보고 감탄한 선조는 특별히 호피를 하사했다. 그때 지은 시는 다음과 같다.

임금님의 시에 화답하여 올리다	奉和聖製
높고 밝은 하늘 위에 일월은 빛나고	天上高明日月輝
임금 모신 잔치에 신하들은 바라보고 의지하네	御筵陪侍得瞻依
여러 신하들은 몸소 임금의 은택을 입었고	群工身沐生成澤
성상께서는 마음으로 천지의 조화에 통하셨네	聖主心通造化機
임금의 의장 들어오니 패옥 소리 따라오고	環佩聲隨仚仗入
날아가는 오색구름 용마루 끝에서 멀리 보이네	觚稜長見彩雲飛
문득 임금님의 글 받은 은혜와 영광이 과중하니	忽蒙宸翰恩榮重
뼛속 깊이 새기어 영원히 어기지 않으리	浹骨沈酣永不違

— 신익성, 『낙전당집樂全堂集』

이후에도 신익성은 선조에게 자주 화답시를 지어 올리곤 했다. 어느

신흠 신도비

신익성의 아버지 신흠은 청강淸江 이제
신李濟臣의 문인이자 사위로서 정치적
으로는 율곡 이이를 추종하던 서인이었
다. 학문과 문장에 뛰어났으며, 대제학
을 거쳐 우의정·좌의정·영의정까지 삼
정승을 지냈다. 그의 신도비는 경기도
광주시 퇴촌면의 묘역 입구에 세워져
있다. 비문은 이정구가 지었으며, 전액
篆額은 김상용이 썼다.

날인가 그는 선조로부터 「임금의 은혜에 감격하며(感君恩)」라는 시를 하
사받았다. 선조가 내린 그 시는 당대 문장가로 평가받던 오산五山 차천로
車天輅(1556~1615)가 짓고, 명필 석봉石峯 한호韓濩(1543~1605)가 글씨를 쓴 것
이었다. 신익성은 머뭇거림이 없이 바로 그 자리에서 화답하는 시를 지
어 올렸다. 선조가 그런 사위의 재능에 얼마나 흡족했던지 화답시를 올
린 그에게 어좌御座와 백마를 하사했다고 한다.

이렇듯 뛰어난 재주를 갖고 있기에, 선조의 부마가 되기 전 신익성은
그의 아버지가 그랬던 것처럼 자신도 문형文衡('학문과 문장의 저울'이라는 뜻으
로 대제학의 별칭)이라 일컬어지는 대제학이 되기를 원했다. 대제학은 뛰어

난 문장력뿐만 아니라 그에 걸맞는 학식과 인품도 두루 겸비해야 임명될 수 있는 자리였다. 그래서 사림 정치가 시작된 이후 사대부들 사이에서는 육조 판서나 삼정승 등 재상에 오르는 것보다 홍문관·예문관의 대제학, 곧 문형이 되는 것을 일생의 명예로 여겼다.

인조 때 대제학을 지낸 장유張維가 신익성을 금양위 박미와 함께 대제학으로 등용하자는 주장을 폈으나, 전례가 없다는 이유로 결국 성사되지 못했다는 일화가 전해진다. 벼슬을 얻을 수 없는 부마의 신분이지만, 대제학이 될 만한 충분한 재능을 신익성이 갖고 있었음을 알려주는 사실이다. 여하튼 부마라는 신분의 제약 때문에 비범한 능력을 갖고도 평생 관직에 나아가지 못하고 살아야 했던, 억울하다면 억울한 팔자였다. 그는 슬하에 13남매를 두고 부인 정숙옹주와 금슬도 좋았지만, 그래도 대제학이 될 수 없는 신세를 한탄하며 그 탓을 부인에게 돌리기도 했다.

> 부마도위 신익성이 옥관자가 붙은 망건을 벗어 옹주 앞에 던지면서,
> "나는 이 원수 놈의 물건 때문에 대제학을 하지 못한다."고 말하였다.
> 이 말이 궁중으로 흘러 들어가자 임금이 신익성을 불러들여 대제학에
> 합당한 사람을 추천하라고 하였다. 이에 신익성이 후보자를 추천하
> 니, 임금이 말하기를 "그대가 대제학을 추천하였으니, 그대 자신이 대
> 제학이 된 것이나 다름없느니라." 하였다.
>
> — 이유원李裕元, 『임하필기林下筆記』

부마라는 지위에 매여서 대제학의 꿈을 이룰 수 없었던 신익성의 마음

을 조금이나마 풀어주고 위로해주고자 했던 왕의 재치가 돋보이는 일화
이다.

의리와 절개

1608년 선조가 재위 41년 만에 승하하고 광해군이 즉위했다. 광해군
은 선조의 후궁인 공빈 김씨 소생이므로 인빈 김씨 소생의 정숙옹주와
이복 남매간이다. 따라서 신익성과는 이복 처남-매부 사이로, 광해군이
신익성보다 열세 살 위였다. 신익성과 광해군의 사이는 좋을 수만 없었
다. 그도 그럴 것이 광해군은 대북파의 지지를 받았으며, 그에 반해 신익
성은 서인 중에서도 핵심 가문의 자제이기 때문이다.

제15대 왕으로 즉위하기는 했지만 광해군과 그 지지 세력인 대북파는
선조의 적통인 영창대군이 존재하는 이상 불안할 수밖에 없었다. 정통성
이 없는 정권이 그러하듯, 광해군 정권도 무리수를 두는 방식으로 집권
기반을 다져 나가기 시작했다. 먼저 친형 임해군(1572~1609)을 유배 보낸
뒤에 곧 죽였다. 또, 영창대군의 외할아버지 김제남金悌男(1562~1613)을 역
모죄로 몰아 옥사를 일으켰다. 이 사건은 신익성이 26세 되는 해인 1613
년(광해군 5)에 일어났는데, 바로 '계축옥사'이다. 김제남은 결국 서소문에
서 사약을 받고 죽었다.

그런데 이 옥사는 여기서 그치지 않고, 선조로부터 영창대군의 보호를
부탁받은 이른바 '유교칠신遺敎七臣'을 몰아내는 데까지 확장된다. 유교칠

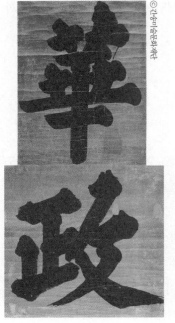

화정華政

이 글씨는 정명공주가 쓴 것으로, '빛나는 정치'라는 뜻을 갖고 있다.(74.5×146.0cm) 아버지 선조와 어머니 인목왕후 모두 석봉체의 명필인데, 정명공주 또한 석봉체의 대가였음을 알 수 있다.(최완수, 『간송문화』 제70호, 2006) 또한 여인으로서 대자大字를 쓴 정명공주의 호방한 성격도 짐작할 수 있다. 정명공주는 광해군 때 폐서인이 되어 인목대비와 함께 서궁에 감금되기도 했으나 인조반정 후 공주로 복권되었다. 홍봉한과 혜경궁 홍씨 등이 그녀의 후손이다.

신이란 신익성의 아버지 신흠을 비롯하여 서성徐渻(1558~1631), 박동량朴東亮(1569~1635) 등을 말하는데, 이들은 특히 선조의 사돈으로 죽음을 앞둔 선조에게서 어린 영창대군을 잘 보필해달라는 부탁을 받았다. 유교칠신의 대부분이 계축옥사에 연루되면서 신흠 또한 춘천으로 유배되자, 신익성은 아버지를 모시기 위해 유배지에 따라갔다.

영창대군의 보호 세력을 제거한 광해군은 이듬해 1614년(광해군 6)에 강화 부사 정항을 시켜 영창대군을 죽였다. 이어 1618년(광해군 10)에는 영창대군의 모후 인목대비에게서 어머니 지위를 박탈하고 그녀의 딸인 정명공주와 함께 서궁에 유폐해버렸으니, 이는 연산군의 패륜에 이은 조선 국왕의 두 번째 패륜이었으며 반정의 명분을 제공했다.

조정에서 대북파가 주도하여 폐모론이 일어났을 때 신익성은 당연히 불참했다. 그와 뜻을 같이한 해숭위 윤신지, 금양위 박미 등은 모두 선조의 부마이면서 그 부인인 옹주들이 다 같이 인빈 김씨 소생의 친자매였다. 특히 신익성과 박미는 시종일관 폐모론에 참여하지 않고 절개를 지켰는데, 대북 세력은 오히려 이들을 비롯한 폐모 반대론자에게 '여덟 명의 간신'(8간奸)이니, '열 명의 간신'(10간)이니 하면서 연일 유배를 보내야 한다고 주청했다. 이런 까닭에, 이들이 인조반정을 후원했다고 전해지는 것은 근거가 아주 없지 않을 성싶다. 특히 신익성은 반정의 전후 과정을 상세히 기록한 『연평일기延平日記』를 남겨 후세에 전했다.

신익성은 1623년(광해군 15) 1월에 어머니 이씨를 여의고, 두 달 뒤 3월에 인조반정이 일어나자 6년 전의 폐모론에 참여하지 않은 공로로 봉헌대부에 올랐는데, 이때 그의 나이 36세였다. 2년 뒤에는 인목대비의 명을 받들어 억울하고 비참하게 죽은 영창대군의 비문을 지었다.

척화의 중심에 서서

인조반정으로 정권은 이제 서인계 공신들이 장악했다. 이즈음 서인들은 반정에 참여하여 공을 세운 공서功西와 반정에 직접적으로 가담하지는 않았지만 재야에서 명분을 제공해주었던 청서淸西로 나뉘었다. 그런

만큼 정치적 성향도 달라서, 호란이 일어났을 때 주로 공서는 주화파로, 청서는 척화파로 갈라졌다.

그 몇 해 전 북방 만주에서는 후금이 일어났는데(1616), 명나라를 정벌하고 중원을 차지하기 위해 친명배금 정책으로 배후를 위협하던 조선을 먼저 공격할 계획을 세웠다. 그리하여 광해군 때 투항한 강홍립姜弘立을 길잡이로 앞장세워 1627년(인조 5) 조선 땅으로 쳐들어왔다. 바로 정묘호란이다. 후금군의 남진으로 전황이 불리해지자 신익성은 소현세자를 호종하여 전주로 피란 갔다가 화의가 성립된 뒤 여름에야 다시 올라왔다.

후금과 화약을 맺은 뒤 조선은 잠시나마 안정을 되찾았지만, 신익성은 개인적으로 연이어 초상을 당하는 불행을 겪었다. 특히 부부애가 각별했던 부인 정숙옹주가 41세의 나이로 이해 겨울 11월에 죽었다. 부마라는 신분 탓에 대제학이 되지 못한다며 부인에게 화풀이를 했던 적도 있지만, 그는 정숙옹주를 그리워하면서 직접 제문과 묘표와 행장을 지어 부인의 덕을 세상에 드러냈다. 부인의 발인을 앞두고 지은 제문의 일부분을 옮기면 다음과 같다.

> 나와 그대는 어찌 부부의 정만 있었겠는가. 규방의 사이에서는 친구처럼 경계儆戒하는 유익함이 있었고, 환란이 있을 때는 평소에 행하던 절개의 덕을 입었네. 그대는 일을 할 때면 규범대로 하였는데, 번거로울 만큼 세세하게 했지만 공손하였고, 옳은 것을 보면 나에게 권면하였으니 내 그대에게 도움을 받은 것이 매우 크다오. 그런데 그대는 자신의 아름다운 덕을 속에 감추고 있으면서 나무처럼 우두커니 서 있

어 두드려도 돌아보지 않았으니, 이 어찌 인간의 이치로 감당할 만한 일이었겠소? 그대는 나에게 '세상사는 막힐 때도 있고 풀릴 때도 있습니다. 우리 집안이 어려운 지 오래되었지만, 이제는 잘될 것입니다. 앞으로 십수 년만 있으면 우리의 아들과 딸을 모두 출가시킬 수 있을 것이니 이 또한 사람 사는 세상의 복일 것입니다.' 하였네. 그런데 조물주는 가득 차는 것을 싫어해서 세상 이치의 어긋남이 이 지경에 이르게 하고 말았소. 그러니 나는 누구와 함께 막중한 제사를 받들 것이며, 자녀들의 혼인은 누구와 함께 치르겠소. 슬픔과 즐거움을 누구와 함께 나눌 것이며, 아버지의 안부는 누구와 함께 살피겠소. 지금 이후로 내 삶은 그리 즐겁지 않으리라 상상이 되는구려.

— 「제 망실 정숙옹주 제문祭亡室貞淑翁主祭文(죽은 아내 정숙옹주 제문)」

이듬해인 1628년(인조 6)에는 아버지 신흠마저 세상을 떠났는데, 신익성은 아버지의 유문遺文을 정리하여 인조에게 올리면서 슬픔을 이겨냈다.

인조는 고모부 신익성이 뛰어난 학식과 정치적 식견을 갖췄음을 알고 있기 때문에 그에게 많이 의지했다. '이괄의 난'(1624, 인조 2)이 일어났을 때 신익성은 어머니 이씨의 상중인데도 대궐로 달려와 인조와 인목대비를 호위했다. 그런 그에게 인조는 보검과 궁시弓矢를 내려주면서 "경은 나의 곁을 떠나가 있어서는 안 된다."라고 했다. 반정으로 왕위에 오르고, 그전에 이미 생부를 잃은 인조로서는 고모부 신익성이 가장 믿고 의지할 만한 인척이었을 것이다.

비록 관직에 나아갈 수 없는 처지이지만 인조의 신임을 얻어 자신의 정치적 견해를 서슴없이 말해오던 신익성은 병자호란이 일어나자 그 누구보다 앞장서서 척화를 주장했다. 그가 49세 되던 1636년(인조 14) 12월에 병자호란이 발발했다. 청으로 국호를 바꾼 후금이 다시 조선을 침략한 것이다. 청나라 군대가 파죽지세로 한양 외곽까지 진격해오자 조정은 급박하게 돌아가기 시작했다. 왕실의 비빈들과 봉림대군(훗날 효종)은 강화도로 피란을 떠나고, 인조는 소현세자와 함께 백관을 거느리고 남한산성으로 피신하여 전투태세를 갖추었다. 부마로서는 신익성이 유일하게 남한산성에서 인조를 보좌했는데, 인조는 그에게 궁성의 호위를 전담시킨 뒤 고마움을 표시했다.

> 왕이 동양위 신익성을 돌아보며 이르기를 "세상에 어찌 이런 일이 있단 말인가. 다른 부마들은 모두 오지 않았건만 경은 홀로 이곳에 와서 나와 함께 곤경을 당하고 있으니, 내가 언제나 이를 잊지 않겠다." 하였다.
>
> ─『인조실록』, 인조 14년(1636) 12월 17일

하지만 전세는 걷잡을 수 없이 기울어져갔다. 이에 김류金瑬(1571~1648), 홍서봉洪瑞鳳(1572~1645), 최명길 등은 전란을 중지시키기 위해 화친을 주장하면서 세자를 인질로 보내자는 의견을 제시했다. 반면 예조 판서 김상헌은 인조에게 화친의 부당함을 아뢰었고, 같은 날 신익성 또한 인조를 알현한 자리에서 주화파의 목을 베어버릴 것이며 오랑캐와 타협하는 일은 결코 있을 수 없다고 강력히 말했다. 이 상황에서 강화를 하게 된

다면, 저들(오랑캐)은 또 들어주기 힘든 요구를 해올 것이라면서 김상헌과 같이 확고하게 척화를 주장했다. 신익성은 김상헌보다 열여덟 살이나 어렸지만 인조반정 이전부터 그를 당대의 군자로 존경하고 가깝게 지냈다. 김상헌은 성종의 외현손이고, 신익성은 고모부 파원도정坡原都正 이응복李應福이 성종의 현손이라는 인연이 있어, 두 가문은 대대로 알고 지낸 사이였다.

주화파와 척화파의 논쟁이 거듭되던 중 이듬해 1637년(인조 15) 1월 1일 인조는 청 태종이 30만 대군을 거느린 채 탄천에 주둔하고 있다는 소식을 들은 뒤 결국 최명길의 의견에 따라 먼저 화친을 청하는 굴욕적인 저자세를 취했다. 최명길이 치욕스러운 항복문서를 작성했는데, 그것을 차마 보고 있을 수 없던 김상헌이 통곡하면서 그 문서를 찢어버렸다. 일설에는 최명길이 김상헌에게 "국가에는 저처럼 항복문서를 쓰는 사람도 있어야 하고, 대감처럼 찢는 사람도 있어야 합니다."라고 말했다 한다. 이렇게 국가가 존망의 갈림길에 있을 때 척화파와 주화파는 명분과 현실 중 어느 것을 중요하게 생각하느냐에 따라 그것을 해결해 나가는 방법이 달랐다.

1월 30일, 인조는 남한산성을 내려와 삼전도에서 청 태종을 향해 삼배구고두三拜九叩頭(한 번 절할 때마다 세 번씩 머리를 땅에 닿게 하는 의식을 세 차례 되풀이하는 것)의 항복례를 거행했다. 그리고 척화파가 예견했던 것처럼, 먼저 항복했기 때문에 소현세자 내외뿐 아니라 봉림대군 내외도 심양에 인질로 끌려갔다. 3년 뒤인 1640년(인조 18)에는 인조의 셋째 아들 인평대군까지 볼모로 잡혀갔다.

이후 조정의 주도권은 주화파에게 넘어갔고, 그 결과 김상헌 등의 척화파는 수세에 몰릴 수밖에 없었다. 신익성도 강경한 척화론을 주장했기 때문에 나라를 그르쳤다는 죄목으로 조정에서 쫓겨났다. 척화의 표상으로 일컬어지는 김상헌 또한 관직을 삭탈당했다. 절개와 의리를 최고의 가치라 여기던 인사들이 역설적으로 임금을 버리고 나라를 배반한 간신으로 지목당한 것이다.

그럼에도 불구하고 신익성은 척화의 자세를 줄곧 견지했다. 김상헌의 형으로 당시 강화도에서 자결한 김상용의 절개를 밝히며 포상의 은혜를 내려주기를 인조에게 청한 일도 그런 자세의 연장선이었다. 그러나 치욕적인 삼배구고두를 한 인조에게 신익성의 그 같은 상소는 한낱 의미 없는 주장이었을 뿐이다. 인조는 그의 요청에 아무런 대답도 하지 않았고, 신익성도 이후 한동안 조정에 발을 끊었다. 그 뒤 신익성은 부친의 묘와 가까운 경기도 광주 용문산 아래에 거처를 마련하고 살았다.

1639년(인조 17) 6월, 인조는 신익성을 삼전도비문의 서사관書寫官으로 임명하고 전액篆額(비신의 상단에 쓰는 비의 명칭. 삼전도비에서는 '대청황제공덕비大淸皇帝功德碑' 글자를 가리킴)을 쓰라는 명을 내렸다. 이에 앞서 조선에서는 청나라의 협박을 견디지 못해 병자호란 때 청 태종의 승전 내용을 비문으로 써서 청에 보냈는데, 이때 공교롭게도 청 사신 마부달馬夫達이 조선에 와 있던 까닭에 그 글을 비석에 새겨야 했으므로 명필가가 필요했다. 마부달은 용골대龍骨大와 함께 조선을 침략했을 때 가장 선봉에 섰던 대표적인 장수였다. 어쨌든 이 때문에 명필로 유명한 신익성으로 하여금 삼전도비의 전액을 쓰게 하려 했던 것이다. 그러나 신익성은 거부하고 끝내

삼전도비

삼전도비의 공식 명칭은 '대청황제공덕비'이며, 서울시 송파구 잠실동에 소재한다. 비신 높이는 395cm이고, 너비는 140cm이다. 1639년(인조 17)에 삼전도에 세워졌다. 위 사진은 삼전도비의 이수 뒷면 전액 부분이다.

비신의 전면 왼쪽에는 몽골 글자, 오른쪽에는 만주 글자, 뒷면에는 한자로 비문이 새겨져 있다. 비문은 대제학 이경석李景奭이 짓고, 특진관 오준吳竣이 글씨를 썼으며, 전액은 신익성 대신 예조 참판 여이징呂爾徵이 썼다. 오준은 인평대군의 장인 오단吳端의 형이고, 여이징은 인조비 인열왕후 한씨의 형부이다.

쓰지 않았다. 사실, 강경한 척화파인 그가 쓸 리도 없었다. 신익성의 나이 52세 때의 일이었다. 이전에 병자호란 때 죽은 충신 열사를 현창하자는 주장에 이어 비문 서사의 명까지 거부한 결과, 그는 그토록 멸시하던 청나라에 압송되었다.

'문충'의 시호에 걸맞았던 삶

척화파는 병자호란 이후에도 명나라와 은밀히 접촉하면서 청나라에 복수할 기회를 엿보았다. 이는 당연히 국가의 일급기밀로 추진되었지만, 이계李烓(1603~1642)가 청나라 장군에게 고발하면서 탄로가 나고 말았다. 이계는 주화파로서 척화파를 공격하는 데 앞장섰던 인물이며, 이때는 평안도 선천 부사로 있으면서 명나라 상선과 밀무역을 하다가 청 군대에 사로잡혀 심문을 당할 처지에 놓여 있었다. 그러자 이를 탈피할 구실로 척화파의 동향을 고자질했던 것이다.

이 사건의 여파로 영의정 최명길과 친명배청파 무장 임경업이 먼저 청나라로 압송되고, 신익성은 그의 동생인 전 정언 신익전申翊全(1605~1660), 전 참판 허계許啓(1594~?), 전 판서 이명한李明漢(1595~1645), 전 좌참찬 이경여李敬輿(1585~1657)와 함께 '척화오신斥和五臣'으로 지목을 받아 심양으로 압송되기에 이르렀다. 이때가 그의 나이 55세로, 1642년(인조 20) 12월이었다.

이듬해 신익성은 소현세자의 변호로 풀려나 귀국할 수 있었으나, 심양에 억류되어 있는 동안 용골대의 심문을 받는 등 그 스스로 업신여기던 오랑캐에게 평생 씻을 수 없는 치욕을 당했다. 이 시기의 왕실 부마 가운데 유일하게 목숨을 내걸고 척화를 주장했던 신익성이 용골대에게 치욕을 당한 상황은 『인조실록』에 이렇게 전한다.

소현세자가 마침내 제신諸臣들을 거느리고 황제의 처소에 나아가 글을 올리니, 황제가 곧 동양위 형제를 풀어주며 말하기를 "죄가 없다는 것이 아니라, 국왕의 가까운 척속이며 세자가 또 와서 하소연하기 때문에 특별히 용서하여 국왕과 세자의 광채를 내주기 위해서이다. 그 나머지는 세자가 아무리 이와 같이 간청하더라도 섣불리 풀어줄 수 없다." 하였다.

세자가 관소에 돌아오니 용장龍將(용골대) 등 세 사람이 뒤따라와서 동양위 형제를 불러냈다. 그들이 도착하여 앞 기둥 아래에 꿇어앉자 용장 등이 일어나 서서 황제의 명을 전유傳諭하고 풀어주니, 정역鄭譯(정명수鄭命壽)이 칼과 포박을 풀고 황제의 처소를 향해 사배四拜하게 하였다. 그리하여 신익성과 그 아우 신익전은 동쪽(조선)으로 돌아왔다. 용장 및 범문정范文程 등과 박씨博氏를 비롯하여 모두 여덟 명이 관소에 와서 동양위 형제를 불러 마루에 무릎을 꿇고 황제의 명을 전유하기를 "임진년에 구제해준 남조의 은혜는 선왕先王의 대에 있었고 병자년에 다시 살려준 우리의 은덕은 금왕今王의 때에 있는데, 어찌 오늘날의 은혜를 잊고서 남조를 떠받들려고 할 수 있는가. 게다가 부마가 살아서 돌아가는 것도 나의 은혜가 아닌가. 마땅히 이러한 뜻을 알고 돌

아가 국왕에게 고하라." 하니, 신익성은 마땅히 황제의 명대로 하겠다
고 대답하였다. 그리하여 뜰아래 내려가 감사의 절을 올리고 나가게
하였다.

— 『인조실록』, 인조 21년(1643) 2월 11일

이때 당한 굴욕 때문인지 모르지만 신익성은 청나라에서 풀려난 지 1
년 만인 1644년(인조 22) 한양의 명례방^{明禮坊} 자택에서 57세를 일기로 죽
었다. 뛰어난 학식과 재능을 가졌지만 벼슬길에 나갈 수 없는 부마가 되
었고, 그런 신분적 제약 속에서도 초유의 국가적 위기가 닥치자 전쟁에
참여하고 정치 일선에 나섰다. 광해군이 폐모살제를 단행하며 인륜을 무
너뜨리고 오랑캐가 쳐들어와 나라가 망할 지경에 이르렀을 때 부마랍시
고 세상을 등진 채 목숨을 보존하는 것을, 자신을 부마로 간택하고 사랑
해준 장인 선조에 대한 은혜를 저버리는 일로 생각했던 신익성이었다.

신익성이 운명하자 당대 명사들은 그에 대한 추모 글을 지으며 슬퍼했
다. 특히 척화의 표상이자 명분론의 거두 김상헌은 일흔이 넘은 나이로
신익성의 신도비명을 지어주면서, 신익성이 부마로서 뛰어난 학식을 가
지고 있기 때문에 선조의 총애를 받았고, 나라가 위태로울 때 목숨을 아
끼지 않았기 때문에 역사에 길이 남을 영웅이라고 극찬했다. 그 마지막
부분을 옮겨보면 다음과 같다.

위태로운 때에 바른말 하였으니　　　　　　　　　臨危正言
갖은 말로 꾀어도 그 뜻 못 뺏었네　　　　　　　　利口莫奪

종묘의 위용 비록 흠이 나긴 했어도	廟貌雖玷
강상은 그로 인해 서게 되었네	綱常以立
흘러가는 강물 만 번 꺾이어도	江河萬折
우리 마음은 꼭 동쪽으로 흘렀다네	我心必東
사납고도 강한 데서 뜻을 폈으며	伸於暴強
깨끗하여 더욱 광채 났다네	皭然逾光
역사책에 찬란하게 빛 발하거니	煌煌簡策
뜨겁고도 뜨거웠던 영웅 풍모였네	烈烈英風
시와 글씨가 남아 있기에	有詩有筆
아름다움 울연하게 빛을 발하네	有蔚其華
용진(현재 양평 지역)의 남쪽에는	龍津之陰
우뚝하게 높이 솟은 비석이 있네	有碣峨峨
천년의 세월 지난 후세에도	有來千年
공의 이름 없어지지 않으리	公名不磨

— 김상헌, 『청음집』 「동양위 신익성 신도비명」

신익성이 남긴 수많은 글은 『낙전당집樂全堂集』에 실려 전한다. 그리고
그가 남긴 글씨는 파주에 있는 율곡 이이의 신도비에서 볼 수 있다.

부인 정숙옹주와의 사이에 13남매를 낳았지만, 장성해서 혼인한 자녀
는 5남 2녀이다. 나머지는 모두 요절했다. 신익성은 죽은 뒤 100여 년이
지난 1746년(영조 22)에 '문충文忠'의 시호를 받았다.

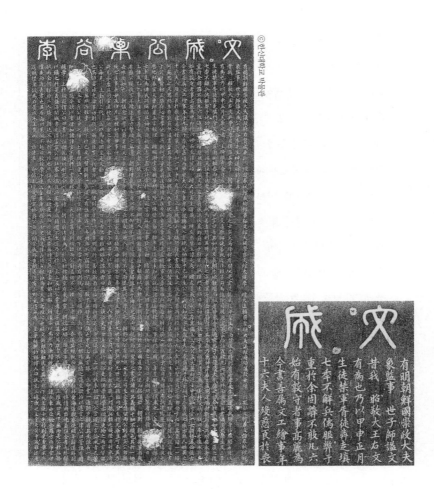

©유교문화박물관

율곡 이이 신도비(탁본)

경기도 파주의 자운서원 경내에 있는 율곡 이이의 신도비를 탁본한 것이다. 율곡의 신도비문은 영의정을 지낸 백사白沙 이항복李恒福이 1615년(광해군 7)쯤 지었다. 신도비를 세운 것은 인조반정 이후인 1631년(인조 9)이다. 송설체의 대가로 인정받는 동양위 신익성이 44세 때 비문의 글씨를 썼으며, 전서의 대가인 선원 김상용이 전액을 썼다.

5장 왕권 강화의 뒤편

『숙종명릉산릉도감의궤』肅宗明陵山陵都監儀軌 **〈사수도**四獸圖**〉 중 '청룡'**

『숙종명릉산릉도감의궤』는 1720년(경종 즉위) 6월, 숙종의 능인 명릉을 조성하는 의
식 절차를 기록한 의궤이다. 책의 첫머리에 〈사수도〉가 실려 있는데, 위 그림은 그
중 '청룡'이다.

날카로운 발톱을 세우고 하늘을 날면서 용맹스럽게 포효하는 청룡의 모습은 수차
례 환국을 단행하며 정국 운영의 주도권을 쟁취한 숙종을 상징하는 듯하다. 숙종은
환국을 통해 신권의 상징이던 산림을 제거한 뒤 그들이 가지고 있던 정치적 위상을
가져왔고, 이후 군사적 권한까지 장악하면서 왕권 강화를 이룩했다. 시법諡法에 따
르면 강직한 덕을 가지고서 잘 성취한 것을 '숙肅'이라고 한다.

국왕 주도의 정국 운영

    광해군 재위 15년 동안 대북 세력의 전횡은 국정 운영의 난맥상을 가져왔고 사림 정치가 일시 후퇴하는 상황까지 초래했다. 그러나 인조반정 이후 사림 정치는 차츰 정상적인 모습을 회복했는데, 선조 연간과 다르게 이 무렵부터는 이조 전랑과 삼사의 여론을 선도하는 '산림山林'이라는 존재가 등장하기 시작했다. 사림 정치는 그 이념을 달리하는 집단에 따라 붕당을 구성하여 이루어지는 정치 형태이기 때문에, 그것이 발달할수록 각각의 붕당에는 사상적으로 자파의 이념을 구명究明하고 정치적으로 자당의 명분과 의리를 천명하는 사림의 사표師表와 같은 인물이 존재하기 마련이었다. 바로 이 같은 성리학적 권위를 지닌 이들이 산림이었다.[1] 이 시기의 대표적인 서인 산림으로는 사계沙溪 김장생金長生(1548~1631), 우암尤庵 송시열宋時烈(1607~1689)이 있으며, 남인 산림으로는 여헌旅軒 장현광張顯光(1554~1637), 미수眉叟 허목許穆(1595~1682) 등이 있었다. 산림은 퇴계 이황이나 남명 조식까지 그 원류가 거슬러 올라가지만, 실제 그들이 현실 정치에 막강한 영향력을 행사하기 시작한 것은 17세기 인조반정 이후부터다.

    반정으로 즉위한 인조는 공신들의 막강한 신권을 견제하기 위해 산림을 적극적으로 초빙하여 유림의 훈도와 세자의 교육을 일임했는데, 그들은 임금의 경연에도 참여했다. 이를 통해 산림은 정치 현안에 대한 자신의 의견을 왕에게 직접 피력하는 일이 가능했고, 그에 따라 정치적 위상이나 영향력도 높아졌다. 반정공신들이 노쇠화할수록 산림의 위상은 커져갔다.

효종은 소현세자의 동생으로서 인조에 이어 즉위했다. 소현세자에게는 맏아들 원손이 있었지만 인조에 의해 죄인이 되었기 때문에 인조의 둘째 아들 봉림대군이 왕위에 올랐다. 따라서 효종으로서는 왕위 계승의 정통성에 흠을 갖고 있었던 셈이다. 이에 효종은 막강한 현실론자인 서인 내 김육金堉(1580~1658), 심지원沈之源(1593~1662), 원두표元斗杓(1593~1664), 정태화鄭太和(1602~1673) 등과 사돈 관계를 맺어 국정 운영의 실무를 책임 지우는 한편, 이들을 견제하고자 명분론자인 산림 김장생과 자신의 스승이었던 송시열을 적극적으로 등용하면서 대내외적인 명분이 필요할 때는 그들의 주장에 힘을 실어주었다. 특히 효종은 모든 신하들을 물리치고 오직 송시열과 독대를 하면서 국정 현안을 논의한 적도 있었다. 독대는 산림이 가지고 있던 정치적 영향력을 단적으로 보여주는 사례이다.

한편 이 무렵 사상계는 율곡 이이가 성리학의 근본 원리인 이기理氣 철학에 대한 이해를 바탕으로 주자성리학에서 한 걸음 더 나아간 이기일원론理氣一元論의 조선성리학을 완성한 뒤이며, 인간 심성의 외적인 표현인 '예禮'에 관한 구명에 관심을 기울임으로써 예학禮學을 중심으로 변화 발전해가고 있었다. 즉, 성리학의 핵심 원리에 대한 이해가 완성되자 그것의 실천을 예禮를 통해 추구하는 연구가 본격적으로 이루어지던 시기였다. 그리하여 서인과 남인 모두 많은 예론서禮論書를 간행했는데, 이러한 예학의 발달은 왕실의 상례 문제에서 붕당 간의 치열한 논쟁을 유발하기에 이르렀다. 이것을 '예송禮訟'이라고 한다.

예송은 효종과 그의 왕비 인선왕후仁宣王后 장씨張氏가 승하했을 때 일어났다. 두 번 모두 인조의 두 번째 왕비였던 장렬왕후莊烈王后(자의대비) 조씨趙氏의 복상 기간을 두고 논쟁이 벌어졌는데, 이 논란의 핵심은 효종을 인조의 장자로 보느냐, 차자로 보느냐에 따라 상복을 입는 기간도 달라진다는 데서 비롯되었다. 효종 승하 후 일어난 기해예송(1659)에서는 송시열 측 서인의 예론이 받아들여졌고, 효종비 인선왕후 장씨의 승하 후 일어난 갑인예송(1674)에서는 남인의 예론이 받아들여졌다.

서인계 산림 송시열은, 효종이 비록 왕위를 계승한 국왕이고 인조의 적자이지만 장자가 아닌 둘째 아들이라고 주장하면서 당시 조 대비의 복상을 차자 기준으로 삼아 1년상을 제시했다. 어찌 보면 이는 효종의 왕

송시열
74세 때의 송시열 모습(1680, 숙종 6)을 그의
문인인 노가재老稼齋 김창업金昌業이 그린 초
상화이다. 얼굴에 깊게 패인 주름과 짙은 눈
썹, 새하얗고 아름다운 수염, 심의深衣를 입
은 모습이 다소 과장된 체격으로 표현되었
는데, 대정치가이자 산림으로서 위상을 보는
듯하다.

위 계승이 종법宗法에 맞지 않는다는 말로 오해될 여지가 있었다. 하지만
그는 이 문제를 이렇게 설명했다. 원칙적으로는 장자가 왕위 계승을 해
야 하지만 부득이하게 효종처럼 차자 이하의 아들이 왕이 되었다면, 왕
이 된 그에게로 적통이 옮겨갔다는 것이다. 따라서 효종의 아들인 현종
도 즉위 명분에는 하자가 없다고 강조했다. 다만 실제로는 인조의 장자
로 이미 죽은 소현세자가 있기 때문에 효종의 승하에 삼년상을 인정할
수 없다는 주장을 펼쳤다. 소현세자의 존재 자체를 부정할 수는 없다는
말이었다. 송시열의 이 같은 주장은 만백성이 공통적으로 차자 이하가
부모보다 빨리 죽으면 그 부모는 1년 동안 상복을 입는 종법의 원칙을

허목

82세 때의 허목(1676, 숙종 2)을 도
화서 화원 이명기李命基가 옮겨 그
린 초상화이다. 그림 우측에는 정
조 연간에 영의정을 지낸 채제공蔡
濟恭의 화제畵題가 보인다. 허목의
학통을 이은 남인 출신 채제공이
자신의 나이 75세(1794, 정조 18) 때
쓴 것이다. 송시열과 달리 허목의
초상화는 평소 집무할 때의 시복時
服 차림이다.

왕실에도 똑같이 적용해야 한다는 것으로, 일원론인 '천하동례天下同禮'의
논리에 기반했다.

　반면, 남인계 산림 허목 등은 '차자라도 왕위를 계승했다면 장자가 된
다'라면서 효종을 맏아들로 보아야 한다는 의견을 피력했고, 그에 따라
조 대비의 복상도 삼년상이어야 한다고 주장했다. 이 말은, 왕실의 예법
은 일반 백성과 달라서 종법이 변칙적으로 적용될 수 있다는 논리이기
때문에 일면 보수적인 성격을 가지고 있었다. 게다가 윤선도尹善道 등 남
인 내의 일부 세력은 예송의 초점을 복상 기간이 아닌 왕위의 정통성으
로 옮기면서 정쟁으로 비화시켜 나가기도 했다.

예송은 상복을 입는 기간의 단순한 문제이기도 했지만, 적장자 계승의 종법 질서를 사회에 적용시키려는 이념 논쟁의 성격이 짙다.[2] 그도 그럴 것이, 승하한 왕을 차자로 간주한다면 서인들로서는 정치적으로 불리한 상황에 처해질 수도 있다. 그럼에도 불구하고 그 예법을 왕실이라도 예외 없이 만백성과 동등하게 적용해야 한다고 주장했다면, 이는 단순히 자파의 정치적 이익만을 위해 싸우는 '당쟁'이라고 볼 수 없다.[3]

예송에서 학문적인 권위를 가지고 막강한 정치적 영향력을 행사했던 산림의 위상은 실로 대단했다. 특히 송시열은 '대로大老'라고 불리며 국가의 원로로 떠받들렸는데, 그의 정치적 영향력은 왕을 능가할 정도였다. 이 때문에 숙종은 송시열의 주장을 따르던 신하들에게 종종 불편한 심기를 내보이기도 했다. 한번은 이런 일도 있었다. 대제학 이단하李端夏가 숙종의 아버지 현종의 행장을 지었는데, 그 내용에 예송과 관련되어 '송시열이 인용한 예문禮文(所引禮)'이라는 문구가 있었다. 숙종이 이 구절을 본 뒤에 '송시열이 잘못 인용한 예문(誤引禮)'으로 고치게 하면서, "너는 스승만 알고 임금의 명이 있는 줄 모르느냐!"라고 호되게 꾸짖으며 이단하를 파직하고서 다른 관직에도 임명되지 못하게 했다. 당시 이를 지켜본 조정의 신하들 가운데 두려워 떨지 않은 자가 없었다고 한다. 이때 숙종은

14세의 어린 군주였지만, 정치적 배포와 과단성은 성인 임금에 못지않았던 것이다. 어쨌든 산림의 강화된 위상과 영향력으로 인해, 선조 이후 이조 전랑과 삼사의 요직에 신진 사림이 포진하여 국왕과 재상 등 보수 세력을 견제하던 균형적인 모습의 사림 정치는 효종과 현종을 지나면서 상대적으로 왕권의 약화를 초래하기에 이르렀다.

조선 제19대 왕 숙종은 이렇듯 왕권이 약화되던 시기에 즉위했다. 현종과 명성왕후明聖王后 청풍 김씨淸風金氏의 유일한 아들로 14세 때(1674) 왕위에 오른 숙종은 20세가 되면서부터 본격적으로 환국換局을 단행했다. 환국이란 집권 세력의 교체, 곧 정국이 바뀌는 것을 뜻한다. 환국이 단행되면 집권 세력은 남인에서 서인으로, 다시 서인에서 남인으로 바뀌었는데, 그때마다 각 붕당의 산림은 숙종에 의해 제거되었다. 그 결과 그들이 지녔던 높은 정치적 위상은 한순간에 떨어지고, 그 정치적 힘은 결과적으로 국왕에게로 넘어갔다. 요컨대 숙종 때 일어난 세 차례의 환국은 서인과 남인 등 각 붕당이 정권을 장악하기 위해 자체적으로 벌인 노력보다는 국왕 숙종의 단호한 의지로 이루어졌던 것이다.

숙종이 환국을 단행하면서 각 붕당의 산림을 제거하는 데 정당화한 이론적 뒷받침은 박세채朴世采(1631~1695)가 올린 '황극탕평설皇極蕩平說'이었다. '황극'이란 공평무사한 왕만이 시비是非 판단의 기준을 내릴 수 있다는 뜻이고, '탕평'이란 당색을 따지지 않고 왕의 정책에 동조하는 인재를 불러들인다는 뜻이다. 따라서 탕평 추진의 궁극적인 목적은 왕권 강화였다. 권력 구조의 측면에서 본다면, 산림을 중심으로 운영되던 사림 정치가 이제는 왕을 중심으로 한 탕평 정치로 변화해간 모습을 보여주는 것이라고 할 수 있다.

숙종은 즉위 초부터 군사 제도의 정비를 추진하며 군사면에서도 뛰어난 장악력을 보여주었다. 왕의 친위병인 금군의 수를 늘린다거나, 군사 훈련을 강화하는 데서 더 나아가 중앙 오군영으로 운영되던 총융청·수어청·훈련도감·어영청·금위영의 편제를 정비하고, 국왕에서 병조 판서를 거쳐 각 군문軍門의 대장으로 군령이 하달되게끔 일원적인 지휘 체계를 확립했다. 즉, 숙종은 산림이 가지고 있던 학문적 권위는 물론이고, 군사력이라는 물리적인 권한까지도 완벽하게 장악했던 셈이다.

이렇게 숙종이 왕권 강화를 추진하던 시기에 효종 부마인 동평위東平尉 정재륜鄭載崙은 고모부로서 숙종을 뒤에서 보좌했다. 숙종이 정치적으로 어려움에 처할 때나 대내외적인 명분 확보가 필요할 때 정재륜은 기꺼이 정치적 밀사密使 역할을 했다. 숙종의 유일한 매부인 해창위海昌尉 오태주

吳泰周는 그 아버지 오두인吳斗寅이 인현왕후 폐비에 반대했다가 숙종에게 죽임을 당하는 불행을 겪었다. 그러나 숙종의 왕권 강화 정책에 부담을 주지 않기 위해 조정에 나오지 않고 재야에서 서도書道 수련에 매진하여 조선을 대표하는 명필이 되었다.

동평위 정재륜 인물관계도

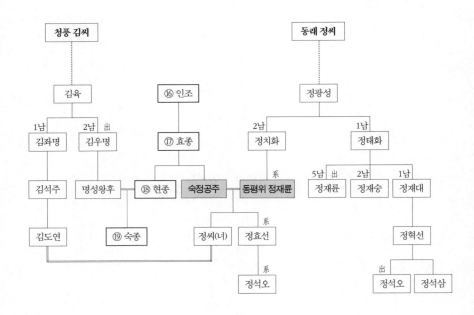

청풍 김씨

동래 정씨

김육

⑯ 인조

정광성

1남   2남 出

김좌명   김우명

⑰ 효종

2남
정치화

1남
정태화

김석주   명성왕후   ⑱ 현종   숙정공주   동평위 정재륜 系

5남 出
정재륜

2남
정재숭

1남
정재대

김도연   ⑲ 숙종   정씨(녀)   정효선 系

정혁선

정석오 系

出
정석오   정석삼

09
숙종의 밀사, **효종 부마 동평위 정재륜**

재혼 불허

정재륜鄭載崙(1648~1723)은 효종의 다섯째 딸 숙정공주淑靜公主(1645~1668)
와 혼인하여 부마가 되고 동평위東平尉에 봉해졌다. 하지만 부인 숙정공
주가 딸 하나만을 낳고 요절했으며, 양자로 들인 정효선鄭孝先(1663~1680)
마저 일찍 죽는 바람에 그는 처조카인 숙종에게 재혼하게 해달라고 요청
했다. 숙종도 처음에는 고모부의 재혼을 허락했지만, 대신들의 빗발치는
반대에 부딪혀 결국 명을 다시 거둬들였기 때문에 정재륜은 새 부인을
얻지 못했다. 이렇듯 부마는 재혼도 마음대로 할 수 없는 신세였다.

부마가 다시 장가들 수 없게 하는 법을 정하였다. 사헌부에서 정재륜
의 일 때문에 담당 관서로 하여금 임금께 아뢰어 법을 정하도록 주청
하고 윤허를 받았는데, 이때에 이르러 예조에서 아뢰기를 "부마가 다

시 장가드는 것은 국조國朝에서 없었던 일이고, 또 사사건건 편리하지 않은 단서가 있으며, 다시 장가드는 것을 허락하지 않는 것은 의미하는 바가 있고 그 내력도 이미 오래되니, 영갑令甲(법령)과 같이 되었습니다. … 지금부터는 부마로서 자식이 없는 자는 동종同宗의 지자支子를 후사로 세우며, 자식이 있는데 이미 장가들었다가 죽은 경우는 그 자식을 위하여 후사를 세워 공주의 제사를 주관하게 하고 다시 장가가지 못하게 하는 것이 법과 예에 당연합니다. 청컨대 이것을 법으로 정하여 따르게 하도록 시행하소서." 하니, 임금이 그대로 따랐다.

— 『숙종실록』, 숙종 7년(1681) 7월 26일

이때 부마가 다시 장가들 수 없게 하는 법이 만들어지면서 정재륜은 다시는 재혼에 대한 요청을 하지 않았다.

정통 관료 가문

정재륜은 본관이 동래이며, 1648년(인조 26) 정태화鄭太和(1602~1673)의 다섯째 아들로 태어났다. 그의 집안은 대대로 서울 경기에 터전을 잡고 살아온 정통 관료 가문이다. 7대조 정난종鄭蘭宗(1433~1489)은 황해도 관찰사와 이조 판서를 지내고 동래군東萊君에 봉해졌으며, 6대조 정광필鄭光弼(1462~1538)은 영의정, 고조할아버지 정유길鄭惟吉(1515~1588)과 증조할아버지 정창연鄭昌衍(1552~1636)은 모두 좌의정, 할아버지 정광성鄭廣成

(1576~1654)은 도승지를 지내는 등 정재륜 집안은 대대로 정승 판서를 배출한, 가히 최고의 명문이라 할 수 있다.

정재륜이 태어날 즈음에 그의 가문은 서인계 당색을 가지고 있으면서 생부 정태화는 46세의 나이로 사헌부 대사헌을 맡고, 양부가 되는 작은 아버지 정치화鄭致和(1609~1677)는 평안 감사로 재직하고 있었다. 정태화가 바로 이듬해 우의정에 제수된 사실로 미루어 보면 당시 정재륜 가문의 성세가 얼마나 대단했는지를 짐작할 수 있다. 훗날 정태화는 영의정에, 정치화는 좌의정에 올라 가문의 명성을 계속 이어갔다.

정재륜의 나이 2세 때인 1649년 인조가 승하하고 봉림대군이 등극해서 효종이 된다. 효종은 형 소현세자가 갑자기 죽었기 때문에 둘째 아들로서 세자에 책봉되고 마침내 왕으로 즉위했다. 사실, 원칙적으로 따지면 소현세자의 장남으로 원손에 봉해진 경선군慶善君 이백李栢(1636~1648)이 있었으므로 왕위의 적통은 봉림대군이 아닌 원손이 이어받아야 했다.

그러나 인조 말 집권 세력인 영의정 김류金瑬(1571~1648), 좌의정 홍서봉洪瑞鳳(1572~1645), 낙흥부원군 김자점金自點(1588~1651), 호조 판서 정태화 등 공신계의 현실론자들은 인조를 부추겨 적장자 계승의 원칙을 어기면서 봉림대군을 세자로 책봉하게 했다. 게다가 소현세자의 빈 민회빈愍懷嬪 강씨姜氏를 인조의 어선에 독을 탔다고 꾸며서 사사시켰을 뿐만 아니라 세 명의 어린 아들 모두를 제주도에 유배 보냈다. 이때 소현세자의 맏아들 경선군은 12세였고, 막내 경안군은 겨우 4세였다. 이 때문에 효종은 즉위의 정통성 문제에서 자유롭지 못했고, 결국 그의 사후에 예송을 유발하게 되었다.

효종은 차자로서 왕위를 계승하여 정통성에 대한 약점이 있기 때문인지 즉위 후 명분론자에 속하는 신독재愼獨齋 김집金集(1574~1656) 등 산림을 적극적으로 등용하면서 그들에게 인사권을 행사할 수 있는 이조 판서에 임명했다. 또 다른 한편으로는 영의정 김육金堉(1580~1658)의 손녀를 세자빈으로 책봉하고, 김육에게는 대동법을 추진하게 하는 등 경세 관료들과 사돈 관계를 맺으면서 그들을 자신의 근위 세력으로 만들어 나갔다. 즉, 효종은 명분이 필요할 때는 산림을 등용하여 그들의 주장을 따랐고, 대동법과 같은 경세 업무를 추진할 때는 실무 관료들에게 힘을 실어주기도 했던 것이다. 김육을 중심으로 한 사림 세력은 주로 한양에 거주한다고 해서 '한당漢黨'이라고 불렸다. 인조 말기부터 효종 연간에는 같은 서인 내에서도 명분론자 산림을 중심으로 하는 '산당山黨'과 경세 관료 집단인 '한당'으로 나뉘어 있었다.[1]

효종의 정국 운영 방식은 부마 간택에서 더욱 구체적으로 드러난다. 세자뿐 아니라 5명의 공주를 모두 경세 관료 가문과 혼인시킨 것이다. 효종의 부마들은 홍중보洪重普, 심지원沈之源, 정유성鄭維城, 정태화鄭太和, 원두표元斗杓의 아들이거나 손자이며, 부마를 배출한 집안의 사람들은 왕실 세력으로서 조정에 나가 효종을 보좌했다. 1659년(효종 10) 효종이 우의정 원두표의 손자 원몽린元夢鱗(1648~1674)을 부마로 간택하자, 사헌부 장령 김익렴金益廉은 '황각黃閣(의정부나 비변사 등 재신의 관서)에 다른 사람은 참여할 수 없다'라면서 효종의 왕실 혼인 정책을 강하게 비판했는데, 이는 바로 이러한 상황을 두고 말한 것이다.

정재륜이 부마가 된 때는 9세이던 1656년(효종 7)이다. 이해 8월 29일 그는 세 살 연상인 숙정공주의 배필로 정해지면서 동평위가 되었는데, 당시 생부 정태화는 영의정이었으며, 양부 정치화는 경기도 관찰사로 있을 때였다. 정재륜이 부마로 간택된 지 보름여 만인 9월 15일, 효종은 그의 양부 정치화를 승정원 도승지로 발탁하여 자신의 지근거리에서 보필하게끔 했다.

동평위 정재륜의 장인 효종은 재위 10년 만인 1659년에 41세를 일기로 승하했다. 그를 이어 조선 제18대 국왕 현종이 즉위했는데, 이때 조정에서는 효종의 상례에 따른 복상 문제로 예송이 일어나게 된다. 그해가 기해년이었으므로 이 예송을 가리켜 '기해예송'이라고 부른다. 기해예송에서는 효종의 계모인 자의대비(인조비) 조씨가 효종 상에 3년복을 입느냐, 1년복을 입느냐가 주요 논쟁거리였다. 이때 송시열을 비롯한 서인계 명분론자들과 허목 등 남인계 명분론자들은 치열한 논쟁을 이어갔는데, 이 상황을 불식시킨 이는 다름 아닌 심지원과 정태화였다. 특히 영의정 정태화는 송시열과 의논하여 자의대비의 복상을 1년복으로 결정했는데, 그 근거를 남인도 받아들일 수 있는 『경국대전』의 규정(어머니는 장자와 차자에게 모두 기년복을 입는다)으로 제시함으로써 서인과 남인 명분론자들 간의 격렬한 논쟁을 봉합했다.

남인의 패퇴와 정재륜 가문

현종과 숙종 초반기까지 정재륜 집안에는 초상이 끊이지 않았다. 정재륜이 21세 때인 1668년(현종 9)에 부인 숙정공주가 24세의 꽃다운 나이로 죽고, 5년 뒤 26세 때인 1673년(현종 14)에는 생부 정태화가 72세를 일기로 죽었으며, 또 그로부터 4년 뒤인 1677년(숙종 3)에는 양부 정치화마저 세상을 떠났다. 그 사이 정재륜의 처남인 현종도 1674년에 승하하면서 처조카인 세자가 즉위했으니, 그가 곧 조선 제19대 왕 숙종이다. 숙종에게 동평위 정재륜은 고모부다.

1674년 숙종이 등극할 때 겨우 14세였기 때문에 즉위 초에는 어머니 명성왕후 청풍 김씨(1642~1683) 및 외조부 김우명金佑明(1619~1675), 외당숙 김석주金錫胄(1634~1684) 등의 보필을 받았다. 특히 김석주의 아들 김도연金道淵(?~1689)은 정재륜과 숙정공주의 외동딸과 혼인해서 두 집안은 사돈지간이다.

숙종이 즉위하기 몇 달 전, 다시 말해 현종 재위 끝 무렵에 효종비 인선왕후 장씨의 국상이 났는데, 이때 조정에서는 인선왕후의 시어머니인 자의대비가 입을 상복을 두고 또다시 논쟁이 벌어졌다. 일명 제2차 예송이라 일컫는 '갑인예송'이다. 이 예송에서도 기해예송과 마찬가지로 효종을 장자로 볼 것인지 차자로 볼 것인지에 따라 대왕대비인 자의대비가 며느리 인선왕후에 대한 복상을 1년(장자부, 기년복)으로 하느냐, 9개월(차자부 이하, 대공복)로 하느냐가 논란의 중심이었다. 그런데 15년 전 기해예송 때 서인의 주장으로 자의대비의 복제가 결정되었던 것과 달리, 이번에는 명성왕후의 아버지 김우명과 책사 역할을 하던 사촌 오라비 김석주가 서인 명분론자의 영수인 송시열을 몰아내기 위해 남인과 연합했다. 그리하여 2차 예송의 결과는 남인이 주장한 기년복으로 결정되었다. 현종은 아버지 효종을 차자로 보았던 서인의 대표인 영의정 김수흥金壽興(1626~1690)에게 책임을 묻고 처벌했으나 한 달여 만에 갑자기 승하했고, 곧이어 즉위한 숙종은 송시열을 비롯한 서인이 왕실의 예를 그르쳤다며 조정에서 대거 축출했다. 그 뒤 남인을 등용하면서 숙종 즉위 초반에는 남인 정권이 성립되었다. 인조반정 이후 실로 50여 년 만에 처음으로 남인이 집권한 것이다.

정권을 잡은 남인은 조정 안팎에서 세력을 확장해갔다. 먼저 조정에서는 남인의 영수 허적許積(1610~1680)이 권대운權大運(1612~1699)과 연합하고, 재야의 산림 인사들 가운데 예송에서 그 이론을 제공해주었던 허목을 비롯하여 윤휴尹鑴(1617~1680)와도 합세했다.

그런데 남인 안에서 정작 실세로 군림한 이들은 인조의 손자들인 복창군福昌君 이정李楨(1641~1680), 복선군福善君 이남李柟(1647~1680), 복평군福平君 이연李㮒(1648~1700) 형제와 그들의 외숙인 오정위吳挺緯(1616~1692)·오정창吳挺昌(1634~1680) 형제였다. 특히 복창군 형제는 일명 '삼복三福'이라고 불리는데 종친이라는 구실로 궁궐에 거리낌 없이 드나들었고, 환관들과 결탁하고 궁녀와 간통하는 등 심각한 물의를 일으키기도 했다. 삼복이 아무런 제재도 받지 않고 그런 비행을 일삼을 수 있었던 것은 자신들이 숙종의 5촌 당숙이라는 겨레붙이였기 때문이다. 그들의 아버지는 인조의 셋째 아들 인평대군 이요李㴭(1622~1658)이다.

앞서도 밝혔듯, 숙종의 즉위 초반에는 어머니 명성대비를 비롯하여 외조부 김우명과 외당숙 김석주가 근위 세력으로 어린 왕을 보좌했다. 명성대비와 숙종의 외가인 청풍 김씨 가문에서 볼 때 삼복의 그 같은 정치

인평대군 신도비

인평대군은 인조의 셋째 아들이며, 오단吳端의 사위이다. 오단의 아들이자 삼복 형제의 외숙이 숙종 연간에 남인계 실세로 활동한 오정일吳挺一, 오정위吳挺緯, 오정창吳挺昌이다.

인평대군의 신도비는 경기도 포천시에 소재한다. 높이 325cm의 거대한 규모이며, 귀부와 이수가 매우 화려하게 조각되어 있다. 신도비 뒤편으로 보이는 언덕에 묘가 조성되어 있다.

인평대군방전도麟坪大君房全圖

타락산(지금의 낙산) 아래에 살았던 인평대군의 저택을 그린 그림이다. 인평대군의 저택은 조선에서 가장 크고 화려했던 것으로 알려지지만, 그의 후손이 번성하지 못했던 까닭에 제대로 관리되지 않다가 정조 때에 이르러 중수되었다. 이 그림은 18세기 정조의 명에 따라 그려졌다.

적 행보와 비행은 결코 좌시할 수 없는 일이었다. 삼복 형제가 궁녀들과 간통했다는 사실이 알려지자, 보다 못한 명성대비가 조정에 나와 대신들에게 그들의 비행을 낱낱이 언급했는데, 신하들로 하여금 삼복에 대한 처벌 상소를 올려 그들을 제거하려는 의도가 숨어 있었다.

허적과 권대운 등은 그들에 대한 처벌을 숙종에게 청했지만, 삼복과 밀접한 관계를 맺고 있던 윤휴 등 남인 내의 일부 세력은 오히려 명성대비가 조정의 일에 간섭하는 것은 잘못되었다며 직접적으로 비판하면서 심지어 숙종에게 어머니의 동정을 살펴 단속해야 한다고 아뢰었다. 남인들 사이에서 이처럼 의견이 갈린 까닭은 그들이 가지고 있던 계통의 차이에서 기인한 측면이 있다. 인조반정 이후 서인이 정국을 주도하기는 했지만, 남인 역시 정치 일선에서 활동했다. 허적을 대표로 하는 관료 집단이 바로 그들이다. 이에 비해, 같은 남인계라도 예송 때 이론적 근거를 제시하면서 조정에 등장했던 허목과 윤휴를 대표하는 집단은 조정의 남인계 관료 집단과 정치적 성향이 달랐다. 구체적으로 허적, 권대운, 목래선睦來善, 민암閔黯, 유명천柳命天 등은 전대부터 조정에서 활동한 경력을 가지고 있으며, 서인과 정치적 타협도 할 수 있다는 현실감각을 중시했다. 반면, 허목과 윤휴 등을 중심으로 한 이들은 정치적 명분을 중요시하는 세력이었다. 남인의 이 두 분파에 대해 전자를 '탁남濁南', 후자를 '청남淸南'이라고 한다.

이러한 와중에 삼복 및 오정위 형제의 후원으로 조정에 진출했던 이조판서 윤휴는 군사권을 장악하기 위해 현종 때 폐지되었던 임시 전시사령부인 도체찰사부都體察使府의 복설을 주장했다. 도체찰사부는 영의정이 당연직으로 도체찰사를 겸직하여 전국 8도의 군사를 통솔하는 전시 기구이다. 1675년(숙종 1) 숙종은 남인의 의견을 받아들여 도체찰사부를 다시 설치하라는 명을 내리면서 영의정 허적으로 하여금 도체찰사를 겸직하게 했다. 3년 뒤인 1678년(숙종 4)에도 영의정 허적이 당연직으로 도체찰사가 되었다. 이듬해 11월 숙종은 부체찰사에 당시 어영대장인 자신의 외당숙 김석주를 임명하여 허적을 견제하도록 하면서 윤휴는 배제했다.

급기야 1680년(숙종 6) 3월 28일, 숙종은 군사권을 서인계 인사에게 넘기는 전격적 조처를 취했다. 『연려실기술』에는 이때 숙종의 조처가 내려진 배경을 다음과 같이 전한다. '이때 영의정 허적이 조부 허잠許潛의 증시연贈諡宴에 왕실에서 쓰는 유악油幄(비가 새지 않도록 기름을 칠한 천막)을 숙종의 허락도 없이 가져갔다. 그 잔치에 서자 허견許堅의 무사들이 많이 모여 있다는 소식을 들은 숙종은 노해서 이러한 조처를 취했다.' 어쨌든 숙종은 첫 번째 조치로 숙종비 인경왕후의 아버지인 광성부원군 김만기金萬基(1633~1687)를 훈련대장으로, 포도대장인 신여철申汝哲(1634~1701)을 총융사로 임명했다. 당시 병조 판서 자리는 숙종의 외당숙 김석주가 숙종 즉위 초부터 맡기 시작하여 이때까지 거의 바뀐 적이 없는 데다 어영대장까지 겸하고 있었다. 금위영은 아직 설치되기 전이었고, 수어사는 남인계의 민희閔熙(1614~1687)가 맡고 있었지만 한강 이남의 남한산성에 주둔하는 군대였다. 따라서 중앙 군사의 지휘권 대부분을 서인계 척신이 쥐게 된 셈이었다.

다음 날 29일, 숙종은 2차 예송에서 패한 뒤 강원도 철원에 유배 가 있던 조정 내 서인의 영수 전 좌의정 문곡文谷 김수항金壽恒(1629~1689)을 방

광성부원군 김만기 묘와 묘표

김만기는 숙종의 국구(장인)로서 인경왕후의
아버지다. 경신환국 때 허견의 역모 사건을
잘 다스렸다는 공로로 보사공신 1등에 봉해졌
다. 그의 묘는 경기도 군포시 대야미동에 있
으며, 묘 앞 좌우 양쪽에는 묘비가 2개 세워져
있다. 우측 묘비는 송시열이 비문을 지은 것
이고, 좌측 묘비(오른쪽 사진)는 숙종이 직접 비
문을 써서 세우게 한 것이다. 숙종의 어필로
새겨진 묘비에는 '國舅保社功臣光城府院君
謚文忠金公萬基之墓국구 보사공신 광성부원군 시
문충 김공만기지묘'라는 20자가 씌어 있다.

면하라고 명하면서, 그와 동시에 인사권을 쥐고 있던 남인계 이조 판서 이원정李元禎(1622~1680)의 관작을 삭탈하고 도성 밖으로 내쫓았다. 그 후 영의정 허적, 좌의정 민희, 우의정 오시수吳始壽(1632~1680) 등 남인계 대신과 삼사 관료의 대부분도 체직되거나 파직되었다. 대신 그 자리에는 서인이 임명되는 정권 교체가 이루어졌다. 영의정에는 김수항이 특배되고, 좌의정에는 남인 집권기 동안 원임대신으로 있던 정지화鄭知和(1613~1688, 동평위 정재륜의 5촌 당숙)가, 도승지에는 남구만南九萬(1629~1711)이 임명되었다. 특히 정재륜의 형 정재숭鄭載嵩(1632~1692)은 인사권을 가진 이조 판서에 제수되는 등 서인의 정계 진출에 중요한 역할을 했다. 며칠 뒤 우의정에 민정중閔鼎重(1628~1692), 대사간에 김만중金萬重(1637~1692), 대사헌에는 이익상李翊相(1625~1691)이 임명되는 등 내각과 삼사 관원의 대부분이 서인으로 채워졌다. 경신년(1680)에 일어난 이 정권 교체가 경신환국이다.

조정의 요직을 다시금 차지하여 정권을 잡은 서인은 숙종의 왕위에 위협적인 존재라고 판단한 삼복 형제를 비롯하여 이들과 연합하면서 도체찰사부의 복설을 주장했던 윤휴의 처벌을 청했다. 그 무렵 허적의 서자 허견이 복선군을 추대하려 했다는 역모가 병조 판서 김석주를 통해 보고됨에 따라 이들에 대한 처벌은 신속히 이루어졌다. 복선군은 교형에 처해졌으며, 윤휴와 허적은 사사되었다. 옥사가 마무리된 뒤 김석주는 김만기와 함께 보사공신 1등에 봉해졌다. 숙종은 윤휴를 사사하라는 전교를 내리면서 그 첫머리에, 윤휴가 명성대비를 단속하라는 패려한 언사를 했으며, 게다가 복선군을 위해 허견의 사주를 받아 도체찰사부를 복설하여 병권을 장악하려 했다는 점을 언급했다.

사위의 자살

경신환국과 허견의 옥사 이후 서인이 정권을 주도하기는 했지만, 숙종의 정치 수완은 날로 발전했다. 숙종은 송시열 등 집권 서인을 견제하기 위해 남인과 지속적인 관계를 유지했는데, 그 중심에 남인계 역관譯官 가문 출신의 희빈 장씨禧嬪張氏가 있었다. 숙종의 총애를 받은 장씨가 왕자를 낳자, 처음으로 자식을 얻은 기쁨에 숙종은 이듬해 서둘러 원자로 책봉했다. 그런데 이는 송시열을 비롯한 서인계 원칙론자의 반발을 예상한 조처였다.

숙종은 원자 정호定號에 반대하는 송시열 등 서인을 몰아내고 다시 남인을 불러들이는 조치를 취하였는데, 이 정권 교체를 1689년(숙종 15)의 '기사환국'이라고 한다. 9년 전의 경신환국에서는 남인 산림인 윤휴를 제거했고, 기사환국에서는 대로大老라 불리던 송시열을 사사한 숙종은 거침없는 행보를 이어갔다.

예송을 거치면서 실추된 왕실의 위상과 왕권을 강화하기 위해 숙종은 이렇듯 전격적인 정권 교체와 함께 그들의 영수를 단호히 제거했다. 그런데 이러한 조처에는 실제 물리적 권한인 군사권이 뒷받침되어야 한다. 당연히 숙종은 자신의 장인이나 외숙 등 가장 가깝고 신뢰할 만한 사람을 병조 판서나 중앙 군영의 대장으로 임명한 뒤 환국을 단행했다.

이러한 연유로 숙종은 특히 군사와 관련된 일에 민감하게 반응했다. 그동안 왕실을 드나들면서 그 누구보다 이런 상황을 잘 알고 있던 정재륜은 숙종의 고모부로서 이즈음 처조카 임금의 난국을 풀어주는 해결사

역할을 했다. 대사헌 유명천, 대사간 이현기李玄紀(1647~1714) 등 남인계 대
간들이 정재륜의 사위이자 김석주의 아들인 충훈부 도사忠勳府都事 김도
연을 충훈부의 면포를 횡령했다는 죄가 있다며 탄핵하는 일이 벌어졌다.
기사환국으로 집권한 남인이 줄기차게 김도연의 처벌을 청했던 이유는,
그때 이미 고인이 된 사람이지만 과거 자신들을 일망타진하려 했던 김석
주까지 그 죄를 소급해서 처벌코자 했기 때문이다. 김석주는 경신환국과
허견의 옥사가 일어났을 때 병조 판서로서 남인 탄압에 앞장섰던 인물이
다. 만일 고인이 된 김석주까지 처벌하게 된다면, 숙종은 자신이 단행했
던 경신환국의 명분까지도 자칫하면 부정될 판이었다. 이 때문에, 숙종
으로서는 남인의 그 같은 요청이 상당한 정치적 부담이었을 것이다. 그
래서 숙종은 김도연을 죽이는 선에서 일을 매듭짓고자 했지만, 그 일 역
시 쉽게 실행하지 못하고 있었다. 김도연은 숙종에게 외종 6촌이면서 고
모부 동평위의 사위이기 때문이다. 이때 처조카 임금의 마음을 간파한
정재륜이 사위 김도연에게 자살할 것을 권해서 숙종의 정치적 난국을 타
개해주었다. 그 내용이 『숙종실록』에 다음과 같이 전한다.

> 김도연이 독을 마시고 자살했는데, 한성부에서 그 시체를 검사하였
> 다. 이때 왕의 마음은 기필코 김도연을 형벌로써 죽이고자 했고, 대간
> 에서도 맹렬히 주청하였다. 김도연의 장인인 동평위 정재륜이 그가
> 죽음을 면치 못할 것을 알고서 자살하기를 권하였다.
>
> —『숙종실록』, 숙종 15년(1689) 윤3월 11일

정재륜은 숙종이 김도연을 직접 죽이는 것보다 자신이 나서서 해결하는 편이 처조카 임금의 부담을 덜어주는 일이라고 생각했을 터다. 이때가 1689년(숙종 15) 윤3월로, 정재륜의 나이 42세 되던 해였다. 비록 그 이후에도 남인은 끊임없이 김석주의 처벌을 청해서 결국 그의 가산을 적몰하고 그 부인인 전주 이씨까지 유배를 보내게 했지만, 어찌 되었든 이후부터 정재륜은 숙종의 정치적 밀사 역할을 하게 된다. 주로 사신使臣으로서 외교 현안에 대한 해결이나 숙종의 왕권 강화를 위한 명분 확보 작업에서 조력자의 역할을 수행했다.

숙종의 밀사

기사환국의 과정에서 인현왕후를 폐출하고 송시열을 사사함으로써 사림 정치의 종식을 고한 숙종은 왕권을 더욱 강화하는 정책을 추진했다. 그런데 기사환국 이후 정권을 오로지한 남인은 강화된 왕권을 바탕으로 국정을 주도적으로 운영해 나가던 숙종의 행보에 끌려다닐 수밖에 없었다. 그 이유는 인조반정 이후 남인이 정계에 진출한 것 자체가 구색을 맞추기 위한 서인의 정책에서 비롯되었으며, 숙종 즉위 초반 남인의 집권은 2차 예송 때 잠시 척신 김석주와 연합한 결과였기 때문이다. 즉, 남인의 집권 명분과 정치적 기반은 약할 수밖에 없었다. 따라서 숙종은 인조반정 이후 당국자로서 실무 경험은 물론이고 사림의 의리義理(이를테면 사육신의 추숭, 단종 추복, 대보단 창설, 민회빈 강씨의 신원 등)를 주도하고 있으면서 자신의 왕비 가문 등 척신으로서 막강한 기반을 지닌 서인이 필요했다. 게다가 희빈 장씨 또한 날로 방자함이 심해져 왕비의 자질에 문제가 있다고 여겨서 숙종은 또 한 차례의 환국을 단행했는데, 이것이 1694년(숙종 20)의 '갑술환국'이다.[2]

이 환국으로 서인이 다시 조정의 핵심 자리에 등용되면서 5년 전 기사환국 때 죄인으로 사사된 송시열의 명예가 회복되었으며, 폐서인되어 쫓겨났던 인현왕후 민씨가 다시 복위되어 궁궐에 들어왔다. 반면, 기사환국 때 인현왕후의 폐출에 적극 나섰던 남인은 노론으로부터 국모 인현왕후에 대한 신하의 명분과 의리를 저버린 죄인이라는 뜻의 '명의죄인名義罪人'이라는 혐의를 받고, 이후 정치력이 급격히 쇠퇴하여 붕당으로서 정치적 종말을 고했다.[3]

경신환국 → 기사환국 → 갑술환국으로 이어지는 세 차례 환국의 결과 산림이 중심이 되어 이루어지던 사림 정치는 그야말로 종식을 고하였다. 숙종은 황극탕평설을 이론적 배경으로 삼아 환국을 단행했듯이, 환국 이후에는 그것에 기반하여 왕권 강화 정책을 본격적으로 추진하기 시작했다. 산림을 조정에서 배제하고 심지어 죽이기까지 했던 숙종은 이제 자신이 신하들의 사표師表가 되고자 했다. 이를 가리켜 학계에서는 그가 일국의 군주이자 신하들의 스승인 '군사君師'가 되려 했다고 본다.[4] 그리하여 숙종은 단종의 추복追復, 대보단大報壇 창설, 소현세자빈 강씨의 신원 등 그동안 산림이 천하 의리義理를 담아 주장해왔던 정책을 국왕 본인이 주도적으로 추진해서 이루어냈다.

숙종의 이러한 행보에 정재륜은 그 첫 단추를 꿰어주는 역할을 했다.

즉, 젊은 시절 자신의 문객이었던 전 현감 신규申奎(1659~1708)를 시켜 단종 추복에 관한 소를 올리게 한 것이다. 그때가 1698년(숙종 24) 9월 30일이었다. 신규의 상소가 올라오자 숙종은 종친과 문무백관을 불러들여 단종의 추복을 의논했다. 이 자리에서 정재륜은 이렇게 말한다. "여러 왕대에서 미처 하지 못했던 일을 거행하는 것은 선대 임금의 뜻과 사업을 계승하는 성덕聖德에 빛이 날 듯합니다." 대신들 대부분은 그 일을 신중하게 처리해야 한다는 의견을 냈지만, 오직 동평위만이 홀로 단호하게 시행할 것을 주장함으로써 숙종의 마음을 한결 가볍게 해주었다. 그에 힘입어서 마침내 숙종은 비망기를 내려 단종의 추복을 명했다. 이로써 단종은 노산군으로 강등되어 승하한 지 240여 년 만에 왕의 지위를 회복하고 그 신주가 종묘에 모셔졌다. 이처럼 정재륜은 자신이 정치에 참여할수 없는 부마의 신분인 탓에 정치 현안에 대해서 직접 상소하기보다는 숙종의 뒤에서 조용히 왕의 정책 추진을 보좌하며 고모부로서 정치적 소임을 다했다.

명분과 원칙을 확립하기 위한 숙종의 정책은 계속되는데, 1704년(숙종 30)에는 창덕궁 후원에 대보단을 설치하는 일로 나타났다. 대보단이란 임진왜란 때 지원군을 보내준 명나라 만력제萬曆帝(신종)와 마지막 황제인 숭정제崇禎帝(의종)의 제사를 받드는 곳이다. 제후국인 조선에서 명나라 황제의 제사를 지낸다는 것은 명나라에 대한 무조건적인 사대가 아니라, 조선이 당시 최고의 선진 문화인 명나라 중화 문화의 적통을 잇고 있다는 문화적 자부심의 대내외적인 표현이었다. 이를 일컬어 '조선중화주의朝鮮中華主義'라고 한다.[5]

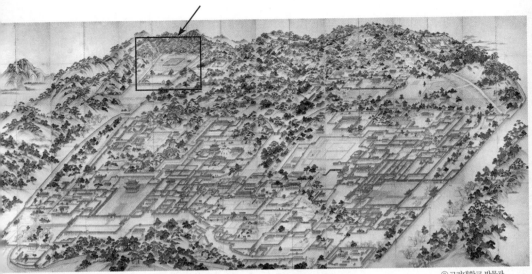

© 고려대학교 박물관

〈동궐도東闕圖〉에 보이는 대보단

명나라가 청나라에 망한 지 꼭 60년이 되는 1704년(숙종 30), 숙종은 창덕궁 후원에 대보단을 설치했다. 수암遂菴 권상하權尙夏가 스승 송시열로부터 속리산 화양계곡에서 만력제와 숭정제의 제사를 지내라는 유언을 듣고 이를 실천하기 위해 만동묘萬東廟를 세웠던 것이 대보단을 세운 유래이다. 숙종은 명나라 신종의 은의를 기리기 위해 창덕궁에 제단 형식으로 대보단을 설치했다. 〈동궐도〉에 보이는 대보단은 사직단과 비슷한 형태임을 알 수 있다.

당시 중국 대륙에서는 청나라가 중원을 완전히 점령하고 통일했다는 자부심으로 『강희자전康熙字典』을 편찬하는 등 대대적인 문화 사업을 벌이고 있었다. 이러한 강대국 청나라를 바로 옆에 두고도 숙종과 조선 지배층의 문화적 자존심은 결코 꿀리지 않았으며, 오히려 중화 문명의 정통 계승자로서 소중화小中華를 자부했다. 그러나 이런 인식은 훗날 청나라를 다녀온 사신들에 의해 청나라의 문화 수준이 매우 높다는 사실을 깨닫기까지 그리 오래가지 못했다.

어쨌든 조선이 대보단을 설치했다는 사실을 청나라가 알게 된다면 심각한 외교적 갈등을 초래할 수 있는 상황이었다. 숙종은 이 문제를 해결할 인물로 고모부 정재륜을 염두에 두었고, 이듬해인 1705년(숙종 31) 10월 동지 겸 사은사冬至兼謝恩使의 사행에 그를 정사正使로 임명했다. 그는 청나라로 출발하기 전 숙종에게 대보단의 일은 이미 청나라도 알고 있을 수 있으니 그 일에 대해 물어볼 것을 대비하여 신하들과 대책을 강구하고 청나라에 보내는 문서의 격식과 내용을 미리 준비해달라는 당부를 비밀 차자箚子로 올렸다. 이때 올린 내용이 『숙종실록』에 실려 있다.

동평위 정재륜이 동지정사冬至正使로서 연경으로 떠나기 전에 밀차密箚를 올렸는데, 그 대략에 이르기를 "지난겨울에 대보단을 쌓은 일은 나라 사람들이 모두 알고 있습니다. 그런데 저들은(청나라) 서로西路(청나라로 가는 서쪽 길목)의 나졸들과 낯이 익고 정분이 친하여 숨기는 것이 없으니, 곧 전해져서 말하지 않았는지 어찌 알겠습니까? 저들은 늘 너그럽고 대체大體의 유지에 힘쓰는 것을 숭상하므로, 혹 알더라도 반드시 트집 잡아 물어보지는 않을 듯하나, 닥쳐올 일의 기미는 헤아리지 못하는 것이 있을 수 있으니, 어찌 깊이 생각하는 도리가 없을 수 있겠습니까?

저들이 혹 묻더라도 말을 꾸미고 거짓으로 대답하여 숨길 수 없는 처지에서 이목이 가려지기를 바란다면, 저들에게 당연히 비웃음을 사지 않겠습니까? 성인이 사물을 대하는 도리는 오직 충신忠信으로 할 뿐이니, 결국 솔직하게 대답하는 것만 못할 것입니다. 바라건대, 인대引對하시는 날 신하들에게 하문하시어 대답할 말을 강구하고 상세히 지휘하여, 그에 따라 응답할 바탕을 삼게 하소서. …" 하였다.

— 『숙종실록』, 숙종 31년(1705) 8월 27일

마침내 10월 30일 정재륜은 부사副使에 임명된 호조 참판 황흠黃欽, 서장관書狀官에 임명된 사헌부 장령 남적명南迪明과 함께 청나라로 출발했다. 이때 그의 나이 58세로, 환갑을 불과 3년 남겨 두고 있을 때였다. 이듬해인 1706년(숙종 32) 3월 26일 6개월여에 걸친 고단한 사행길을 무사히 다녀온 뒤 숙종을 알현하여 청나라의 발전된 모습을 보고하였으니, 민감한 외교 문제일 수 있는 대보단의 일을 무사히 넘긴 것이다.

같은 해 8월에는 숙종의 즉위 30년을 축하하는 진연進宴이 창덕궁 인정전에서 열렸다. 세자가 첫 번째 술잔을 올렸고, 영의정 최석정崔錫鼎이 둘째 잔을, 연잉군(훗날 영조)이 셋째 잔을, 숙종의 고모부 정재륜은 일곱째 잔을 올려 기쁨을 함께 나누었다. 숙종의 탄생과 세자 시절, 즉위 후 환국을 단행하면서 왕권 강화를 이룩하는 과정까지 곁에서 지켜보고 조용히 도와주었던 고모부 동평위 정재륜이 술잔을 올리는 마음은 어떠했을까? 실로 만감이 교차했을 것이다.

박한 자식 복

정치적 밀사 역할을 맡은 고모부를 의지하며 왕권 강화를 추구하던 숙종은 1720년(숙종 46)에 춘추 60세로 승하했다. 그때 정재륜은 73세의 고령이었다. 그는 왕실의 지친으로서 숙종의 국상에 자문을 담당했지만, 이미 심신이 노쇠한 탓에 공무상의 실수를 저지르기도 했다. 그 일화가 『경종실록』에 전한다.

> 동평위 정재륜이 상소하기를 "신이 나이 늙고 풍증에 걸려 정신이 혼모하고 건망증이 심합니다. 대행대왕(승하한 임금, 즉 숙종)께서 승하하시던 날에 갑자기 대내大內에 들어와 일을 보살피라는 명을 받들고 경황망조驚惶罔措하여 천식으로 신음하던 중에 궐문이 이미 닫혀 궁궐 안에서 밤을 지새우고 생기省記(궁궐과 관아에서 당직하거나 숙직하는 이들의 명단을 적어놓은 장부)의 한 가지 일은 도리어 잊어버렸습니다. 죽을 시기가 박두하여 스스로 큰 죄를 저질렀는데 유사有司의 계청으로 다만 파직에 그쳤고, 이제 또 서용의 명이 내렸으니 여론이 반드시 이상하게 여길 것입니다. 원컨대 율에 따라 죄를 주소서." 하니, 임금이 은혜로운 비답을 내렸다.

©신채용   ©김민규(간송미술관)

정효선 묘표(왼쪽)
동평위 정재륜의 양자인 정효선과 그의 부인 여주 이씨驪州李氏의 묘표이다. 이들 부부의 묘는 정
재륜과 숙정공주의 묘 왼편에 있다. 묘표의 글씨는 정재륜의 손위 동서인 청평위靑平尉 심익현沈益
顯이 썼고, 뒷면의 음기陰記는 정재륜의 사돈인 김석주가 썼다.

숙정공주, 동평위 정재륜 묘표(오른쪽)
정재륜은 숙정공주와 결혼하여 효종의 부마가 되었다. 그러나 숙정공주는 딸 하나만 낳고 24세의
나이로 요절했으며, 양자로 들인 아들 정효선마저 일찍 세상을 뜨고 말았다. 부인과 자식을 일찍
잃은 데 반해 정재륜 본인은 76세까지 살았다. 숙정공주와 정재륜의 묘는 경기도 군포시 속달동에
있다.

정재륜은 원래 검소와 절약으로 칭송이 있었고, 또 왕실의 제도에 통달한 것으로 이름이 알려졌다. 대행대왕이 승하하시던 날에 의빈으로서 들어와 염습의 예를 받들었으나, 물러 나온 뒤 생기에 이름을 올리지 않은 채 궁궐 안에서 유숙하였으므로 대간의 말이 있었다. 이에 사람들이 그의 연로함이 심하다는 사실을 알게 되었다.

— 『경종실록』, 경종 즉위년(1720) 8월 4일

자신의 건망증으로 비롯된 실수를 인정하고, 그것을 이유로 처벌해달라는 정재륜의 모습에서 겸손한 노년의 부마를 엿볼 수 있다.

1723년(경종 3) 1월, 정재륜은 자신의 대를 정석오鄭錫五(1691~1748)가 잇게 해주게끔 청하는 상소를 했다. 양자로 들인 정효선이 자식 없이 죽었기 때문이다. 정석오는 동평위의 친형 정재대鄭載岱의 손자로서 그를 정효선의 양자로 들여 집안의 대를 이으려 했던 것인데, 아마도 이 무렵 정재륜은 자신의 생애가 얼마 남지 않았음을 직감했던 것 같다. 양자 입양을 허락받은 지 한 달도 채 지나지 않은 2월 8일, 76세의 나이로 죽었다. 이 시대 나이로는 장수한 셈이지만, 참으로 부인과 자식 복이 없는 사람이었다.

1753년(영조 29)에 '익효翼孝'라는 시호가 내려졌다. 그가 남긴 저서로는 『공사견문록公私見聞錄』이 있는데, 효종·현종·숙종·경종 4조에 걸쳐 왕실을 출입하면서 듣고 본 것을 기록한 글이다.

해창위 오태주 인물관계도

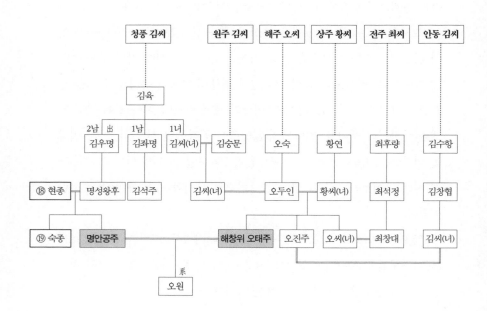

10

중국에 알려진 명필, **현종 부마 해창위 오태주**

서도 수련의 삶

오태주吳泰周(1668~1716)는 현종과 명성왕후 청풍 김씨의 셋째 딸 명안공주明安公主 이온희李溫姬(1665~1687)와 혼인하여 부마가 되고 해창위海昌尉에 봉해졌다. 그의 아버지 양곡陽谷 오두인吳斗寅(1624~1689)은 서인의 대표적인 명분론자로서 1689년(숙종 15) 인현왕후의 폐위에 반대하다가 유배를 가던 도중 죽었다. 아버지의 죽음을 당하는 불행을 겪으며 오태주는 부마로서 현실 정치에 관심을 두지 않고 평생 서도書道에 매진했다. 『숙종실록』에 전하는 그의 졸기는 다음과 같다.

> 해창위 오태주가 졸하였는데, 나이는 49세였다. 오태주는 성품이 본
> 디 평온하고 조용하여 사치하는 것을 좋아하지 않았고, 예서에 뛰어
> 나 오직 글씨 쓰는 것을 즐거움으로 삼았다. 기사년의 화禍(1689년 기사

현종 어필(명안공주 작명 단자)

현종이 그의 셋째 딸 명안공주의 이름을 온희라 짓고, 오래 살라는 기원의 뜻이 담긴 '其數太多哉 기수태다재'를 쓴 뒤, 그 끝에 수결한 것이다.

> 환국)를 겪고부터 더욱 스스로 경계하여 의복과 거처에 사치하는 버릇
>
> 을 없앴다. 임금의 보살핌과 대우가 매우 지극하였는데, 그가 죽으니
>
> 임금이 슬퍼하여 친히 글을 지어서 제사하였다.
>
> ─『숙종실록』, 숙종 42년(1716) 10월 9일

사림 정치기부터 부마가 조정의 정치에 참여하는 것이 지탄받기도 했지만, 오태주 본인은 아버지가 손위 처남인 숙종이 왕권을 회복하는 과정에서 희생되었기 때문인지 평생 정치에 관심을 두지 않고 오직 서도와 시문 창작에 매달려 살았다. 숙종은 비록 그의 아버지 오두인을 죽였으나, 자신의 다른 두 누이는 일찍 죽고 유일한 혈육인 누이동생 온희와 매부 오태주를 끔찍이 아꼈다.

현종과 명성대비의 유일한 사위

  오태주의 본관은 해주이다. 그는, 아버지 오두인이 26세의 나이로 장원급제를 한 뒤 삼사의 요직을 두루 거치고 45세에 이르러 왕을 직접 곁에서 모시는 정3품 승지의 자리에 있을 때인 1668년(현종 9)에 태어났다. 그리고 남인이 집권하던 1679년(숙종 5) 10월 4일 12세 때 명안공주의 배필로 선발되고, 12월 2일에는 해창위에 봉해졌다. 이때는 남인에서 서인으로 정권이 교체되는 경신환국이 있기 바로 넉 달여 전이었다.

  오태주가 부마로 간택되기 이틀 전 숙종은 "신하들은 당색을 떠나 서로 화합하여 조정의 일에 힘쓰고, 유배 가 있는 남인계 인사 이옥李沃(1641~1698), 이봉징李鳳徵(1640~1705), 권대재權大載(1620~1689)와 서인계 인사 남구만南九萬(1629~1711), 민유중閔維重(1630~1687), 민정중閔鼎重(1628~1692) 등을 방면하라."고 비망기를 내렸다. 그러자 남인계 승지 유명견柳命堅(1628~1707)과 우의정 오시수가 민유중을 비롯한 서인계 인사의 방면에 반대했는데, 숙종은 번복하지 않았다.

  숙종 즉위 후 경신환국이 단행되기 전까지 조정은 영의정 허적, 좌의정 민희, 우의정 오시수를 비롯하여 육조와 삼사의 대부분이 남인계 인사로 구성된 남인 집권기였다. 하지만 남인들은 청남과 탁남의 분열에 이어 이 시기에는 준론峻論과 완론緩論으로 격화되는 양상도 나타났는데, 그 중심에는 이옥과 유명천이 있었다. 이옥의 아버지 이관징李觀徵(1618~1695)은 남인이 청·탁으로 나뉠 때 탁남 쪽에 기울었지만, 이옥 자신은 중간적인 위치에 있으면서도 청남에 속한 허목과 윤휴를 추종했다.

아마도 이옥의 선대가 윤휴나 이하진李夏鎭(성호 이익의 아버지) 가문과 함께 북인에 속한 영향 때문일 것으로 추정된다.

이옥은 남인 쪽 사람이지만 서인의 거두 송시열의 문하에 출입하면서 그를 스승으로 모셨다. 그러나 서인의 실각과 함께 송시열이 유배를 가게 되자, 가장 앞장서서 그의 처벌을 주장했다. 게다가 1675년(숙종 1)에는 이조 전랑이 되기 위해 이조 판서로 있는 허목을 속인 일도 있었다. 이옥의 이러한 행적에 대해 1677년(숙종 3) 청주 유생 이사안李師顏이 상소하여 조정 안에서 물의가 일어났다. 이때 탁남의 대표적 인사인 이조 참의 유명천은 이 사실을 알고서 이옥을 청직淸職에 추천하지 않고 외직인 회양으로 내보냈는데, 이로 말미암아 두 사람 사이의 갈등이 첨예하게 부딪쳤다. 결국 이 일로 인해 남인들은 이옥을 지지하는 준론(주로 청남)과, 유명천을 지지하는 완론(주로 탁남)으로 분열이 고착화되는 양상을 보였다.

이옥과 유명천은 서로를 비방하면서 자신의 입장을 해명하는 상소를 올렸지만, 숙종은 병조 판서로 판의금부사를 겸하고 있는 외당숙 김석주를 시켜 두 사람 모두 잡아 가두어 옥사를 다스리게 한 뒤 준론 쪽 이옥을 평안도 선천에 귀양 보내는 것으로 마무리를 지었다. 이렇듯 집권 남인의 세력이 비대해짐에 따라 도체찰사부의 복설, 삼복三福 형제에 대한 처벌 등 각종 국정 현안을 놓고 자당 내에서 갈등이 심화되는 것은 물론이고, 삼사 관료의 인사권을 지닌 이조 전랑이 되기 위해 서로 반목과 다툼을 빚는 작태를 보였기 때문에 숙종이 비망기를 내린 것이었다.

남인 집권기의 이 같은 정치 상황 속에서 명안공주의 혼사를 주관하던 명성대비는 서인계 명분론자 오두인의 아들 오태주를 부마로 간택했다. 오두인의 둘째 부인인 원주 김씨原州金氏(1631~1663)는 명성대비의 고종사촌 언니였다. 즉, 오두인의 장모 청풍 김씨가 명성대비의 고모이다. 오태주의 생모는 오두인의 셋째 부인인 상주 황씨尚州黃氏이지만, 어찌 되었든 오태주는 명성대비에게 5촌 조카인 셈이다. 남인 집권기에 왜 명성대비가 서인계 명분론자의 아들을 사위로 간택했는지 이해 가는 부분이다.

명성대비는 원래 아들 숙종과 세 명의 공주를 낳았는데, 명안공주의 언니들인 명선공주와 명혜공주가 부마를 간택한 지 얼마 지나지 않아 요절했고, 이미 간택된 부마들은 그 작위가 거두어지면서 일반 사대부의 신분으로 돌아갔다. 그래서 유일하게 남은 막내딸 명안공주의 배필을 자신의 친정과 연결된 서인 가문에서 정한 것이다. 아직 왕자를 낳지 못한 숙종의 불안한 왕위를 자신의 사촌 오라비 김석주와 고종사촌 형부인 오두인을 통해 강화하고자 했던 어머니로서 명성대비의 속뜻이 작용했을 터다.

명성대비가 아들 숙종의 안위를 위해 추진하던 왕실의 혼인은 부마로 오태주를 간택하고 2년 뒤에 왕비 간택으로 이어졌다. 1680년(숙종 6) 10월 26일 숙종 왕비 인경왕후 광산 김씨光山金氏(1661~1680)가 승하하자, 대비는 석 달도 지나지 않은 그 이듬해 1681년(숙종 7) 1월에 계비 간택 일정에 대해 논의하라고 하교를 내린 뒤, 3월에 민유중의 딸 여흥 민씨驪興閔氏(1667~1701)를 왕비로 간택했다.

명성대비가 서둘러서 왕비 간택을 추진한 것은 오태주를 부마로 간택한 목적의 연장선이었다. 이때 간택된 인현왕후는, 송시열과 함께 '양송

규장각한국학연구원 소장

『숙종인현왕후가례도감의궤』肅宗仁顯王后嘉禮都監儀軌

1681년(숙종 7) 5월 숙종이 민유중의 딸을 계비(인현왕후)로 맞는 과정을 기록한 『숙종인현왕후가례도감의궤』에 수록된 반차도班次圖이다. 이 반차도는 왕비가 별궁에서 친영 의식을 치른 뒤 동뢰연同牢宴을 위해 대궐로 나아가는 행렬을 그린 것이다. 중앙에 별감 2인이 앞서고 왕비가 탄 연輦이 이어지고 있으며, 연 뒤는 청선으로 가렸다. 연 좌우에는 내시와 말에 탄 시녀가 따르고 있다.

兩宋'으로 불리던 서인 산림 동춘同春 송준길宋浚吉의 외손녀다. 또한 그녀의 아버지 민유중과 둘째 큰아버지 민정중閔鼎重은 모두 송시열의 문인이며, 게다가 작은 고모는 인목대비(선조의 계비)의 딸 정명공주(1603~1685)의 며느리였다. 왕실에서 그 흔한 이복동생들마저도 없던 숙종이기 때문에, 대비는 이제 갓 20대에 접어든 아들에게 왕실과 척분戚分을 가지고 있는 당대 서인 명문가의 처자를 왕비로 간택해 들이면서 그녀의 아버지나 삼촌들을 숙종의 근위 세력으로 만들어주고자 했을 것이다.

어쨌든 오태주는 부마로 간택된 이듬해인 1680년(숙종 6) 2월 18일에 세 살 연상의 명안공주와 혼례를 올렸다. 명성대비는 창덕궁 남쪽의 경행방慶幸坊(현재 서울 종로구 낙원동 부근)에 딸과 사위가 살 집을 내려주었는데, 그 대지의 규모가 1,826간이나 되는 상당한 규모였다고 한다. 당연히 신하들의 빗발치는 비판이 이어지니, 명안공주의 오빠인 숙종도 어쩔 수 없이 어머니 명성대비께 아뢰고 나서 신하들의 의견에 따라 대지를 1,600간으로 조금 줄였다.

오태주가 혼례를 올리고 3년 뒤인 1683년(숙종 9), 유일한 사위라고 더 총애해준 장모 명성대비가 그즈음 창궐한 천연두에 걸려 42세를 일기로 승하했다. 그때 오태주의 나이 16세였다. 그는 어린 나이로 대비를 간호했고 대비가 승하하자 몸소 염을 하는 등 사위로서 역할을 다했는데, 이를 지켜본 숙종이 안쓰러웠던지 어머니를 잃은 동생 내외에게 청나라 황제가 보내온 비단을 내려주며 보듬어주었다.

숙종은 즉위 이후 정치 세력을 일거에 교체하는 환국을 단행하면서 왕권을 강화하는 정책을 추진해 나갔는데, 이 시기에는 1680년(숙종 6) 경신환국 이후 송시열을 중심으로 하는 서인이 정권을 주도하고 있었다. 그들은 인경왕후의 광산 김씨, 인현왕후의 여흥 민씨 등 숙종의 왕비 가문과 긴밀한 관계를 맺으며 정국을 주도해갔다. 반면, 남인들은 희빈 장씨 및 종친들과 연계하여 재기를 노리고 있었다.

희빈 장씨는 조 대비(인조의 계비 장렬왕후, 곧 자의대비 조씨)의 주선으로 궁궐에 들어와서 숙종의 총애를 받았지만 명성대비의 명으로 쫓겨났던 적이 있다. 명성대비가 승하하자 다시 궁궐에 들어온 뒤 1686년(숙종 12) 숙원에 봉해졌다. 그즈음 숙종은 희빈 장씨를 감싸던 조 대비와 관계된 왕실 인사들의 품계를 올려주었는데, 대표적으로 인조의 손자이자 조 대비 언니의 외손자이기도 한 동평군東平君 이항李杭(1660~1701)과 소현세자의 손자 임창군臨昌君 이혼李焜(1663~1724), 윤휴의 처조카이자 소현세자의 부마 금창부위錦昌副尉 박태정朴泰定(1640~1688)이다.

숙종이 장씨를 총애하면서 남인과 연계된 왕실 인사들에게까지 후대한 것은, 알려진 것처럼 장씨가 상당한 미모의 여인이라는 점도 영향을 미쳤겠지만 그보다 더 큰 이유가 따로 있었다. 이즈음 숙종은 금군의 수를 대폭 늘리면서 군사권까지 장악해가던 상황이었는데, 군사비 지출이 국고 재정을 넘어가는 수준이었다. 이를 해결하기 위해서는 백성들로부터 거둬들이는 조세 외에 상당한 규모의 재원이 더 필요했다. 이때 숙종이 생각해낸 것이 장씨 집안의 재력이었다.[1] 청나라와 일본 사이의 중계무역을 담당하면서 높은 수입을 올리던 역관 중에는 거부巨富가 많았는데, 장씨 집안도 그중 하나였다. 요컨대 장씨가 가진 경제적 배경도 그녀의 미모 못지않게 왕권의 강화를 추진해 나가던 숙종에게는 필요했던 것이다.[2]

남인과 조 대비 및 이들과 연계된 왕실 인사의 동향을 모를 리 없던 집권 서인은 삼사 관원을 중심으로 장씨에 대한 숙종의 지나친 총애를 연일 비판했다. 심지어 숙종의 고모, 즉 효종의 딸 숙안공주(1636~1697) 등도 궁궐에 들어와 장씨를 견제하기도 했다.

이런 상황에서 혈기 왕성한 19세의 오태주가 윤휴의 처조카로서 조 대비의 세력이던 금창부위 박태정에 대한 관직 임명 절차가 잘못되었다는 상소를 하여 숙종의 호된 꾸지람을 받았다. 제아무리 숙종의 유일한 매부일지라도 지엄한 국왕의 정책에 이의를 제기하였으니, 질책을 받는 것은 당연했다. 『숙종실록』에는 오태주에 대한 숙종의 질책과 이 일의 원인에 대해서 사관이 기록한 논평이 실려 있다.

> 전교하기를 "생각하건대 의빈(부마)들이 조정의 일에 참여할 수 없게 한 것은 우연한 일이 아닌데, 근래에 이 법이 해이해지는 조짐이 없지 않다. 한 가지 일로써 말한다면, 지난날 해창위 오태주가 금창부위 박태정의 일로 아뢴 것이 있었는데 일이 합당한지의 여부는 차치하고 이러한 길이 한번 열리면 앞으로의 폐단에 관계가 있으니, 소의 내용과 관련된 일은 시행하지 말라고 해조該曹에 분부하라." 하였다.
>
> 오태주의 상소는 처음에는 전례에 따라 해당 부서로 내려보냈는데, 지금 대간의 상소에 격노하여 이러한 전교가 있게 된 것이다. 이때 여러 공주들은 다 장씨에게 아부하지 않았기 때문에, 오태주가 엄한 교지를 받은 것은 아마도 반드시 여기에서 말미암았을 것이라 한다.
>
> —『숙종실록』, 숙종 12년(1686) 12월 14일

아버지의 운명

숙종이 자신의 매부인 오태주를 심하게 문책했던 까닭은 아마도 남인과 연계된 왕실 인사들에게 힘을 실어줌으로써 장차 서인을 몰아내고 남인에게 정권을 일임하려는 기사환국의 전조였던 것 같다.

오태주도 그러한 분위기를 짐작했던 듯, 이때 이후로 조정의 일에는 일체 관여하지 않은 채 주로 교외의 별서에서 살았다. 그러던 중 이듬해 인 1687년(숙종 13)에 부인 명안공주가 세상을 떠났다. 명안공주는 위로 두 언니가 있었으나 모두 요절했고 숙종의 유일한 여동생이었기 때문에, 현종과 명성왕후의 자녀라고는 이제 숙종밖에 없었다. 여동생을 잃은 숙종도 오태주만큼이나 슬픔이 컸던지라 명안공주 온희의 초상에 각별히 예를 갖추어 애도하며 후한 부의를 내려주었다.

그로부터 2년이 지난 1689년(숙종 15), 숙종은 기사환국을 통해 집권 서인을 몰아내고 남인을 등용하는 정권 교체를 단행했다. 또 5년 뒤인 1694년(숙종 20)에는 갑술환국을 단행하여 집권 남인을 몰아내고 다시 서인을 등용하는 조처를 취했다.

이 같은 환국은 조정의 집권 세력만 교체되는 일로 끝나지 않았다. 환국의 과정에서 왕실의 여인들이 비운의 운명을 맞았던 것이다. 인현왕후와 희빈 장씨가 그 대표적인 인물이다. 1689년에 단행된 기사환국으로 서인이 정권에서 제거되자, 서인 가문 출신의 인현왕후 또한 왕비의 지위를 박탈당하고 궁궐에서 쫓겨났다. 그리고 후궁 희빈 장씨가 남인의 지지를 받아 왕비로 책봉되는 사태가 벌어졌다.

1689년 1월 숙종은 전해에 장씨가 낳은 왕자 윤昀(뒷날의 경종)을 원자로 결정하려 했고, 송시열을 비롯한 서인들은 인현왕후가 아직 젊기 때문에 훗날 대군을 낳을 수 있을 것이라면서 성급한 원자 정호定號에 반대했다. 하지만 숙종은 서인들의 주장을 무시한 채 장씨가 낳은 왕자를 원자로 결정했다. 동시에 장씨를 내명부 정1품 희빈에 봉했으며, 그해 가을 10

월에는 왕비에 책봉했다. 후궁이 왕비가 된 이 사건은, 일반 사대부가로 본다면 첩이 본처의 자리를 꿰차는 것이나 마찬가지였다. 원칙과 명분을 중시한 서인들은 당연히 가만있지 않았다. 서인들은 벌 떼처럼 들고일어나 상소하면서 인현왕후의 폐출을 반대했다. 그러나 숙종은 아랑곳하지 않고 도리어 이들을 잡아 가두면서 탄압했다.

숙종이 인현왕후를 내쫓고 장씨를 왕비로 삼으려 할 때 강하게 반대하며 상소를 한 인사가 바로 노론에서는 형조 판서로 있다가 파직된 오두인, 소론에서는 전 목사 박태보^{朴泰輔}(1654~1689)이다. 숙종은 이 기회에 서인의 기세를 완벽하게 꺾어 놓기 위해 오태주의 아버지 오두인과 박태보 등을 참혹하게 국문한 뒤 유배를 보냈다. 결국 오두인은 유배를 가던 도중 파주에서 66세로 운명했다. 이때가 1689년(숙종 15) 5월 7일이고, 오태주의 나이 22세 때였다.

조선의 명필

20세에 부인과 사별하고, 22세에는 아버지마저 여의자 오태주는 현실 정치에 완전히 관심을 끊고 서예 수련에만 매진했다. 어차피 벼슬할 수 없는 부마 신분인 데다 아버지까지 숙종에 의해 정쟁의 희생물로 잃었기 때문에 그는 도성 안의 집을 떠나 별서로 가서 살고자 했다. 지금의 서울 동대문 밖에 있던 이 별서에 그는 '취몽헌^{醉夢軒}'이라는 이름을 붙였는데, '취생몽사^{醉生夢死}'에서 따온 말이다. 아버지의 죽음이 얼마나 억울하

오두인 신도비

오두인은 오태주의 아버지다. 1689년(숙종 15) 인현왕후 민씨가 폐위되자, 이에 반대하는 소를 올렸다가 국문을 받고 의주로 유배 가던 중 죽었다. 그의 묘는 경기도 안성시 양성면에 있다. 묘소 입구의 신도비는 1701년(숙종 27)에 세워졌는데, 농암農巖 김창협金昌協이 비문을 짓고 오태주가 글씨를 썼으니 당대 최고의 명문장과 명필의 합작품이라 할 수 있다. 비문의 전액은 '朝鮮忠臣判書贈領議政忠貞公神道碑銘조선충신판서 증영의정 충정공 신도비명'이라 음각되어 있다.

오두인 신도비 전면(탁본)

오두인 신도비의 글씨를 쓸 당시 오태주는 34세였다. 청나라 사신 명규서가 오기 2년 전에 쓴 글씨이고, 조부 오숙의 묘갈을 쓴 지 10여년 뒤로서 성숙하고 유려해진 송설체의 뛰어난 필력을 볼 수 있다.

고 원통했으면 성리학을 공부한 사대부 출신의 부마가 '술 취한 채 꿈꾸다가 죽는다'라는 뜻의 당호를 지었을까.

기사환국에 뒤이어 숙종은 1694년(숙종 20)에 또 한번 환국을 단행했다. 갑술환국이다. 이번에는 남인을 몰아내고 서인을 등용했다. 궁에서 쫓겨났던 인현왕후 또한 다시 복위되었다. 인현왕후의 폐출에 반대하다가 죽은 오두인도 충신으로 인정받아 영의정에 추증되면서 숙종과 오태주의 관계도 전처럼 회복되었다.

1703년(숙종 29), 취몽헌에서 서예를 닦고 시를 짓는 등 자연을 벗 삼으며 지내던 오태주의 명성이 중국에까지 알려지는 일이 일어났다. 청나라의 한림학사 출신인 명규서明揆敍가 숙종의 세 번째 왕비인 인원왕후仁元王后 경주 김씨慶州金氏의 책봉 칙사로 조선에 왔을 때이다. 칙사 명규서는 청나라 정승인 명주明珠의 아들이며, 스스로 시를 잘 짓는다고 자부하던 인사였다. 명규서를 비롯한 청나라 사신들은 자기네와 조선의 한림들 중 누가 더 시를 잘 짓나 겨루자고 요구하면서 조선의 대표적인 시를 써서 내보이라는 등 교만한 언행을 서슴지 않았다.

숙종은 홍문관에 명을 내려서 조선의 뛰어난 시 여러 수를 적어 보내도록 했는데, 이것을 받아 본 명규서는 시의 내용보다 필법에 더 감탄했다. 이때 글씨를 쓴 사람이 이진휴李震休(1657~1710)와 오태주였다. 이진휴는 동국진체로 유명한 옥동玉洞 이서李漵의 7촌 조카이다. 조선을 대표하는 명필을 보자 명규서는 몹시 탐을 냈고, 급기야 이들의 글씨를 얻어 가기 위해 이진휴와 오태주 각각에게 당대 명사들의 시와 조선의 고시古詩 12수를 더 써달라고 요청했다. 그들의 글씨를 얻어낸 명규서는 고맙다는

© 한국학중앙연구원

상주 황씨 묘갈 전면(탁본)

상주 황씨(1645~1704)는 오두인의 세 번째 부인이며 오태주의 생모이다. 그녀의 아버지는 풍천 부사를 지낸 황연黃㻩이다. 묘갈은 최창대가 짓고, 오태주가 글씨를 썼는데 청나라 사신 명규서를 만나고 2년 뒤인 1705년(숙종 31) 38세 때 쓴 것이다.

말 대신 사례랍시고 칠언절구 2수를 써서 내보이며 끝까지 잘난 체하다가 돌아갔다. 여하튼 오태주의 필력은 뽐내기를 좋아하는 명규서 덕분에 대륙 청나라에까지 그 명성을 떨쳤다.

이렇듯 글씨에 능한 오태주는 왕실의 재궁梓宮, 옥책문玉冊文(왕이나 왕후의 호를 올릴 때 덕을 칭송하는 글을 옥에 새겨 놓은 작은 책의 글), 묘지 등을 쓰는 서사관書寫官이 되어 필력을 유감없이 발휘했다. 그에 대한 평가를 노론의 삼연三淵 김창흡金昌翕(1653~1722)과 소론의 곤륜昆侖 최창대崔昌大(1669~1720)가 쓴 묘갈과 묘지명에서 확인할 수 있다. 김창흡은 '오태주는 글씨를 잘 썼는데, 소해小楷(작게 쓴 해서체)에 뛰어났다. 명을 받아 국가의 재궁과 옥책, 신판神判(신위를 새긴 판), 묘지 등을 써서 올리면 자주 은사恩賜를 받았고, 한때 금석문을 새기는 일에서도 그 자취가 많이 남아 있다.'라고 평했고, 최창대는 '오태주는 서법에 뛰어나 국가에 상례나 길례가 있을 때면 묘지와 현책顯冊의 글씨를 쓴 것이 많았는데, 그때마다 안장 갖춘 말을 하사받았다.'라고 했다. 노론과 소론 모두에게서 명필이라는 평가를 들을 만큼 오태주는 왕실 서체의 기본인 송설체에 매우 뛰어났다.[3] 그의 글씨는 이세화李世華 신도비, 오두인 신도비, 오숙吳翿(오태주의 할아버지) 묘갈 등에서 확인할 수 있다.

숙종의 시우

사위가 없던 숙종은 현종의 부마이자 자신에게는 매부가 되는 오태주와 자주 시문을 주고받았는데, 그것이 『숙종실록』과 오태주의 문집인 『취몽헌산고醉夢軒散稿』에 실려 전해진다. 오태주가 47세 되던 해인 1714년(숙종 40) 1월 1일 숙종은 새해를 맞이한 기쁨에 매부에게 3수의 오언절구 시를 지어 내려주었고, 오태주는 바로 다음 날 화답하는 시를 지어 올렸다.

새해에는 무엇을 축원하리오	新年何以祝
연경의 요사한 기운 말끔히 개이기를 바라노라	燕氣願廓淸
태평한 운세 이제부터 열리어	泰運從今啓
황조의 대업이 다시 밝으리로다	皇朝業復明
새해에는 무엇을 축원하리오	新年何以祝

나라에 풍년 들기를 바라노라　　　　　　　　邦國願年豐

자연의 조화로움 이제부터 시작되어　　　　　調順從今始

경사가 팔도와 함께하리라　　　　　　　　　慶成八域同

새해에는 무엇을 축원하리오　　　　　　　　新年何以祝

조정이 화합하길 원하노라　　　　　　　　　朝著願同寅

인습을 이제부터 개혁하여　　　　　　　　　舊習從今革

정신을 다시 한데 모으리라　　　　　　　　　聚精復會神

　　　　　　　　　　— 『숙종실록』, 숙종 40년(1714) 1월 1일

임금님의 시에 화답하여 봄을 축하하는 시 세 수를 지어 올리다

　　　　　　　　　　　　奉和御製新春祝三首

오랑캐의 운명 어찌 오래 가겠나이까　　　　胡運何能久

중원이 다시 맑아지길 바라옵니다　　　　　中原望再清

성군께서는 비풍*을 한스러워하시니　　　　聖君匪風感

오로지 황명을 회복할 생각만 할 뿐입니다　　　亶在復皇明

병환 나으셨다는 상서로운 소식 즐거우니　　　乃療祥報喜

---

* 비풍匪風은 『시경』의 편명으로, 주나라 왕실이 쇠미한 것에 대하여 현인賢人이 근심하고 탄식하
　는 내용이다. 즉, 이 시에서는 명나라의 멸망을 슬퍼하는 심정을 나타낸 것이다.

정월에 내리는 비는 풍년을 알리리이다	元歲雨呈豐
훈훈한 바람 맴돌아 조화로우니	和風回造化
이 기쁨 나라 방방곡곡 똑같겠지요	歡抃八方同
교지로 붕당을 근심하시니	德音憂朋黨
일념은 오직 화합에 있사옵니다	一念在同寅
기준을 세우신 일 크고 명확하니	建極恢明斷
바람을 따르듯 신속한 처분은 신과 같습니다	逐風捷若神

— 오태주, 『취몽헌산고』

　이 시를 지을 무렵에 숙종은 오랫동안 병을 앓다가 차도를 보인 듯하
다. 새해 첫날을 맞아 자신의 마음을 드러낸 시를 지어 해창위에게 보냈
다. 조선이 중화임을 천명한 자신감을 가지고 있으면서 다시금 대륙에
중화 문화가 회복되기를 바라고, 자신이 추진했던 왕권 강화책이 혹시나
붕당의 정쟁 때문에 무너질까 걱정하는 마음이었다. 이러한 숙종의 심중
을 헤아린 오태주는 손위 처남 임금의 쾌유를 기뻐하면서 왕권 강화를
이룩한 치세를 존숭하는 마음을 담아 화답했다. 이후에도 오태주와 숙종
은 서로 안부를 묻거나 일상과 관련된 시를 지어 주고받으며 시우로서
마음을 나누었다.[4]

　하지만 이러한 즐거움도 오태주가 먼저 죽는 바람에 오래가지 못했다.
그때가 1716년(숙종 42) 10월 9일이고, 오태주의 나이 49세였다. 숙종으로
서는 또 한 명의 가족을 잃는 슬픔이었으니, 직접 제문을 지어 내려주고

명안공주, 해창위 오태주 묘
명안공주와 해창위 오태주의 묘는 경기도 안산시 상록구에 합장묘로 조성되어 있으며, 봉분 좌우에는 숙종어제치제문비와 묘갈이 각각 세워져 있다.

관원을 보내 초상을 치르게 해주었다. 『승정원일기』에는 숙종이 그의 죽음을 애도하면서 예장하라고 명한 사실이 실려 있다.

> 예조에서 해창위 오태주가 오늘 졸서했다고 말했습니다. 오늘부터 10
> 일까지 조회와 저자의 상거래를 정지할 것을 아룁니다. 왕이 전교하
> 기를 "한번 걸린 병이 낫지를 않더니 홀연히 멀리 가버렸구나. 옛일을
> 추억하니 슬픈 마음을 참기가 어렵다. 예장禮葬을 속히 거행하는 것으
> 로 내 마음을 보여주도록 하라." 하였다.
>
> —『승정원일기』, 숙종 42년(1716) 10월 9일

©왼쪽,가운데 : 김민규(간송미술관), 오른쪽 : 한신대학교 박물관

朝鮮國　王女明安公主之墓

綏祿大夫海昌尉無五衛都摠

府都摠管吳公泰周道長之墓

어제치제문御製致祭文(왼쪽)
명안공주와 오태주가 죽은 뒤 숙종이 애도하면서 직접 치제문을 지어 내린 것을 묘비 앞뒤 면에 새긴 비석이다. 비석의 앞면에는 1716년(숙종 42) 11월 5일 숙종이 오태주의 죽음을 애도하면서 환관 장세상張世相(?~1722)을 보내 제사를 지내준 사실이 새겨져 있다.

명안공주, 해창위 오태주 묘갈(가운데)
묘갈은 오태주의 부인 명안공주가 죽은 지 1년 뒤인 1688년(숙종 14)에 세워졌다. 오태주의 나이 약관 20세를 전후한 때였다.

명안공주, 해창위 오태주 묘갈 전면(탁본, 오른쪽)
묘갈 전면의 대자 1행(朝鮮國 王女明安公主之墓)은 오태주가 직접 썼고, 2행과 3행은 오태주 사후에 그의 글씨를 집자해서 새긴 것이다.

　오태주는 어려서 부마가 되었기에 부귀는 남부러울 것이 없었지만, 바로 그 부마라는 신분 때문에 사대부로서 과거를 치를 수 없었고 자신의 꿈도 펼칠 수 없었다. 하지만 그는 항상 검소하고 겸손한 자세를 지녔으며, 학문에 대한 열정을 버리지 않고 끊임없이 서도를 수련했다. 1758년

(영조 34) 영조는 해창위 오태주가 왕실의 모범이 된다고 여겨 그에게 '문효文孝'라는 시호를 내렸다.

명안공주와의 사이에 자식이 없어 조카 오원吳瑗(1700~1740)을 양자로 들였다. 그가 남긴 문집으로는 『취몽헌산고』가 있다.

6장 북학 수입의 첨병

영조

숙빈 최씨에게서 태어난 영조는 생모의 출신이 미천했던 까닭에 노론 명가인 안동 김씨 집안의 영빈 김씨에게 양자로 들어갔다. 그 덕에 영조는 노론의 후원을 받으며 성장했고, 정치적 성향도 노론에 기울어질 수밖에 없었다. 그가 추진한 탕평책은 왕권 강화라는 큰 목적이 있기는 했지만, 자신을 지지하다가 죽임을 당한 노론 사대신의 명예를 회복해주려는 '노론 명분 확립'의 목적도 있었다.

영조 어진은 1900년에 채용신蔡龍臣(1850~1941)과 조석진趙錫晋(1853~1920)이 그린 것이다.(61.8×110.5cm)

문예 군주와 북학파

18세기 청나라는 조선의 지식층이 그토록 멸시하던 오랑캐의 열등한 문화 수준에서 벗어나 정치·사회·문화적으로 전성기를 구가했다. 특히 강희제康熙帝(성조聖祖, 재위 1662~1722), 옹정제雍正帝(세종世宗, 재위 1723~1735), 건륭제乾隆帝(고종高宗, 재위 1736~1795)를 거치며 역대 중국 대륙에 세워졌던 그 어떤 국가들보다 대내외적으로 가장 강력한 왕조로 발전했다. 이 시기에 정치적 안정을 바탕으로 『강희자전康熙字典』, 『고금도서집성古今圖書集成』, 『사고전서四庫全書』와 같은 기념비적인 서적도 간행하는 등 대대적인 편찬 사업을 통해 문화가 크게 융성했다.

청나라의 황금시대와 비슷한 무렵 조선에서도 1675년부터 1800년에 이르는 125년간 숙종, 경종, 영조, 정조까지 4대 임금의 재위 기간에 조선 후기의 전성기를 맞이했다. 특히 문화사적으로는 이른바 '진경眞景 시대'라고 불리는 문예 부흥이 일어났으며,[1] 정치적으로는 정국 운영의 주도권이 사림 중심의 신료들에서 국왕으로 옮겨가 '탕평'을 이루어낸 시기이기도 했다.[2] 임진왜란과 병자호란이라는 대전란을 겪고도 이 시기에 이르러 부흥을 맞이할 수 있었던 이유는, 15~16세기 동안 퇴계 이황, 율곡 이이 등 뛰어난 성리학자들에 의해 완성된 조선의 독자적 성리학 이념이 보편적 사상과 행동 규범으로 일반 백성에게까지 정착되고, 이에 더해 학식이 뛰어난 군주가 등장하여 정치를 운영해 나감으로써 사회·문화적으로 안정을 되찾았기 때문이었다.

조선왕조 후반 전성기의 시작점은 숙종에서 출발한다. 숙종은 환국이라는 전격적인 정권 교체를 통해 사림 세력을 약화시켰고, 그 자신이 정국 운영을 주도하면서 왕권을 강화해 나갔다. 집권 세력을 일거에 몰아내고 다른 세력을 등용하는 형태의 환국으로부터 시작된 숙종 대의 '탕평'은 그 아들 영조 대에 이르러 본격적인 정국 안정책으로써 적극 추진되었다.

영조는 1724년부터 1776년까지 조선왕조 역대 국왕 중 가장 긴 세월인 52년 동안 재위하며 탕평책을 추진해서 정국을 안정시켰다. 그는 이복형 경종에 이어 세제世弟로서 왕위에 올랐는데, 아버지 숙종과 달리 외가가 매우 한미했다. 무수리 출신 생모의 미천한 신분 때문에 영조는 왕자 시절 서인 노론의 핵심 세력인 안동 김씨 김창국金昌國(김상헌의 증손자)의 딸로 숙종의 후궁이 된 영빈 김씨寧嬪金氏(1669~1735)에게 양자로 들어가 이들의 후원을 받으며 자랐다.[3] 이러한 성장 배경이 있던 터라 영조는 즉위 후 곧장 노론에게 정권을 맡겼지만, 그로 인해 정권에서 배제된 과격파 소론과 남인의 반발을 야기하여 '이인좌李麟佐의 난'(1728, 영조 4)으로 일컬어지는 '무신란戊申亂'을 겪게 된다.

이후 영조는 차근차근 자신의 정책에 동조하는 탕평파를 양성하여 그들에게 탕평책 추진을 일임했다. 영조가 추진한 탕평책의 목적은 왕권 강화에 있다는 점에서 전대의 숙종과 같지만, 그렇다고 일방적으로 한쪽의 붕당에 정권을 모두 맡기는 형태의 방식을 취하지는 않았다. 이른바 중도 세력이라고 할 수 있는 탕평파를 양성해서 그들에게 탕평책의 책임을 맡기는 방식으로 추진했던 것이다.

예컨대 인사 문제에서 판서에 노론 쪽 인물을 임명했다면, 참판에는 소론 쪽 인물을 임명함으로써 한 붕당이 일방적인 독주를 하지 못하도록 견제했다. 그뿐 아니라 죄를 주는 방식도 어느 한쪽의 붕당만 처벌하지 않았는데, 이 방식은 죄인을 사면할 때도 마찬가지였다. 영조의 이 두 가지 정국 운영 방식을 '쌍거호대雙擧互對'(한쪽의 인물을 등용하면 반드시 대등한 직위에 상대편의 인물을 기용한다) '양치양해兩治兩解'(죄를 주어도 함께 주고 풀어주어도 함께 풀어준다)라고 부른다.[4]

그런데 영조가 탕평책을 실시하는 방안은 이 같은 인사 원칙에 그치지 않고 한 걸음 더 나아가 본인 스스로 최고 인사권자로서 왕권을 강화하는 방향으로 향해 갔다. 대표적으로, 국왕과 대신들의 전횡·부정을 견제해오던 장치인 이조 전랑의 통청권通淸權을 혁파해버렸다. 동서 분당 이후 사림 정치가 발달하면서 각 붕당들 사이에서는 물론이고 심지어 붕당 내부에서마저 삼사 관료의 인사권을 가진 이조 전랑 자리를 두고 정쟁이 격화되었으며, 이는 왕권의 약화를 초래한 하나의 이유가 되었다. 이 때문에 영조는 이조 전랑의 특권을 혁파하고, 인사권을 오직 이조 판서에게 일임했다. 판서를 임명하는 일은 국왕의 권한이므로 결국 그만큼 왕권이 강화되는 측면이 있었다. 반면, 사림 정치의 한 틀을 이루었던 붕당이라는 정치 집단은 이제 그 존재의 의미가 약화되었다. 영조는 사림 정치의 한계를 직시하고 자신이 추진한 탕평책의 완성을 위해 그간 폐단을 드러낸 이조 전랑의 특권을 없애버린 것이다.

영조가 이렇게 과감하게 탕평책을 추진할 수 있었던 것은 아마도 정치적 수완이 탁월한 아버지 숙종의 영향이었는지도 모르겠다. 그런데 여기서 한 가지 짚고 넘어갈 사실이 있다. 무수리 소생의 영조와 달리, 숙종은 현종비 명성왕후의 적자일뿐만 아니라 그 외가가 명문가인 청풍 김씨였다. 게다가 숙종의 왕비 세 명도 광산 김씨(인경왕후), 여흥 민씨(인현왕후), 경주 김씨(인원왕후) 등 서인의 대표적인 가문이며, 그 가문의 인사들이 숙종의 왕권 강화책에 일정한 역할을 해주었다. 이에 반해 영조는 왕자로 있을 때나 세제로 책봉되었을 때나 그의 울타리 역할을 해줄 막강한 친·인척 세력이 전무하다시피 했다. 그래서 영조는 탕평책 추진을 믿고 맡길 측근 세력이 더 절실히 필요했고, 그 하나의 방법으로 당색이 온건한 자들과 사돈을 맺어 그들을 탕평파로 육성한 것이다. 이렇게 영조와 사돈 관계로 형성된 탕평파의 핵심 세력이 효장세자빈 가문과 영조의 일곱 부마 가문의 인사들이었다. 즉, 영조의 근위 세력은 바로 부마 가문이었고, 그들이 곧 탕평파 인사들이었다.[5] 영조의 탕평책은 왕권 강화에 그 목표를 두었지만, 그것을 위해 양성한 탕평파가 왕실의 인척이었기 때문에 영조 재위 후반에 이르러서는 계비 정순왕후의 경주 김씨慶州金氏 가문과 혜경궁 홍씨의 풍산 홍씨豊山洪氏 가문을 중심으로 하는 외척 간의 대립이 심해져서 탕평의 본질이 퇴색되기도 했다.

결국 외척 세력을 제거한 것은 영조에 이어 즉위한 정조였다. 정조는 세손 시절 아버지 사도세자가 죽는 참변을 겪었을 뿐 아니라, 그 후 외척 세력에게 즉위를 위협받는 등 영조 말년 외척들의 전횡으로 정치가 문란해지는 상황을 직접 경험했다. 그 때문에 정조는 즉위 후 자신의 친위 세력을 양성하기 위해 먼저 규장각을 세워 신학문인 북학北學을 진흥하고, 자신이 직접 규장각 관원을 선발하는 일은 물론 그들의 교육까지도 적극적으로 관여했다.

이 시기에 북학은 조선왕조의 국가 이념으로서 능력을 상실해가던 성리학의 대체 학문으로 주목을 받기 시작했다. 그동안 오랑캐라고 여겨졌던 청나라에 사행使行을 다녀온 이들에 의해 발전된 선진 문물과 학문이 전해졌기 때문이다. 정조는 청나라에 가는 사신을 통해 북학 관련 서적을 수입해 오도록 지시했고, 그것을 규장각 관원을 중심으로 연구하고 이해시켜 국가 발전의 원동력으로 삼고자 했다.

청나라 황제 강희제는 '삼번三藩의 난'(1673, 청 강희 12)을 진압한 뒤 중국 대륙을 완전히 평정하고 대대적인 문화 사업을 추진했다. 그러한 자신감을 바탕으로 1699년(숙종 25, 청 강희 38)에는 외국 사신들에게 역사 기록물을 제외한 일반 서적의 구입을 개방했다. 또한 1712년(숙종 38)에는 백두산정계비를 세워 청과 조선의 국경을 확정했는데, 이때부터 조선의 사신들이 숙소를 벗어나 자유롭게 활동하는 것도 허가해주었다.[6] 그전까지만 하더라도 청나라는 사신을 통한 학자들 간의 교류나 문물의 반출을 엄격히 금지했는데, 바야흐로 적극적인 교류가 이루어질 수 있게 된 것이다. 조선의 사신들이 사행을 통해 청나라의 문물을 적극적으로 수입할 수 있게 된 것은 다름 아닌 청나라의 대내외적인 안정이 이루어졌기 때문에 가능했다.

청나라에 가서 놀라울 정도로 발전된 모습을 직접 목격한 지식층은 이제 청나라의 문물을 야만족의 오랑캐 문화로 보지 않고 선진 문물로 바라보는 객관적인 시각을 갖게 되었다. 숙종이 대보단을 세워 조선이 중화임을 천명하기도 했지만, 이제 대세는 청나라의 존재를 인정하고 그들의 선진 문물을 받아들여야 한다는 쪽으로 흘러갔다. 이는 숙종 대 노론의 핵심 가문 출신인 노가재老稼齋 김창업金昌業(1658~1721)의 인식에서도 드러난다. 그는 1712년(숙종 38)에 맏형인 판중추부사 김창집金昌集(1648~1722)이 동지정사에 임명되자 그의 자제군관이 되어 청나라에 따라갔는데, 그때 사행길에서 본 청나라의 번화한 모습과 발전된 기술에 감탄하고 그것을 자신의 『연행일기』(『노가재연행록』)에 기록하면서 청나라가 더 이상 야만족 오랑캐가 아님을 깨달았다.

보수적인 집권 세력 안에서도 청나라에 대한 인식의 변화는 이미 시작되었고, 그러한 새로운 깨달음은 이들 문하의 제자들로 하여금 조선의 문화적 자존심에 대해 반성하는 분위기를 싹 틔울 수 있게 해주었다. 그 선두 주자는 담헌湛軒 홍대용洪大容(1731~1783)이었다. 홍대용은 김창집의 손자인 미호美湖 김원행金元行(1702~1772)의 문인이었는데, 김원행은 당시

홍대용
홍대용은 1765년(영조 41) 연행사燕行使의 서장관으로 임명
된 작은아버지 홍억洪檍을 따라 북경에 갔다. 그때 중국의
여러 학자들을 사귀었을 뿐만 아니라 서양 선교사들을 찾
아가 서양 문물을 구경하고 돌아왔다. 이 그림은 북경에서
사귄 엄성嚴誠이 그린 홍대용의 초상이다.

노론 내에서 인성人性과 물성物性이 같다고 주장하는 일원론의 낙론洛論
쪽 산림이었다. 그의 영향을 받은 홍대용은 조선을 '이적(오랑캐)'라고 인
식하고, 그 위에 중화와 오랑캐가 각각 대등한 주체라고 하는 '화이일야
華夷一也'의 획기적인 주장을 제기했다. 이 같은 홍대용의 주장은 조선과
조선 문화가 이적夷狄임을 직시하는 자기 반성적인 면과 함께, 조선 문물
을 청 문물과 비교를 통해 객관화함으로써 조선의 문화 자존 의식에 대
해 숙고하는 면을 나타내는 것이었다.[7]

　바로 이러한 시기에 즉위한 정조는 외척 세력을 제거하고 정국을 주도
하기 위한 새로운 사상이 필요했고, 그것을 공부하기 위해서 관련 서적
의 수입이 절실했던 것이다. 그런 연유로 정조가 즉위한 이후 청나라에
가는 사신 일행에는 북학 진흥의 특명을 받은 자가 많았다. 그 중심에 영

조의 부마들, 곧 정조의 고모부들이 있었다. 특히 사도세자, 혜경궁 홍씨와 친밀했던 금성위^{錦城尉} 박명원^{朴明源}과 창성위^{昌城尉} 황인점^{黃仁點}이 대표적인데, 정조는 이 두 사람을 적극적으로 청나라에 보내 북학을 수입해 오도록 했다.

금성위 박명원 인물관계도

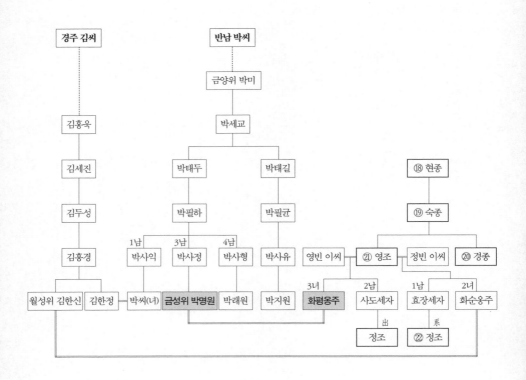

경주 김씨

반남 박씨

금양위 박미

박세교

김홍욱

박태두 · 박태길

김세진 · 박필하 · 박필균 · ⑱ 현종

김두성 · ⑲ 숙종

김홍경

1남	3남	4남				2남	1남	2녀
박사익	박사정	박사형	박사유	영빈 이씨 ⑳ 영조 정빈 이씨 ⑳ 경종				

월성위 김한신 · 김한정 · 박씨(녀) · **금성위 박명원** · 박래원 · 박지원 · 3녀 **화평옹주** · 2남 사도세자 · 1남 효장세자 · 2녀 화순옹주

出
정조

係
⑳ 정조

11

박지원과 함께한 사행, **영조 부마 금성위 박명원**

박명원과 박지원

박명원朴明源(1725~1790)은 영조의 셋째 딸 화평옹주和平翁主(1727~1748)와 혼인하여 금성위錦城尉에 봉해졌다. 그의 팔촌 동생이 북학의 선두 주자로 널리 알려진 연암燕巖 박지원朴趾源(1737~1805)이다. 영조의 부마인 박명원은 정조가 즉위한 뒤 청나라에 사신으로 세 차례나 다녀왔는데, 그중 한번은 박지원을 데리고 갔다. 박지원은 팔촌 형 박명원 덕분에 청나라를 둘러볼 기회를 얻었고, 그리하여 『열하일기』를 저술할 수 있었던 것이다. 훗날 금성위가 죽자 박지원은 그를 애도하면서 묘지명을 지었는데, 그 내용 중에 금성위의 성품이 나타난 일화가 소개되어 있다.

(박명원이 일찍이) 박지원에게 말하기를 "부마가 무슨 벼슬인고?" 하므로, 내(박지원)가 대답하기를 "품계는 높아도 뭇사람이 우러러보는 재

연암 박지원

1780년(정조 4) 박명원이 진하사절 정사로 북경에 갈 때 그의 팔촌 동생 박지원도 따라나서 북경과 열하를 여행하고 돌아왔다. 박지원이 그때의 견문을 정리하여 쓴 책이 『열하일기』인데, 이 책에서 그는 청나라의 번창한 문물을 받아들여 조선의 현실을 개혁해야 한다고 주장했다.
박지원의 초상화는 20세기 후손들의 증언에 기반하여 그려진 것으로 추측된다고 한다.

상의 직책이 아니요, 녹봉은 후해도 하는 일 없이 녹봉만 받는다는 책망이 없는 것이 아니겠습니까?" 하였다. 공(박명원)은 웃으며 말하기를 "일찍이 수레를 하사하며 타라고 명하시므로, 남한산성에서 호정^{湖亭}까지만 타고 말았네. 십수 년 뒤에 임금이 다시 무엇을 타고 다니는지를 물으셨으므로 황공하여 미처 대답을 못하였는데, 옆에 있던 사람이 대신 '이 사람은 수레가 없습니다'라고 아뢰자, 대번에 명을 내려 만들어 주게 하셨지. 그래서 또 동대문으로부터 나와 교외의 별장까지만 타고 그만두었네." 하므로, 내가 묻기를 "왜 타지 않았습니까?" 하였더니, "수레는 명망과 덕행이 있는 이가 사용하는 것인데 어찌 재상과 나란히 수레를 몰 수 있겠는가?"라고 말하였다.

— 박지원, 『연암집』「금성위 박명원 묘지명」

왕의 최측근 부마이면서 품계는 재상과 같지만, 평생 겸손을 미덕으로 삼아 처신했던 박명원의 삶의 자세를 보여주는 이야기다.

아버지 박사정과 연잉군

박명원의 본관은 반남이며, 영조가 즉위한 이듬해인 1725년(영조 1) 10월 21일에 박사정朴師正(1683~1739)의 4남 2녀 중 막내로 태어났다. 그가 태어날 무렵 아버지는 홍문관 교리로 재직하고 있었다. 그전에 박사정은 세제 연잉군(훗날 영조)의 세제시강원 보덕輔德으로서 영조와 사제의 인연을 맺은 바 있다. 영조가 즉위하여 노론 세력을 등용하자, 박사정도 사간원과 홍문관 등 삼사의 요직에 임명되는 등 영조의 남다른 총애를 받았다. 영조가 이렇게 박사정을 총애한 까닭은 왕세제로 있던 시절 남인과 소론의 공격을 받을 때 자신을 보호해주었기 때문이다.

영조는 갑술환국으로 서인이 다시 집권하게 되는 1694년(숙종 20) 9월에 인현왕후를 모시던 무수리 출신의 숙빈 최씨淑嬪崔氏(1670~1718)에게서 태어났다. 그런데 그 무렵 서인은 우암 송시열을 추종하는 노론과 명재明齋 윤증尹拯(1629~1714)을 따르는 소론으로 나뉘어 있었다. 서인 내의 이러한 분기는 경신환국(1680, 숙종 6) 이후부터 조정 안팎에서 본격화되었다. 먼저, 조정 내에서는 남인 세력 탄압을 강경하게 주도했던 노장파의 어영대장 김익훈金益勳(1619~1689)에 대한 처벌 문제로 소장파 서인들이 송시열을 비판하면서 갈등이 불거졌다. 한편 조정 밖에서는 송시열과 그의 제자인 윤증 사이에서 윤증의 부친 윤선거尹宣擧(1610~1669)에 대한 묘도문자 및 윤증이 스승 송시열을 비난했다는 내용의 편지가 세상에 알려지면서 '회니시비懷尼是非'가 일어났다. 회니시비는 송시열의 거주지가 회덕懷德(현 대전광역시 대덕구), 윤증의 거주지가 이성尼城(현 충청남도 논산시)이라 이들 간의 분쟁에 붙여진 이름이다. 조정 안팎에서 생긴 갈등은 서인이 결국 노론과 소론으로 갈리는 원인이 되었다.

노론과 소론의 대립은 갑술환국과 연잉군의 탄생 이후 숙종 재위 후반기로 갈수록 더욱 공고화되는데, 노론은 숙빈 최씨가 낳은 왕자 연잉군을, 소론은 재야 남인과 연합하여 희빈 장씨 소생의 세자(훗날 경종)를 지지했다. 노론이 연잉군을 지지하게 된 데는 연잉군이 영빈 김씨의 양자로 들어간 일과 관계있다. 영빈 김씨는 노론의 핵심 가문인 안동 김씨 출신으로 특별히 간택되어 입궐한 숙종의 후궁이었다.

한편, 숙종은 춘추 50세를 넘어서면서부터 안질이 악화되는 등 노환에 시달리는 데다 세자가 서른에 가까운 나이에도 아직 자식을 두지 못하자 후계 문제를 심각하게 고민했다. 그리하여 당시 정국 주도권을 쥐고 있는 서인이지만 서로 갈려 대립하고 있던 노론과 소론 중 하나를 택해서 정권을 일임하려는 결심을 했다.

1716년(숙종 42) 숙종은 노론과 소론 사이의 기나긴 갈등, 곧 회니시비에 대해서 스스로 황극皇極의 기준을 갖고 처분을 내려주었는데,[1] 그 결론은 '송시열은 잘못이 없고 윤증이 그르다'는 것이었다. 이것을 병신년에 이루어진 처분이라 하여 '병신처분'이라고 한다. 이 결정은 송시열이 내세웠던 노론의 명분과 의리가 옳다는 점을 국왕이 인정한 판결이었기 때문에 이후의 정국은 노론 우세의 형세로 전개되었다. 그 이듬해인 1717년(숙종 43) 2월에는 숙종이 송시열의 스승이자 율곡 이이의 사상적 적통인 사계沙溪 김장생金長生을 문묘 종사함으로써 송시열의 학통을 종주로 인정해주고, 송시열의 수제자로서 노론 산림인 수암遂菴 권상하權尙夏(1641~1721)를 우의정에 임명했다. 이해 7월 숙종은 노론의 좌의정 이이명李頤命(1658~1722)과 창덕궁 희정당에서 독대하여(정유독대) 후계 문제를 논의한 뒤 대신들을 불러서 왕세자 대리청정을 명하였고, 그것의 절차와 형식 및 내용은 영의정 김창집 등 노론 대신들이 의논하여 정하게 함으로써 정권을 노론에게 일임하고 자신은 정치 일선에서 물러났다. 그리고 3년 뒤인 1720년(숙종 46) 6월 6일, 숙종은 회갑을 1년 앞두고 춘추 60세로 승하했다.

이렇게 숙종 말기에는 남인과 소론의 지지를 받은 세자가 대리청정을 하게 되었지만, 정권은 노론이 쥐고 있었다. 게다가 경종은 병약한 데다 즉위한 뒤에도 여전히 자식을 두지 못했기 때문에 경종 이후의 왕위 계승 문제가 노론과 소론·남인 간의 치열한 정쟁을 유발했다. 경종이 즉위한 이듬해인 1721년(경종 1) 노론은 연잉군을 경종의 왕위를 이어받을 왕세제로 책봉하는 데 성공했다. 노론은 여기서 더 나아가 세제에게 직접 국사를 다스리게 하는 대리청정까지 추진했다.

노론의 이 같은 성급한 추진은 남인과 소론의 거센 반발을 몰고 와, 왕세제 연잉군의 대리청정에 관한 절차와 내용을 의정하던 영의정 김창집, 영중추부사 이이명, 판중추부사 조태채趙泰采(1660~1722), 좌의정 이건명李健命(1663~1722) 등 이른바 '노론 사대신老論四大臣'이 역적으로 몰려 죽임을 당하고, 노론계 인사 대부분이 제거되는 하나의 원인이 되었다. 이것이 1721년(신축년)에서 그 이듬해 1722년(임인년, 경종 2)까지 2년 동안 일어났던 신임사화(신임옥사)이다.

세제 보호 세력

신임사화 이후 정권은 소론에게 넘어갔다. 그러나 소론 정권 안에는 윤선도의 외손자인 이조 판서 심단沈檀(1645~1730)을 비롯하여 남인계 인사도 있었다. 남인은 갑술환국 이후 '명의죄인名義罪人'(인현왕후 폐비에 앞장서서 명분과 의리를 저버린 죄인)의 혐의를 받고 조정에서 밀려났기에, 당시 붕당의 규모로 조정에 진출하지는 못하고 있었다. 그러다가 노론이 제거되자 남인들은 심단을 중심으로 조정에 진출할 기회를 얻었다. 그들은 이때에 이르러, 지난날 경종을 보호해야 한다고 주장했다가 국문을 받고 끝내 숨진 섬계剡溪 이잠李潛(1660~1706)의 신원을 주청하면서 자신들이 경종의 충신임을 내세웠다.[2] 이잠은 성호星湖 이익李瀷(1681~1763)의 형이며, 1706년(숙종 32)에 노론의 김춘택金春澤(1670~1717) 등이 세자를 위협하고 있으니 이들을 제거해야 동궁을 보호할 수 있다는 내용으로 상소했다가 숙종의 진노를 사서 장살된 인물이다.

경종의 즉위와 함께 조정에서 힘을 얻은 남인 내 일부 세력과 과격파 소론인 급소急少는 정권 유지에 그치지 않고 노론의 지지를 받는 왕세제 연잉군을 제거하려 했다. 그들은 환관·궁녀들과 결탁하고 여우를 잡는다는 명목으로 왕세제가 다니는 길목에 구덩이를 파도록 사주하여 세제의 목숨을 위협하기도 했다. 이때 왕세제 연잉군을 모시던 환관 장세상張世相(?~1722)이 이 사실을 알려 왕세제의 목숨을 구했지만, 정작 자신은 남인과 소론에게 죽임을 당하고 말았다.

바로 이 시기에 왕세제 연잉군의 보호 세력은 그의 교육과 보호를 맡던 세제시강원과 세제익위사 소속의 관원들이었다. 왕위계승권자의 교육·호위를 담당한 기관의 관원인 만큼 이곳에 임명된 이들은 과거 급제자는 물론이고 명문대가의 후손이 많았다. 박명원의 아버지 박사정과 큰아버지 박사익朴師益(1675~1736)도 이때 각각 시강원 보덕과 설서로

연잉군
1714년(숙종 40) 연잉군이 21세 때 그려진 초상이다.(77.7×150.1cm) 영조는 숙종의 아들이자 경종의 이복동생이다. 1721년(경종 1) 28세 때 왕세제로 책봉된 뒤, 이복형 경종이 후사 없이 재위 4년 만에 승하하자 1724년 31세 때 즉위했다.

재직했다. 『영조실록』에는 영조가 예전의 세제 시절을 떠올리면서 이미 고인이 된 당시 관원들을 애도하며 그 후손들을 등용하도록 지시하는 대목이 나온다.

임금이 의릉懿陵(경종의 능) 기신제忌辰祭에 쓸 향을 연화문 밖에서 공손히 맞이하였다. 임금이 전 지사 윤봉오尹鳳五에게 가자加資하고, 금성위 박명원과 창성위 황인점에게 각각 구마廐馬(어용御用을 위해 내사복시에서 기르던 말) 한 필을 내려주었으며, 고 상신 송인명宋寅明과 조현명趙顯命, 고 판서 윤순尹淳과 박사익의 자손도 등용하도록 명하였다.

신축년(1721, 경종 1) 세제에 오를 때 윤봉오는 세제익위사의 관원이었고, 박명원의 아버지 박사정과 황인점의 아버지 황재黃梓 및 송인명·조현명·윤순·박사익은 모두 세제시강원의 관원이었다. 임금이 옛일을 회상하면서 가마를 멈추고 슬피 눈물을 흘리면서 이 교시가 있었다.

— 『영조실록』, 영조 44년(1768) 8월 24일

박명원이 14세의 나이에 화평옹주의 배우자로 선발된 1738년(영조 14)은 영조의 탕평 정치가 어느 정도 안정기에 접어든 때였다. 영조는 자신이 세제로 있을 때는 치열한 정쟁을, 즉위한 지 4년 만에는 무신란(이인좌의 난)을 겪었기 때문에, 무신란 진압 이후에는 정치적 안정과 왕권 강화를 위해 노론과 소론을 따지지 않고 자신의 정책에 동조하는 이들로 탕평파를 양성하기 시작했다. 그리고 그들에게 본격적으로 탕평책의 추진을 맡겼다.

탕평파에는 세제시강원 출신이면서 당색으로는 노론계 인사들이 핵심을 이루었다. 영조가 그런 인사를 자기 세력화하는 방법은 다름 아닌 부마 간택이었으며, 부마를 배출해낸 가문은 서로 간 중첩된 혼인 관계도 맺고 있었다. 특히 박명원은 선조 부마 금양위 박미의 5대손이고, 영조의 맏사위 월성위月城尉 김한신金漢藎(1720~1758)의 가문과도 혼인으로 연결되어 있으며, 박명원의 아래 동서가 되는 영조의 제3부마 영성위永城尉 신광수申光綏(1731~1775, 영조의 일곱째 딸 화협옹주와 혼인), 제5부마 창성위昌城尉 황인점黃仁點(1740~1802, 영조의 열째 딸 화유옹주와 혼인) 가문과도 사돈지간이었다.

영조는 부마 출신 가문의 인사들을 탕평파로 양성하면서 총애했는데, 박명원의 아버지 박사정도 영조의 신임을 얻어 도승지, 예조 참판에 임명되는 등 곧 재상의 반열에 오를 예정이었다. 하지만 그의 아들 박명원이 부마가 된 지 1년 만에 57세의 나이로 죽었다. 영조는 박사정의 부음을 듣고 그의 아들이자 자신의 사위인 박명원을 더욱 아껴주었다. 1748년(영조 24) 화평옹주가 22세의 나이로 아이를 낳다가 죽자, 박명원에 대한 장인 영조의 총애는 더욱 깊어졌다. 영조는 화평옹주의 초상에 직접 가겠다고 말하면서 이를 두고 간쟁하는 신하들은 가만두지 않겠다고 엄포를 놓았다. 심지어 더운 날씨에 옥체가 상할까 염려된다며 이를 만류하는 사위 박명원까지 꾸짖었다. 이때의 상황이 『승정원일기』에 다음과 같이 기록되어 있다.

임금이 이르기를 "돌아갈 때 옹주의 집에 들를 것이니 어가 앞뒤의 시위侍衛는 계해년의 전례를 따라 거행하라." 하였다. 임금이 익선관과 곤룡포 차림으로 종묘의 문을 나와 여輿에서 내린 뒤 연輦에 오를 때 금성위 박명원이 연을 부여잡고 아뢰기를 "지금 들르신다는 명은

천만뜻밖인데, 이 같은 무더위에 수고롭게 동가하신다면 그 뒤에 옥
체가 어떠하겠습니까? 그런데도 이러한 명이 있으니 신은 결코 명을
받들지 못하겠습니다." 하니, 임금이 매우 엄한 목소리로 하교하기를
"나의 슬픈 마음을 가지고 너는 또 어찌 이와 같이 하느냐? 번거롭게
아뢰지 말라!" 하였다. 대가가 옹주의 집으로 들어갔다.

— 『승정원일기』, 영조 24년(1748) 7월 3일

조선왕조에서 임금이 출가한 딸의 초상에 가는 일은 극히 드물었다.
그러니 영조가 화평옹주와 박명원을 얼마나 아꼈는지를 짐작할 수 있는
대목이다. 영조에게는 화평옹주 외에도 출가한 여러 명의 옹주가 있었는
데, 그들의 초상에도 몸소 가서 조문했던 사실이 전한다. 그만큼 부왕으
로서 자식에 대한 사랑이 지극했다.

박지원의 대륙 기행

박명원이 52세가 되던 해인 1776년(영조 52) 3월에 장인 영조가 춘추
83세로 승하하고 왕세손 정조가 즉위했다. 박명원의 부인 화평옹주가 사
도세자의 친누나이므로 정조에게 박명원은 고모부다.

박명원은 친처남인 사도세자를 가장 앞장서서 보호했기 때문에 정조
와 박명원은 단순히 처조카와 고모부 그 이상의 관계였다. 정조는 박명
원의 신도비명 서문에서 '우리 아버지 사도세자께서 공(박명원)을 가장 아

껴 어려운 일이 있을 때마다 공에게 자문을 했고, 공과 옹주는 그것에 감격한 나머지 더욱 힘써서 사도세자를 보필하였다.'고 했다. 그래서인지 박명원은 정조가 즉위한 뒤로 융숭한 대우를 받았다.

정조는 박명원을 청나라행 사신으로 세 차례나 보내서 북학 관련 신문물을 수입하게 하였고, 이렇게 들여온 신학문과 신문물을 규장각 신하들에게 익히게 함으로써 자신의 친위 세력으로 양성해 나갔다. 그들이 바로 규장각 검서로 재직하며 북학파의 선두 주자로서 정조의 총애를 받았던 이덕무李德懋(1741~1793), 유득공柳得恭(1748~1807), 박제가朴齊家(1750~1805) 등이다.

박명원이 사신으로 처음 임명된 때는 정조가 즉위한 직후인 1776년 6월 20일이다. 이때 박명원은 동지 겸 사은사冬至兼謝恩使의 정사正使로 임명되어 11월 7일 한양을 떠나 청나라로 향했고, 한 달여 뒤인 12월 6일 심양瀋陽을 거쳐 30일에 북경에 도착했다. 이후 박명원을 비롯한 사신 일행은 청나라의 조참례朝參禮에 참여하는 공식 업무를 마치고, 정조가 명한『사고전서四庫全書』를 구입하는 일에 착수했다. 하지만 백방으로 수소문했음에도 결국 구하지 못하고 대신 5,020권이나 되는『고금도서집성古今圖書集成』을 은자 2,150냥이라는 거금을 주고 구입해 왔다.

이러한 사실로 미루어 보건대 개혁을 위한 정조의 신문물 수입은 즉위 초부터 본격적으로 시작되었으며, 그 첫 번째 임무를 자신의 고모부 금성위 박명원에게 맡겼던 것이다. 정조는 이 일을 위해 사행 정사의 추천 명단에 종친의 현록대부顯祿大夫(정1품)와 의빈의 수록대부綏祿大夫(정1품)를 일반 관료의 대광보국숭록대부大匡輔國崇祿大夫(정1품)의 아래에다 적은 관리를 추고推考하라고 명함으로써 의빈을 사행 정사로 임명하는 데 그 정당성과 권위를 부여했다.

이듬해 봄 3월에 돌아온 박명원은 3년 뒤인 1780년(정조 4) 3월 20일 56세의 나이로 청나라 건륭제의 칠순을 하례하기 위한 진하 겸 사은사의 정사에 다시 임명되었다. 두 달 뒤 5월 25일에 진하사절단이 청나라를 향해 떠났는데, 그때 박명원은 사촌 동생 박래원朴來源(1745~1799, 당시 36세)과 팔촌 동생 박지원(당시 44세)을 자제군관에 임명하고 사행길에 함께 올라 청나라의 발전된 모습을 견학시켰다. 박지원은 이때의 경험을 기록하여 남겼으니, 그것이 바로 국문학적으로도 역사적으로도 불후의 명작으로 평가받는 『열하일기』이다.

자제군관이란 사행 업무의 보조를 위해 사신의 동생이나 자식에게 임시로 임명하는 군관직이다. 이들은 공식 사절단이 아니기 때문에 정식 사행원보다 훨씬 자유롭게 돌아다니면서 청나라 문물을 보고 익힐 수 있었으며, 그곳의 학자들과 폭넓은 교류도 할 수 있었다. 우리가 잘 아는 추사秋史 김정희金正喜(1786~1856)도 자제군관으로 청나라에 가서 고증학의 대가들과 교유를 했던 것으로 유명하다.[3]

한편, 이때의 사행은 여름이었기 때문에 무더위와 홍수로 인해 매우 위험했다고 한다. 그 일화가 박지원의 『연암집』에 실려 있다.

> 박지원이 일찍이 공(박명원)을 따라 국경을 나갔다가 요하遼河에서 비 때문에 길이 막혔는데, 하루는 공이 몸소 나가 물을 살펴보고는 드디어 급히 채찍질하여 곧장 건너가므로 사람들이 허둥지둥 놀라서 뒤

를 따랐다. 강을 건너고 난 뒤 공이 사람들을 불러 위로하기를 "오늘 일은 진실로 위태로울 뻔했다. 그러나 왕조의 위덕威德에 힘입은 자는 물에 빠져 죽을 리가 없고, 설사 빠져 죽는다 해도 이것은 자기의 직분이다." 하였다. 이로부터 사람들이 아무도 감히 다시는 물이 넘실대기 때문에 건너갈 수 없다고 말하지 못하였다.

— 박지원, 『연암집』「금성위 박명원 묘지명」

『열하일기』에 따르면 사행에 나선 지 한 달여 뒤인 6월 말 백두산 부근에 내린 비로 압록강에도 큰 홍수가 났다. 음력으로 6월 말이니 한여름이었을 터, 기습적인 폭우로 인한 홍수 때문에 나루터도 유실되는 등 강을 건너가기가 매우 위험한 상황이었다. 하지만 정사로서 일행을 이끄는 박명원은 정조에게 올릴 장계에다 강을 건널 날짜를 이미 써 놓았다고 한다. 그만큼 막중한 책임을 지고 있었던 것이다.

8월 1일 사신 일행은 북경에 도착했지만, 건륭제는 북경을 떠나 열하熱河(지금의 허베이성河北省 청더承德)의 여름 별장에 머물고 있었다. 그리하여 사신 일행은 북경에서 다시 북쪽의 열하까지 4일간 400리가 넘는 길을 가야 했다. 우여곡절 끝에 열하에 도착하여 황제를 알현하고 칠순을 하례한 뒤 북경으로 돌아왔다. 그 후 한양으로 돌아와 정조에게 사행의 결과를 보고한 때가 10월 27일이었으니, 약 5개월간의 기나긴 사행을 마친 것이다.

그로부터 4년 뒤 1784년(정조 8) 박명원은 한 번 더 정사로 임명되어 청나라에 다녀왔다. 하지만 그 이후로는 주로 창성위 황인점이 사행의 정사 역할을 맡았다. 박명원에 대한 정조의 총애는 계속되었다. 1785년(정조 9) 회갑을 맞이한 박명원은 정조의 명을 받고 온 호조의 관리들과 사관史官들에게 축하와 함께 의복과 음식을 하사받았다.

정조가 손수 작성한 신도비명

회갑이 지난 뒤의 박명원은 주로 처조카 정조의 슬픈 가족사를 위로하는 일에 힘을 쏟았다. 그 첫 번째 일이 1786년(정조 10) 5세의 어린 나이로 요절한 정조의 맏아들 문효세자 이순李㬀(1782~1786)의 장례부터 묘의 조성에 이르기까지 도맡아 처리한 것이다. 또, 2년 뒤 1788년(정조 12)에는 상소를 올려 정조의 친할머니이자 사도세자의 어머니이며 영조의 후궁인 영빈 이씨暎嬪李氏(1696~1764)에게 묘호를 내릴 것을 주장했다. 정조는 그의 의견을 받아들여 신하들과 의논한 뒤 할머니에게 '선희宣禧'라는 묘호를 내렸다. 이 모든 일은 박명원이 논의를 시작해주었기 때문에 가능했다.

이듬해인 1789년(정조 13)에는 박명원 자신에게 처남이자 정조의 아버지인 사도세자의 묘(영우원永祐園)를 옮기자고 상소했다. 정조는 즉위 초부터 경기도 양주의 배봉산(현재 서울시 동대문구 전농동 서울시립대학교 뒷산) 아래에 위치한 영우원이 협소하고 석물 또한 너무 초라하다는 이유로 이미 옮기려고 마음먹고 길지를 수소문하던 중이었다. 그런데 마침 박명원이 상소하자, 정조는 기다렸다는 듯 영우원을 좋은 곳으로 옮겨서 사도세자

© 권민규(산수미술관)

효창원孝昌園

정조의 맏아들 문효세자의 묘이다. 원래 서울시 용산구에 있었으나 1944년경 현재의 고양시 서삼릉 경내로 이장되었다. 문효세자는 1782년(정조 6) 정조의 후궁인 의빈 성씨宜嬪成氏(1753~1786)에게서 태어나 1784년 3세 때 세자로 책봉되었으나 5세 때인 1786년에 죽었다. 문효세자가 태어났을 때 정조가 얼마나 기뻤던지 "비로소 아비라는 호칭을 듣게 되었으니, 이것이 다행스럽다."고 했다.

© 권민규(산수미술관)

효창원 석호石虎

왕릉에 세워 놓는 석호는 모두 실제 호랑이보다 작고 앙증맞지만, 특히 효창원의 석호는 더욱 귀염성이 있어 어린 문효세자를 떠올리게 한다.

융릉隆陵 **장명등**長明燈

융릉은 장조와 그의 비 헌경왕후의 합장릉으로, 경기도 화성시에 있다.

사도세자는 고종 황제 즉위 후 1899년(광무 3)에 장조로 추존되면서 그 무덤인 현릉원顯隆園도 융릉으로 격상되었다. 현릉원을 조성할 때 정조가 당대 최고의 장인들을 시켜 조각한 아름다운 팔각 장명등을 볼 수 있다. 현대의 뛰어난 기술과 기계로도 이렇게 아름다운 석물을 조각해 내지 못하는 것을 보면, 조선 후기 문화·예술 분야의 수준이 얼마만큼 높았는지를 알 수 있다.

를 편히 모시자고 했다. 정조는 박명원의 상소를 근거로 대신들에게 의논하도록 했고, 드디어 묘를 옮길 위치를 수원의 화산花山으로 정했다.

정조는 자신의 생부 사도세자를 위해 최고의 장인들을 불러 석물을 조각하게 했으며 형식도 왕릉에 버금가도록 조성했다. 그리하여 그해 10월 7일 영우원을 옮기는 공사가 모두 끝났고, 그 이름을 영우원에서 '현릉원顯隆園'으로 바꾸었다. 사도세자의 융릉隆陵이 현재 경기도 화성에 있게 된 것은 바로 박명원의 노력이 있었기 때문이다.

박명원은 영우원을 옮긴 공으로 토지와 노비, 말과 백금 등을 하사받았으나, 이듬해인 1790년(정조 14) 3월 25일에 마치 정조를 위한 자신의

금성위 박명원 신도비

박명원과 화평옹주의 묘는 경기도 파주시에
있다.

묘역 아래에 위치한 박명원의 신도비문은 정
조가 직접 지었다. 박명원이 죽자, 정조는 직
접 그의 신도비명을 지으면서 "돌아가신 아
버지 사도세자께서 공(박명원)을 가장 사랑하
고 소중하게 생각해서 어려운 일이 있을 때
면 공에게 자문하셨다. 공이나 귀주貴主(화평
옹주)는 그것에 감격하여 정성껏 도운 일이
많았는데, 조정 밖에서는 알지 못하고 국사
에도 기록이 안 된 것이 있었다. 늦게 태어난
내가 어찌 다 알 것이며, 또 안다고 한들 어찌
차마 말할 것인가. 다만 아버지께서 공과 격
의 없이 다정하게 시를 써서 서로 주고받고,
시첩을 두고 서로 논평하고 하던 일은 지금
도 떠오른다."라고 했다.

소임을 다했다는 양 향년 66세로 생을 마쳤다. 훌륭한 팔촌 형 덕분에
청나라에 가볼 수 있었던 박지원이 그의 생애를 묘지명으로 기록하여 세
상에 전하고 있다.

아버지와 영조의 사제지간 인연으로 부마가 되었고, 뛰어난 학식을 인
정받아 사행의 정사가 된 일도 여러 번이었다. 정조의 고모부로서 북학
의 수입에 앞장서고, 죽을 때까지 사도세자와 정조를 위해 수고로움을
다했기 때문에, 처조카 정조는 박명원에게 '충희忠僖'라는 시호를 내려주
고, 직접 신도비명까지 손수 작성하면서 고모부의 죽음을 애도했다.

창성위 황인점 인물관계도

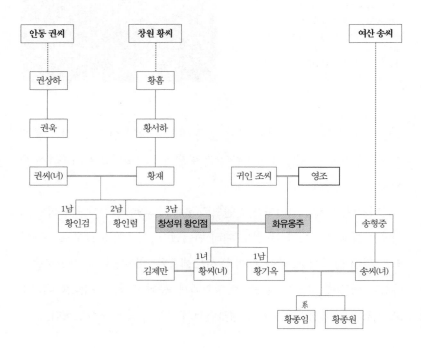

| 안동 권씨 | 창원 황씨 | | 여산 송씨 |

권상하 ┈ 황흠

권욱 ┈ 황서하

권씨(녀) ━ 황재   귀인 조씨 ═ 영조

1남 황인겸   2남 황인렴   3남 창성위 황인점 ━ 화유옹주   송형중

김제만 ━ 황씨(녀)   1녀   1남 황기옥 ━ 송씨(녀)

系 황종임   황종원

12
정조 특명의 사행, **영조 부마 창성위 황인점**

사신 가문의 후손

황인점黃仁點(1740~1802)은 영조의 열째 딸 화유옹주和柔翁主(1740~1777)와 혼인하여 창성위昌城尉에 봉해졌다. 그의 집안은 조선 후기의 대표적인 사신使臣 가문 중 하나이다. 증조할아버지 황흠黃欽(1639~1730)은 송시열의 문인이며, 1705년(숙종 31) 호조 참판으로 있을 때 동평위 정재륜이 정사가 되어 이끈 동지 사행의 부사로 임명되면서 청나라에 다녀왔다. 아버지 황재黃梓(1689~1756)는 1734년(영조 10) 진주사陳奏使의 서장관으로, 1750년(영조 26)에는 사은사의 부사로 두 차례에 걸쳐 청나라를 다녀와서 각각 『갑인연행록甲寅燕行錄』과 『경오연행록庚午燕行錄』을 남겼다.

정조가 즉위한 이후 황인점은 여섯 차례나 청나라행 사신으로 임명되었고, 다녀올 때마다 북학과 관련된 문물을 수입해왔다. 그가 이렇게 빈번히 사신으로 선발되어 정조의 명을 받들게 된 데는 부인 화유옹주와

황흠

황흠은 충청도 홍주(현재 홍성)에서 조상 대대로 터를 잡고 살았던 창원 황씨 가문 출신이다. 그의 형제들 7명이 모두 송시열의 문하에 출입하던 골수 노론이었다.(최완수,「玄齋 沈師正 評傳」,『간송문화』 제73호, 2007)

혜경궁 홍씨가 매우 친한 사이였다는 점도 영향을 끼쳤다. 정조는 박명원에 못지않게 황인점과 화유옹주도 신임했다. 황인점이 여섯 번째 사행길을 떠났을 때 정조는 고모부의 건강을 염려하면서 유시를 내렸다.

> 도정을 따져보니 만관灣館에 이르렀을 듯한데, 험하고 먼 길을 가느라고 건강에 탈이 나지는 않았는가? 여섯 번이나 계수薊水의 얼음물을 마신* 것만 하더라도 또한 이미 유난히도 국사에 애를 쓴 셈이다.

---

* 계수는 계수현薊水縣(현재 톈진天津 북쪽의 지센薊縣)을 지나는 강으로, 이 강을 건너면 곧장 북경으로 들어갈 수 있다. '계수의 얼음물을 마셨다'라는 말은 주로 겨울에 사신으로 북경에 갔다는 뜻이다.

… 경은 사행에서 알 것을 다 알고 모든 것이 눈에 익었을 것이다. 그러니 사행의 업무에 더욱 정돈하고 신칙하기를 힘쓰고, 변방의 금령에 대해 거듭 수명修明을 가함으로써 저곳 사람들로 하여금 전에 왔는데 지금 또다시 오는 훌륭한 사신임을 알도록 하는 것이 바로 경에게 재삼 당부하는 사항이다. 이어 바라건대, 가는 길을 부디 조심하여 갔다가 아무 탈 없이 잘 돌아오기를 바란다. 이에 유시하노라.

—『홍재전서』「유 동지정사 황인점 서論冬至正使黃仁點書」

황재 가문과 왕실의 인연

황인점의 본관은 창원이다. 그는 1740년(영조 16) 8월 26일에 지금의 충청남도 홍성인 홍주에서 대사간 황재의 셋째 아들로 태어났는데, 이때 아버지의 나이 52세였으니 요즘말로 늦둥이였다. 황인점이 태어났을 때는 영조 즉위 초반을 이끈 탕평파가 노쇠화하면서 세대교체가 이루어지던 시기였다. 황재는 노론 중에서도 강경파에 속했기 때문에 원래 탕평파는 아니었지만, 이때는 대사간에 임명될 만큼 영조의 신임을 얻으면서 탕평파로 유입되고 있었다.

영조는 즉위하자마자 왕세제 시절 자신을 지지해주다가 죽임을 당한 노론 사대신의 명예를 회복해주면서, 유배 가 있던 노론계 인사를 모두 방면하고 정권을 그들에게 일임했다. 하지만 정권을 잡은 노론은 소론과 남인에 대한 압박과 탄압을 강화했기 때문에 정국의 분위기는 다시금 경색되었다. 이에 영조는 1727년(영조 3) 정미환국이라는 정권 교체를 단행하여 소론을 등용하고 노론을 배제했으며, 심지어 신원해주었던 노론 사대신 중 김창집·이이명·이건명에 대해서는 관작을 다시 추탈하고 그들을 제향하는 서원도 훼철했다. 조태채도 이듬해 1728년(영조 4) 1월 결국 관작이 추탈되었다.

이때 영조는 자신의 세제 시절 세제시강원의 관원 출신이면서 소론계 인사로 알려진 이조 참의 조문명趙文命(1680~1732)의 딸을 효장세자의 빈으로 간택하고, 그를 중심으로 탕평파를 양성하기 시작했다. 조문명은 송시열의 문인인 김창업의 사위이며, 그의 어머니 광산 김씨는 숙종비 인경왕후와 육촌 자매간이다. 즉, 조문명은 겉으로 드러난 당색은 소론이지만, 처가와 외가가 모두 노론 핵심 가문이었다. 영조가 그의 딸을 세자빈으로 간택하고 그에게 탕평의 추진을 일임한 데는 이러한 배경이 작용했다.

정미환국으로 소론계 탕평파가 정국을 주도하던 중, 그 이듬해 1728년(영조 4)에 과격파 소론과 남인이 주도한 '무신란戊申亂'이 일어났고, 이 반란에 동류가 가담했던 탓에 소론과 남인은 정치적 명분에서 노론에게 밀릴 수밖에 없었다. 이후 영조는 1729년(영조 5) 기유처분을 내려 신임사화 때 죽임을 당한 노론 사대신 중 이건명과 조태채의 관작을 복구해주었다. 이 같은 결단은 궁극적으로 보면 신임사화로 죽은 노론 사대신을 충신으로 인정함으로써 노론에게 정치적 명분을 확보해주려는 의도이기도 했다. 그리하여 10여 년 뒤인 1740년(영조 16)에 경신처분, 그 이듬해에는 신유대훈辛酉大訓을 반포하여 노론 사대신을 모두 충신으로 다시 인정하면서 시호를 회복해주었으며, 임인옥사는 '역옥逆獄'이 아닌 '무옥誣獄'으로 판정한 뒤 이를 국시로 정했다.

영조의 탕평파 양성은 앞서 효장세자빈의 간택에서 볼 수 있듯이 처음에는 당색이 온건하거나 그 출신이 자신의 세제 시절 동궁 관원을 중심으로 이루어졌다. 1738년(영조 14)에 간택된 제2부마 금성위 박명원, 1749년(영조 25)에 간택된 제4부마 일성위日城尉 정치달鄭致達(1738~1757, 영조의 여덟째 딸 화완옹주와 혼인)은 모두 그 할아버지나 아버지가 영조의 세제 시절 관원이었다. 이러한 경향은 제5부마가 된 황인점도 마찬가지였는데, 그의 아버지 황재는 세제시강원 설서說書를 역임했다.

하지만 황재는 노론 강평파에 속한 인물이다. 재위 초반 영조가 당색이 온건한 가문에서 부마를 선택하고 그들 가문을 중심으로 탕평파를 양성했던 것과 맞아떨어지지 않는다. 이는 무엇을 의미할까? 영조는 정국이 점차 안정됨에 따라 탕평파의 세력 확대를 위해 노론 강경파와도 사돈을 맺었다. 노론 강경파이기는 하지만 세제 시절에 스승으로 모시면서 사제의 인연을 맺었던 자들과 이제는 사돈의 인연으로 그 관계를 발전시켜 결속을 더욱 공고히 했는데, 이는 탕평파 세력의 확대와 함께 노론 명분의 확립이라는 두 가지 목표를 이룰 수 있는 방법이었다.

황인점은 1751년(영조 27) 3월에 12세의 나이로 부마 재간택에 선발되었는데, 이때는 아버지 황재가 전해 11월 동지사의 부사로 청나라에 가서 아직 돌아오기 전이었다. 그 뒤 5월 20일 아버지가 사행을 마치고 돌아왔고, 닷새 뒤 25일에 삼간택에 들었으며, 가을 9월 26일에 최종 간택되었다. 2년 뒤 14세 때인 1753년(영조 29) 2월에 안국동 인현왕후의 본가에서 동갑내기 화유옹주와 혼례를 올리고, 16세 때 출합하여 정식 부부로서 살기 시작했다.

황인점이 부마로 간택된 것은 그의 아버지와 영조의 세제시강원 시절 맺은 사제의 인연도 작용을 했지만, 영조비 정성왕후貞聖王后 서씨徐氏 집안과 황재의 집안이 서로 사돈이라는 배경도 영향을 끼쳤다. 그래서인지 정성왕후는 귀인 조씨貴人趙氏 소생의 화유옹주를 영조의 그 어떤 딸보다 애지중지했다고 한다.

> 정성왕후께서 옹주를 가장 사랑하셨는데, 늘 무릎에 앉히고 어루만져 주셨다. 하루는 왕후께서 내장內莊에 오셔서 옹주를 돌아보고 이르시기를 "이 모든 것 중에서 네가 가지고 싶은 것을 취하여도 무방하다." 하시니, 옹주가 머뭇거리며 감히 대답하지 못하였다. 왕후께서 몇 차례 더 권하신 뒤에 옹주가 비로소 목합木盒 하나를 취하니, 여러 궁인들이 말하기를 "보물이 쌓여 있는데, 왕후께서 명을 내리시자 스스로 저 목합을 택한 것은 어째서입니까?" 하니, 옹주가 웃으며 말하기를 "성모께서 저를 사랑해주시니, 비록 이러한 명이 있을지라도 의리상 제 분수에 감당하지 못하는 것이옵고, 보물 또한 제 마음이 아닙니다."라고 하였다.
>
> ― 황간黃榦, 『문헌세고文獻世考(창원황씨세장문헌고)』 「화유옹주 묘지명」

정성왕후의 총애를 받는 기쁨도 잠시, 황인점은 화유옹주와 혼례를 올린 지 3년이 지난 1756년(영조 32)에 아버지 황재의 상을 당하고(향년 68세),

이후 연이은 상사喪事를 겪게 된다. 이듬해인 1757년(영조 33) 2월에는 화유옹주를 가장 사랑하고 아껴주던 정성왕후가 승하하고, 바로 이어서 3월에는 대비로 있던 인원왕후 경주 김씨(숙종비)도 승하했다.

영조는 인원왕후의 삼년상을 마친 1759년(영조 35)에 새 왕비를 맞이했으니 그녀가 바로 정순왕후貞純王后 경주 김씨慶州金氏이며, 이로써 왕실에는 또 하나의 외척 세력이 등장했다. 이들은 사도세자의 장인 홍봉한洪鳳漢(1713~1778)을 중심으로 벌열화된 풍산 홍씨 가문과 정치적 갈등을 빚었다. 결국 이 때문에 영조가 추진한 탕평의 본래 목적은 퇴색되고, 탕평의 양상 또한 변질되어갔다.

1762년(영조 38) 사도세자가 뒤주에 갇혀 죽는 참변이 일어났다. 사도세자는 영조의 기대를 저버린 채 온갖 난행을 일삼았는데, 이를 보다 못한 생모 영빈 이씨가 영조에게 결단을 청하자 영조는 사도세자를 뒤주에 가두고서 세자의 지위를 박탈해버렸다. 그리하여 사도세자는 뒤주에 갇힌 채 8일 만에 28세의 나이로 죽었다. 이것을 임오년에 일어난 일이라 하여 '임오화변壬午禍變'이라고 한다. 이때 사도세자의 매부인 창성위는 23세였다.

이 사건이 일어났을 때 사도세자를 가장 아껴준 친누이 화평옹주는 이미 죽어 세상에 없었다. 대신 혜경궁보다 다섯 살 아래의 화유옹주가 남편을 잃은 그녀와 서로 친자매처럼 우애롭게 지냈다고 한다. 사도세자 내외와 그나마 가장 가깝게 지낸 왕실 사람이 황인점의 부인 화유옹주였던 것이다. 청상이 된 어머니 혜경궁과 화유옹주가 사이좋게 지내는 모습을 정조는 어렸을 때부터 직접 보았을 터다. 그래서 훗날 1777년(정조

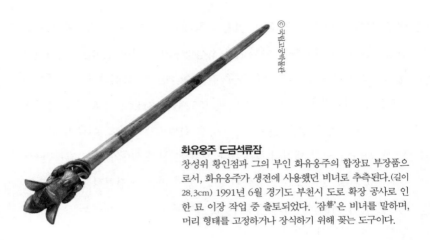

화유옹주 도금석류잠
창성위 황인점과 그의 부인 화유옹주의 합장묘 부장품으로서, 화유옹주가 생전에 사용했던 비녀로 추측된다.(길이 28.3cm) 1991년 6월 경기도 부천시 도로 확장 공사로 인한 묘 이장 작업 중 출토되었다. '잠簪'은 비녀를 말하며, 머리 형태를 고정하거나 장식하기 위해 꽂는 도구이다.

1) 옹주가 38세의 나이로 죽자, 정조는 고모를 그리워하면서 직접 제문을 지어 내려주었다. 또, 고모부 황인점도 각별히 신뢰했기에 여섯 번이나 사신으로 임명하여 북학 관련 신문물 수입을 맡겼다.

사신의 역할

1776년에 창성위 황인점의 장인인 영조가 재위 52년 만에 승하하고 왕세손 정조가 조선 제22대 왕으로 즉위했다. 고모부 황인점보다 열두 살 아래의 혈기 왕성한 25세 젊은 임금 정조는 즉위하자마자 자신이 사도세자의 아들이라는 사실을 대신들 앞에서 천명했다. 보수 외척 세력을 제거하기 위해 정면 돌파를 시도한 것이다.

정조는 개혁 정치를 펴 나가기 위해서는 지배 세력의 교체와 개혁의 사상적 밑거름이 될 신학문 수입이 절실하다고 생각했다. 그에 따라 규장각의 설립과 북학 수입을 추진했는데, 특히 북학은 청나라행 사신을 통해 들여오는 중요한 일이므로 그 임무를 자신의 고모부인 금성위 박명원과 창성위 황인점에게 맡겼다.

황인점은 정조가 즉위하고 몇 달 지나지 않은 1776년 9월 진하 겸 사은사에 임명되지만, 한 달여 뒤인 10월에 장녀(김제만의 부인 황씨, 1759~1776)의 상을 당했다. 시집보낸 지 3년 만으로, 딸의 나이 18세에 불과했다. 이 소식을 들은 정조는 차마 그를 먼 곳으로 보내지 못하겠다면서 전 우의정 이은李溵(1722~1781)으로 사은사를 교체했다. 그리하여 황인점이 최초로 청나라에 가게 된 것은 그로부터 3년 뒤인 1779년(정조 3)으로, 그의 나이 40세 때였다. 그해 황인점은 10월 29일 동지 겸 사은사로서 부사 홍검洪檢(1721~?), 서장관 홍명호洪明浩(1736~1819)와 함께 머나먼 사행길에 올랐다. 정조는 겨울에 출발하는 사신 일행의 안위를 염려하면서, 이번 사행의 정사는 종친이 아닌 부마이기 때문에 특별히 자신이 거는 기대가 크다고 말했다. 이 내용이 『승정원일기』에 다음과 같이 전한다.

왕이 이르기를 "사신들은 앞으로 나오라." 하니, 황인점 등이 앞으로 나와 엎드렸다. 왕이 이르기를 "이 추운 계절에 경들이 멀리 떠나야 하니 진실로 염려된다. 반드시 몸조심하고 잘 다녀오라. 사신의 책임은 위임한 것이 매우 중하니 모든 일은 각별히 자세히 살피고 삼가서 외국의 비웃음거리가 되지 말라. 이번 상사上使(정사)는 의빈(부마)에서 뽑아 종반宗班(종친)과 다르니, 내가 기대하는 바가 실로 배가 된다." 하였다.

— 『승정원일기』, 정조 3년(1779) 10월 29일

정조가 영조의 부마이자 자신에게는 고모부인 창성위 황인점을 정사로 임명한 데는 남다른 뜻이 담겨 있음을 알 수 있다.

10월 29일에 출발한 사신 일행은 12월 27일 북경에 도착했다. 그들은 조선관朝鮮館에 머무르면서 공식적인 업무를 수행했는데, 이듬해 1월 23일 숙소에 화재가 나서 머물고 있던 방까지 전부 타버린 일이 일어났다. 다행히 인명 피해는 없었지만, 그들이 이미 구입해 챙겨 둔 서적뿐만 아니라 구매하려고 가져다 놓은 물건들까지 모조리 불타버렸다. 그 양이 자그마치 은자 3,000냥에 이르는 거액이었다. 그것들은 모두 중국의 서점과 골동품점이 밀집한 유리창琉璃廠에서 사들인 물건이었다. 이러한 사실은 그 이듬해 청나라에 갔던 박지원의 『열하일기』에 자세히 기록되어 있다.

정조의 특명으로 북학 관련 서적과 신문물을 수입하려 했던 일은 수포로 돌아가고, 황인점 등 사신 일행은 겨우 목숨만 부지한 채 1780년(정조4) 4월 19일에 귀국했다. 황인점이 청나라에서 돌아온 뒤 장모 귀인 조씨가 10월 5일에 74세를 일기로 별세했다. 황인점은 초상을 치른 뒤 12월에 장모 조씨를 부인 화유옹주의 묘 옆인 부평의 작동에 장사 지냈는데, 지금의 경기도 부천시 여월동에 있다.

황인점은 첫 번째 사행 후 2~3년 간격으로 청나라행 사신의 정사로 임

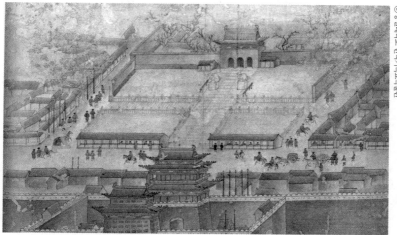

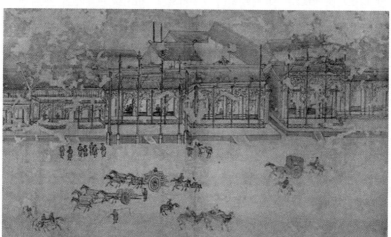

북경 정양문正陽門**(위)과 유리창**(아래)

『연행도燕行圖』는 조선 사절단이 청나라 북경으로 가는 노정과 공적인 행사를 그린 기록화로, 총 14폭(1폭의 발문과 13폭의 그림)으로 이루어져 있으며, 그중 정양문은 제12폭, 유리창은 제13폭 그림이다. 유리창은 북경 최고의 시장으로 정양문 밖 서남쪽에 있었다. 수많은 상점이 길게 늘어서 있으며, 도자기나 서적, 생활용품뿐 아니라 서양에서 들여온 온갖 진귀한 물건도 팔았다.

명되었다. 정조 17년(1793)까지 총 여섯 차례나 청나라를 다녀온 잦은 사행으로서, 정조 재위 연간 가장 많이 사신의 정사 임무를 맡았다. 외교사절의 대표인 정사는 국왕을 대신하는 지위이기 때문에 그만큼 위상이 높았으며, 따라서 학문과 정치적 식견이 높은 자가 임명되는 것이 보통이었다. 황인점의 위상이 그 정도로 상당했다는 사실을 방증한다. 그뿐 아니라 황인점은 증조할아버지와 아버지가 숙종과 영조 연간에 각각 사신으로 청나라에 다녀온 경험이 있었으므로 이미 그들로부터 청나라 관련 지식을 전수받았을 것이다.

그의 청나라 사행 가운데 주목할 만한 것은 1790년(정조 14) 5월에 진하겸 사은사의 정사로 간 사행이다. 이 사행은 청나라 건륭제의 팔순 만수절萬壽節을 축하하기 위한 목적으로 꾸려졌다. 바로 이전 해에 정조는 아버지 사도세자의 무덤인 영우원을 화성으로 옮겼고, 이제는 화성의 축조를 위해 어느 정도 정비가 완료된 규장각을 중심으로 북학을 더욱 진흥하려던 참이었다.

『승정원일기』에 보면, 정조가 동부승지 김이익金履翼에게 사행 정사를 의빈들 중에서 추천하라고 전교하는 기사가 나온다. 이 무렵 정조의 고모부들 가운데 살아 있는 의빈은 금성위 박명원, 창성위 황인점, 청성위靑城尉 심능건沈能建(1752~1817, 영조의 열한째 딸 화령옹주와 혼인), 능성위綾城尉 구민화具敏和(1754~1800, 영조의 막내딸 화길옹주와 혼인)밖에 없었다. 그런데 박명원은 병이 위중했고, 심능건은 정조와 사이가 좋지 않았다. 심능건의 장모인 숙의 문씨淑儀文氏는 사도세자를 죽게 했다는 이유로 정조 즉위 뒤폐서인되고 곧 사사되었으며, 심능건 역시 이와 관련된 계사를 올린 일로 정조에게 미움을 샀기 때문이다. 한편 구민화는 4년 전 일가친척이 역모에 연루되었던 까닭에 이즈음 조정에 거의 출입하지 않았다. 1786년(정조 10) 구민화의 재종조인 훈련대장 구선복具善復(1718~1786)과 그의 아들 구이겸具以謙, 조카 구명겸具明謙 등이 정조의 이복동생 은언군 이인李䄄(1754~1801) 및 그의 아들 상계군 이담李湛(1770~1786)과 내통해서 역모를 도모했다는 혐의를 받아 역적으로 처단되었던 것이다. 이런 상황에서 구민화가 건륭제의 팔순 만수절을 하례하는 사신에 선발되기는 힘들었을 것이다. 이 역모 사건에 대한 처결은, 즉위 초반 외척을 제거했던 정조가 이제는 부마 가문들까지도 왕권에 위협이 되면 가차 없이 내치겠다는 단호한 의지를 드러낸 것으로 보인다.

어쨌든 1790년(정조 14)의 진하 사절에도 정조는 황인점을 정사로 임명하고, 예조 판서로서 예문관 제학을 겸하고 있던 북학파 서호수徐浩修(1736~1799)를 부사로, 홍문관 교리 이백형李百亨을 서장관으로 임명했다. 특히 이때 사행단에는 규장각 검서로서 정조의 특명을 받은 유득공과 박제가도 함께 갔는데, 이들은 청나라에서 『사고전서』의 편찬 책임자인 예부 상서 기윤紀昀(1724~1805)과 그 실무에 참여했던 각학閣學 옹방강翁方綱(1733~1818) 등 고증학의 대가들을 만나 역법에 대해서 질의응답을 주고받으며 학문적 교유를 나누었다. 박제가는 조선 최고의 고증학자로 일컫는 추사 김정희의 스승이다.

정조는 이역만리를 떠나는 고모부 황인점에게 「진하사 창성위 황인점이 연경에 가는 날에 지은 시(進賀使昌城尉黃仁點赴燕日有詩)」를 지어 주면서 위로했다.

천추의 아름다운 잔치에 조관들 취하리니   千秋嘉會醉冠裳

계산 가는 길 멀다고 말하지 말라   休說薊山去路長

성대한 일 그대 그림 속에 담아 오려니   盛事要君輸畫裏

걸어 두던 궁첩의 연상시*를 바꾸고자 하네   揭來宮帖替延祥

—『홍재전서』

  사신 일행은 1790년(정조 14) 5월 27일 한양을 떠나 7월 15일 열하에
도착했다. 그들은 열하의 행재소에서 황제를 알현한 뒤 연회에 참석하는
등 공식적인 업무를 시작했다. 창성위가 진하표進賀表를 올리고 나서 건
륭제를 직접 알현했는데, 그때의 상황이 서호수의 『연행기燕行記』에 묘사
되어 있다.

  군기대신軍機大臣 화신和珅이 나와서 황제의 뜻을 전하기를 '조선 사신
  등은 앞으로 나오라'라고 하니, 시랑侍郞이 나와서 정사와 서장관을 인
  도하여 전폐 위에 나아가 어좌를 향하여 꿇어앉게 하였다.
    황제가 말하기를 "국왕(정조)은 평안하신가?" 하므로, 세 사신이 머
  리를 조아린 뒤에 정사(황인점)가 답하기를 "황상의 큰 은혜를 입어 평
  안하십니다." 하니, 황제가 말하기를 "국왕은 아들을 낳았는가?" 하였
  다. 세 사신이 머리를 조아린 뒤에 정사가 대답하기를 "금년 정월 초

---

* 문관이 임금에게 정월 초하룻날을 축하하며 지어 올리는 시이다. 이 가운데 특히 잘 지은 시는
  대궐 안의 전각 기둥에 붙여 놓고 많은 사람이 볼 수 있도록 했다.

하루에 특별히 '복福' 자를 써서 내려주신 것은 실로 전에 없던 특별한 은전이었습니다. 국왕께서 감격하여 받들고 가슴에 새겨 밤낮으로 송축하더니 과연 6월 18일에 아들을 낳았습니다. 이는 곧 황상이 주신 것입니다." 하니, 황제가 웃으며 말하기를 "그런가? 매우 기쁜 일이군. 매우 기쁜 일이야." 하였다. 이어 세 사신의 성명과 벼슬의 품등을 물으므로 화신이 어전에 나아가 손을 들어 차례로 가리키며 답하였다.

황제가 말하기를 "사신 등을 잔치하는 반열에 나아가게 하라." 하니, 시랑 철보鐵保가 우리를 인도하여 각국 사신의 반열에 앉게 하였는데, 수석은 조선사朝鮮使이고 다음은 안남사安南使(베트남 사신), 다음은 남장사南掌使(라오스 사신), 다음은 면전사緬甸使(미얀마 사신), 다음은 생번生番(대만의 원주민)이었다.

— 서호수, 『연행기』 「기열하 지원명원起熱河至圓明園」 16일

황인점이 건륭제와 나눈 대화 내용 중에 정조가 왕자를 낳았다는 말이 나온다. 사신 일행이 출발한 이후 6월 18일에 수빈 박씨綏嬪朴氏(1770~1822)가 왕자를 낳았는데, 정조는 이틀 뒤 이 소식을 아직 압록강을 건너지 않은 사신 일행에게 급히 전하여 황제에게 보고할 수 있도록 한 것이다. 이 왕자가 훗날 정조에 이어 등극한 순조이다.

이후 사신 일행은 북경의 조선관에 머물면서 본격적으로 서적을 구입하고 청나라 학자들과 학술 교류를 나누었다. 이때 그들이 구입한 서적은 『대청회전大淸會典』, 『성경통지盛京通志』, 『십삼경주소十三經註疏』, 『주역절중周易折中』, 『시서휘찬詩書彙纂』 등이었다. 이 사행에 함께 간 박제가는

녹유리 장경각병
녹색 유리로 만든 긴 목의 팔각병이다. 바닥에 '乾隆年
制건륭년제'라는 명문이 인장 모양으로 음각되어 있는 점
으로 보아, 황인점이 청나라 사행을 갔을 때 구입해 온
유리병인 듯하다. 황인점과 화유옹주의 합장묘에서 출토
된 유물이다.(높이 13.9cm)

귀국 후 곧이어 바로 동지사의 일행으로 다시 한 번 청나라에 가서 전에
만났던 학자들과 학술 교류를 지속적으로 이어갔다.

황인점이 이끄는 사신 일행은 한양을 떠난 지 5개월여 만인 10월 21
일에 돌아와 정조에게 그간의 상황에 대해 보고하고, 정조는 이들에게
사행의 노고를 위로하면서 특히 청나라 황제로부터 직접 술잔을 받은 고
모부 황인점을 치하했다. 이때 황인점의 나이 51세였다.

가족을 잃은 슬픔

황인점은 54세 때인 1793년(정조 17)에 한 차례 더 사행을 다녀오지만,

화유옹주, 창성위 황인점 묘

경기도 부천시 여월동에 있다. 원래 부천시 작동에 있었지만 1991년 도로 확장 공사로 근처의 산
에 한번 이장했다가 2005년에 이곳으로 옮겼다. 1777년 화유옹주가 먼저 죽고, 1802년 황인점이
사망한 뒤 합장했다. 1991년 묘를 이장할 때 비녀와 도자기 등 유물 30여 점이 출토되었다.

귀국한 해인 1794년(정조 18)에 아들 황기옥黃基玉(1761~1794)을 34세의 나
이로 먼저 세상을 떠나보내야 했다. 황인점과 화유옹주는 4남 3녀의 자
녀를 두었으나 아들 황기옥과 딸 하나만을 제외하고 모두 일찍 죽었다.
그러니 아들을 잃은 그의 슬픔은 차마 말 못할 지경이었으리라.

　그 이후로는 더 이상 사행을 가지 않았는데, 자식을 잃은 슬픔도 있겠
지만 중풍에 걸려 몸이 성하지 않았기 때문이다. 2년 뒤인 1796년(정조
20)에는 손자 황종원黃鍾遠(1781~1796)마저 요절하고, 1800년(정조 24) 6월 28

일에는 정조가 창경궁 영춘헌에서 승하했다. 개혁 정치를 위해 규장각을 세우고 북학을 진흥하고자 고모부인 자신을 그 일의 첨병으로 수차례나 임명했던 처조카 임금을 먼저 떠나보낸 것이다. 연로하고 병든 황인점이 정조의 국상을 맞는 심정이 어땠을지 가늠이 간다. 그때 황인점은 61세 회갑이었다.

그는 왕실의 일원으로서 종척집사宗戚執事(국상 때 종친과 왕실의 외척에게 시키는 임시 벼슬)가 되어 정조의 국상을 치른 뒤 더욱 쇠약해졌다. 결국 2년 뒤 향년 63세로 영조의 부마이자 정조의 고모부인 창성위 황인점이 죽었다. 그때가 1802년(순조 2) 10월 4일이다. 정조가 갑자기 승하하고, 이 제는 북학 수입의 첨병 역할을 했던 황인점도 떠난 것이다. 부고가 조정에 알려지자 상례에 치를 도구와 부의 일체가 내려졌고, 두 달 뒤인 12월 4일에 부인 화유옹주가 잠들어 있는 부평의 작동 언덕에 합장되었다.

부마와 그 가문을 통해 본 조선

우리는 흔히 사위를 '백년손님'이라고도 부른다. 이 말에는 딸을 시집 보낸 부모로서는 아무리 오랜 세월이 흘러도 딸의 남편인 사위가 손님처럼 어려운 존재일 수밖에 없다는 뜻이 담겨 있다. 사위가 처가에 오면 장인과 장모는 소중히 키우던 씨암탉을 잡아 술과 함께 대접한다는 것도 그런 연유에서 나온 말이리라. 그런데 이 '백년손님'은 한 번 왔다 가는 흔한 손님이 아닌, 백 년이라는 오랜 세월 동안에도 귀하게 대우해야 할, 성姓이 다른 가족이기도 하다. 다시 말해 사위도 가족의 범주에 든다는 말이다. '처삼촌 뫼에 벌초하듯이'라는 속담이 있다. 장인 장모도 아니고 이미 고인이 된 처삼촌이라 정성 들여 벌초하지 않고 대충대충 건성으로 한다는 뜻이 담긴 속담이지만, 가족이라는 테두리 안에 처조카 사위가 들어 있기 때문에 나온 말이 아닐까.

그렇다면 조선시대 왕의 사위인 부마는 어떤 존재였을까?

우선, 전통시대는 혼인 자체가 지금처럼 당사자 간 자유연애로 이루어지지 않고 가문과 가문의 정치적·경제적 결합이었다. 왕의 사위, 곧 부마가 된다는 것은 이러한 차원을 넘어 왕실의 일원이 되는 일이기 때문에 국가적인 큰 관심사였다. 왕실의 혼례라는 특수성 때문에 세간의 관심도 남달랐겠지만, 부마를 맞아들이는 공주·옹주의 혼례는 궁궐 밖에서 올렸으니 그 예식을 구경하고자 얼마나 많은 사람이 구름처럼 몰려들었을까 상상이 간다. 그 시대에 인터넷이 있었다면 틀림없이 검색어 순위 1, 2위를 차지했을 것이다.

부마와 공주의 혼인은 일반인과 다른 절차를 거치며, 그에 따른 용어도 특별했다. 일반 사대부와 달리 부마는 간택하는 과정을 거쳐 뽑힌다. 그것도 세 번의 심사 과정을 밟는다. 최종 삼간택에서 뽑힌 자가 공주나 옹주의 배우자가 되는 것이다. 다음으로 용어를 살펴보면, 부마가 되는 사대부의 자제는 자신보다 신분이 높은 공주 또는 옹주와 혼인하기 때문에 장가들다라는 뜻의 '취娶'라는 용어 대신, 높은 신분에게 장가간다는 의미의 '상尙'이라는 용어를 썼다. 예컨대 『세종실록』 세종 22년(1440) 10월 15일 기사 중 '尙公主駙馬(공주에게 장가든 부마)'라는 구절이 등장한다. 이에 반해 공주는 시집간다는 뜻의 일반적인 '귀歸'라는 용어를 쓰지 않고, 신분이 낮은 자에게 시집간다는 뜻의 '하가下嫁'라는 용어를 썼다. 예컨대 『성종실록』 성종 21년(1490) 4월 15일 기사 중 성종의 전교에 '翁主下嫁後, 有謁舅姑之禮… (옹주가 하가한 후에 시부모님을 뵙는 예가 있는데…)'가 있다.

자신보다 신분이 높은 왕의 딸을 부인으로 맞은 부마는 혼인한 뒤 공주를 윗사람처럼 모시고 살았을까? 그건 아니었다. '상'과 '하가'로써 신분이 동일해졌으므로 그들도 일반 부부처럼 평범한 남편과 아내로 살았다. 부마는 처가인 궁궐을 드나들면서 왕실 대소사에 가족의 일원으로 참여했으며, 장인과 장모인 왕과 왕비(혹은 대비)에게서 수많은 재산을 하사받는 등 많은 사랑을 받기도 했다. 드물기는 하지만 부마가 공주를 구박하는 등 요즘 말로 가정 폭력을 행사한다거나 주색잡기에 빠진 경우도 있었으며, 왕실의 사위임을 내세워 갖은 민폐를 부린 자도 있었다. 그런 부마는 관료들의 탄핵을 받았지만, 왕실에서는 그가 사위이기 때문에 선뜻 중벌을 내리지는 못했고 다만 유배를 보내는 선에서 그쳤다.

한편, 왕조 사회의 특성상 부마 가문이 왕의 사돈이 된다는 사실은 조정 안팎의 정치 세력에게 중요한 관심사였다. 부마 자신은 과거 응시에 제한을 받으면서 일반적인 관료가 되지 못했기 때문에 정치 참여 자체가 공식적으로 불가능했다. 하지만 부마를 배출한 가문은 왕의 최측근 근위 세력인 '실세'가 될 수 있기에 주변의 정치 세력으로서는 긴장할 수밖에 없다. 부마 본인도 간택되었을 때는 왕의 사위로서 정치 참여를 할 수 없는 족쇄에 갇히지만, 앞으로 즉위할 예정인 세자에게는 매부요, 세손에게는 고모부이기 때문에 보이지 않는 실세가 될 수도 있다. 부마의 후손들이 왕의 외손으로 벼슬길에 오르는 데 특혜를 받았던 것도 그들이 왕을 지지하는 세력이 되었기 때문이다. 세자를 제외한 일반 왕자인 종친은 보통 4대가 지난 뒤에 일반 양인으로서 과거를 치르고 관직에도 나갈 수 있지만, 부마는 그 당사자에게만 과거 응시가 제한될 뿐 아들과 손자는 아무런 제약 없이 과거를 치를 수 있었고, 실제 조정에서 왕의 의중을 대변하며 막강한 정치적 영향력을 행사하기도 했다. 역모에 추대될 가능성이 많았던 종친이 관직 진출에 따른 정치 참여에 상당한 제한을 받았던 것과는 대조적이다.

이렇게 왕의 외손들이 종친과 달리 정치적 실세가 될 수 있었는데도 지금까지 우리는 부마라는 존재를 제대로 알지 못했다. 부마는 왕의 사위로서 풍족한 경제적 혜택을 누리면서 학문이나 정치에는 관심도 없는 그저 그런 '한량' 같은 존재라는 인식이 컸다. 실제로 그런 삶을 살았던 부마가 아주 없지도 않다. 게다가 과거 응시의 제약으로 관직에 진출할 수 없는 신분이기에 정치적으로 뚜렷한 자취를 남긴 부마도 적은 것이 사실이다. 이 때문에 부마에 대한 연구도 역사학계에서는 주목받지 못한 주제로 남아 있다. 오히려 국문학계에서 문집을 남긴 부마를 중심으로 연구가 이루어지고 있는 실정이 다행이라 여겨질 정도다.

조선은 오늘날처럼 국민의 투표로 뽑아 선출된 대통령이 다스리는 나라가 아니었다. 다시 말해 세습받은 왕이 다스리는 왕조 사회였다. 그렇다고 왕위를 물려받은 세습 군주가 무소불위의 절대 권력을 휘두르며 다스렸다고 생각하는 것은 오산이다. 조선시대 국왕은 국정 현안 중 어느 것 하나 단독으로 결정해서 추진하는 일이 거의 불가능했다. 특히 조선시대 사림 정치는 국정 운영의 양대 정점에 있는 왕과 산림이 조정의 관료들은 물론이고 재야의 사림과 함께 국정 현안을 공개적으로 논의해서 결정하는 구조였기 때문이다. 사극에서 왕을 향해 신하가 목청 높이 외치는 '아니 되옵니다'는 바로 이런 배경하에 나온 말이다. 조강朝講·주강晝講·석강夕講 등 하루에도 세 차례 이상씩 경연을 열어 왕을 피곤할 정도로 교육시켜서 성인聖人으로 만들려 했고, 공개적인 자리에서 왕과 격렬한 토론을 벌이며 국정을 함께 운영해 나갔다. 바로 그러한 저력이 밑바탕에 있었기에 전란으로 황폐화된 국가를 재건하고 중흥을 이룩해냈던 것이다.

이 같은 통치자 왕을 곁에서 보좌해준 이는 세자나 대군·군 등의 아들이라기보다는 왕의 사위인 부마와 그 부마의 가문이었다. 당시 정치 세력은 부마와 그 가문의 중요성을 잘 알고 있었다. 그 때문에 부마와 그 가문 인사들의 동향은 당연히 정치적 이목을 끌 수밖에 없었던 것이다. 따라서 부마 간택을 비롯하여 그 가문의 정치적 성향 및 동태를 살펴보면 국왕이 추진하려던 국정 운영의 방향과 성격을 파악할 수 있고, 더 나아가 조선시대 정치사의 흐름을 새로운 시각으로 접근하는 데 작은 의미가 있을 것이라고 생각한다.

오늘날 새 대통령이 선출되고 새로운 내각이 구성되면 국회에서는 청문회를 통해 장관 후보자에 대해 검증하는 절차를 밟는다. 그가 어떤 이력을 갖고 있는지, 어떤 배경을 갖고 있는지, 어떤 삶의 태도와 가치관을 갖고 있는지, 심지어 대통령과 어떤 관계인지도 살펴본다. 그런 것들을 알아야 그 정부의 정치적 방향과 성격을 미루어 알 수 있기 때문이다. 조선시대의 정치를 살펴보는 일도 이와 크게 다르지 않다고 본다. 우리는 승정원이 조선시대 정부의 조직으로서 왕을 가장 가까운 거리에서 보필하는 비서실과 같은 기관으로 알고 있다. 그렇다면 승정원을 구성하는 핵심 관료인 여섯 명 승지(도승지, 좌·우승지, 좌·우부승지, 동부승지)들이 각자 왕과 무슨 관계를 갖고 있으며, 어떠한 정치 상황에서 임명되는지를 구체적으로 살펴보아야 하지 않을까? 승정원뿐만 아니라 의정부의 삼정승과 육조 판서까지도 말이다. 똑같다고 할 수는 없겠지만, 승지들이 바로 오늘날 청와대의 비서진이나 수석이고, 삼정승과 육조 판서는 국무총리를 비롯한 국무위원이라고 할 수 있기 때문이다. 조선왕조는 군주와 신하들이 함께 국가를 다스렸기 때문에 왕을 최측근에서 보좌하는 세력이 어떠한 사람들이었는지 그 실체를 파악하기 위해서는 동인, 서인, 노론, 소론, 탕평파 등 그동안 그들을 감싸고 있던 껍질을 벗겨야 한다. 이 책의 주인공 부마는 바로 그러한 관료들과 무관하지 않다. 부마가 배출된 가문에는 승지, 참판, 판서, 정승 등을 역임한 이들이 다수 있기 때문이다. 부마만 따로 떼어 내서 조선의 정치사를 보지 말아야 할 이유이기도 하다.

왕조 사회라는 특성상 왕이 가장 믿을 수 있고 따를 수 있는 사람은 바로 '가족'이라는 울타리 안에 있던 존재였다. 프롤로그에서 밝혔듯이 부마라는 명칭의 유래는 왕이 타는 수레의 말(馬)을 담당하는 관직이었다. 부마는 어쩌면 왕에게 아들보다 가까운 사위이자, 벗, 정치적 동반자이기 때문에, 그가 어떠한 성품을 가지고 어떻게 능력을 발휘하느냐에 따라 왕을 역사의 죄인이 되는 길로 인도하기도 했고, 성군이나 현군이 되는 길로 이끌기도 했다. 이렇듯 조선왕조 500년 격동의 정치사 그 중심에는 부마와 그 가문이 있었다.

부록

미주

제1장 왕위 계승 쟁탈

들어가는 글: 왕자의 난과 계유정난

01 개국공신의 운명, 태조 부마 흥안군 이제

02 단종의 보호자, 문종 부마 영양위 정종

  1 崔完秀, 『조선왕조 충의열전』, 돌베개, 1998.

  2 崔完秀, 「總史」, 『古德面誌』, 고덕면지편찬위원회, 2006.

제2장 폭군과 함께한 운명

들어가는 글: 새로운 훈척의 등장

03 연산군의 채홍사, 성종 부마 풍원위 임숭재

04 폐주로 인한 이혼, 연산군 부마 능양위 구문경

제3장 사림파로의 전향

들어가는 글: 성리학적 사회질서의 정착

05 뛰어난 문장가, 성종 부마 고원위 신항

06 문집을 남긴 문사, 중종 부마 여성위 송인

제4장 벼슬하지 못한 슬픔

들어가는 글: 명분과 절개, 사림의 시대

    1 崔完秀 외, 『우리문화의 황금기 진경시대』 1·2, 돌베개, 1998.

    2 송찬식, 「朝鮮朝 士林政治의 權力構造 — 銓郎과 三司를 中心으로」, 『경제사
      학』 2, 경제사학회, 1978.

    3 鄭萬祚, 「朝鮮時代의 士林政治 — 文人政權의 한 類型」, 『反亂인가? 革命인
      가?』, 韓·日歷史家會議 組織委員會, 2008.

    4 오항녕, 『조선의 힘』, 역사비평사, 2010.

   07 장원급제 실력, 선조 부마 해숭위 윤신지

   08 강직한 척화론자, 선조 부마 동양위 신익성

제5장 왕권 강화의 뒷편

들어가는 글: 국왕 주도의 정국 운영

    1 鄭萬祚, 「朝鮮時代의 士林政治 — 文人政權의 한 類型」, 『反亂인가? 革命인
      가?』, 韓·日歷史家會議 組織委員會, 2008.

    2 지두환, 「朝鮮後期 禮訟 硏究」, 『朝鮮時代 思想史의 再照明』, 역사문화, 1998.
      예송에 대해서는 이 논문을 참조했다.

    3 鄭萬祚, 「陰崖 李耔와 기묘사림」, 『음애이자와 기묘사림』, 지식산업사, 2004.

09 숙종의 밀사, 효종 부마 동평위 정재륜

1 鄭萬祚, 「17세기 중반 漢黨의 정치활동과 國政運營論」, 『한국문화』 23, 서울대 규장각, 1999.
2 鄭萬祚, 「숙종대 정국동향과 왕실여성의 위상」, 『숙종대왕자료집』 2, 한국학중앙연구원 장서각, 2015.
3 鄭萬祚, 「肅宗後半~英祖初의 政局과 密庵 李栽의 政治論」, 『밀암 이재 연구』, 민족문화연구소, 영남대학교출판부, 2001.
4 이상식, 「조선후기 숙종의 정국운영과 왕권」, 고려대학교 박사학위논문, 2005.
5 崔完秀, 「秋史實記」, 『澗松文華』 30, 한국민족미술연구소, 1986; 정옥자, 『조선후기 조선중화사상 연구』, 일지사, 1998.

10 중국에 알려진 명필, 현종 부마 해창위 오태주

1 정석종, 「정치적 趨勢와 사회동향」, 『조선후기 사회변동 연구』, 일조각, 1990.
2 정만조, 「숙종대의 재인식」, 『숙종대왕자료집』 1, 한국학중앙연구원 장서각, 2015.
3 정해득, 「해창위 오태주의 생애와 글씨」, 『해창위 오태주의 서예』, 한신대학교 박물관, 2015.
4 이종묵, 『조선의 문화공간』 4, 휴머니스트, 2006.

제6장 북학 수입의 첨병

들어가는 글: 문예 군주와 북학파

1 崔完秀 외, 『우리문화의 황금기 진경시대』 1·2, 돌베개, 1998.

2 鄭萬祚, 「英祖代 初半의 蕩平策과 蕩平派의 活動」, 『진단학보』 56, 진단학회, 1983; 鄭萬祚, 「英祖代 中半의 政局과 蕩平策의 再定立」, 『역사학보』 111, 역사학회, 1986.

3 崔完秀, 『謙齋 鄭敾 眞景山水畵』, 汎友社, 1993.

4 鄭萬祚, 「영조대 초반의 탕평책과 탕평파의 활동」, 『진단학보』 56, 진단학회, 1983; 鄭萬祚, 「英祖代 中半의 政局과 蕩平策의 再定立」, 『역사학보』 111, 역사학회, 1986.

5 신채용, 「영조대 탕평정국과 駙馬 간택」, 『조선시대사학보』 51, 조선시대사학회, 2009.

6 김문식, 『조선후기 지식인의 대외인식』, 새문사, 2009.

7 유봉학, 『燕巖一派 北學思想 硏究』, 一志社, 1995.

11 박지원과 함께한 사행, 영조 부마 금성위 박명원

1 정만조, 「숙종대의 재인식」, 『숙종대왕자료집』 1, 한국학중앙연구원장서각, 2015.

2 신채용, 「『星湖全集』 墓道文字를 통해서 본 李瀷의 南人義理」, 『조선시대사학보』 80, 조선시대사학회, 2017.

3 崔完秀, 「秋史實記」, 『澗松文華』 30, 한국민족미술연구소, 1986.

12 정조 특명의 사행, 영조 부마 창성위 황인점

참고문헌

연구논저

논문

김경록, 「朝鮮時代 使行과 使行記錄」, 『한국문화』 38, 서울대학교 규장각한국학연구원, 2006.

김민규, 「朝鮮 王陵 長明燈 研究」, 『미술사학연구』 274, 2012.

김보정, 「朝鮮初期 節義派 士大夫의 정치적 성향과 思想」, 부산대학교대학원 박사학위논문, 2008.

김은정, 「申翊聖의 東淮 別墅」, 『고전문학연구』 36, 한국고전문학회, 2009.

김은정, 「泛洲 尹新之의 생애와 시문학 연구」, 『한국한시연구』 17, 한국한시학회, 2009.

남지대, 「조선초기 禮遇衙門의 성립과 정비」, 『동양학』 24, 단국대학교 동양학연구소, 1994.

박은정, 「『車原頫雪冤記』 異本의 流通과 그 背景」, 『한국사론』 56, 서울대학교 국사학과, 2010.

宋雄燮, 「中宗代 己卯士林의 構成과 出身背景」, 『한국사론』 45, 서울대학교 국사학과, 2001.

宋贊植, 「朝鮮朝 士林政治의 權力構造—銓郎과 三司를 中心으로」, 『경제사학』 2, 경제사학회, 1978.

신채용, 「『星湖全集』 墓道文字를 통해서 본 李瀷의 南人義理」, 『조선시대사학보』 80, 조선시대사학회, 2017.

신채용, 「영조대 탕평정국과 駙馬 간택」, 『조선시대사학보』 51, 조선시대사학회, 2009.

오세현, 「조선중기의 '斯文'과 文章 四大家」, 서울대학교 박사학위논문, 2013.

윤정, 「定宗의 즉위 과정과 즉위 명분」, 『진단학보』 119, 진단학회, 2013.

李秉烋, 「朝鮮前期 士林派의 實體와 性格」, 『조선시대사학보』 39, 조선시대사학회, 2006.

이상식, 「朝鮮後期 肅宗의 政局運營과 王權 研究」, 고려대학교 박사학위논문, 2005.

李裕京, 「朝鮮初期의 駙馬」, 고려대학교 석사학위논문, 1984.

임혜련, 「숙종 왕비의 위상과 정치적 역할」, 『숙종대왕자료집』 2, 한국학중앙연구원 장서각, 2015.

鄭萬祚, 「17세기 중반 漢黨의 정치활동과 國政運營論」, 『한국문화』 23, 서울대 규장각, 1999.

鄭萬祚, 「숙종대 정국동향과 왕실여성의 위상」, 『숙종대왕자료집』 2, 한국학중앙연구원장서각, 2015.

鄭萬祚, 「숙종대의 재인식」, 『숙종대왕자료집』 1, 한국학중앙연구원장서각, 2015.

鄭萬祚, 「肅宗後半~英祖初의 政局과 密庵 李栽의 政治論」, 『밀암 이재 연구』, 민족문화연구소, 영남대학교출판부, 2001.

鄭萬祚, 「英祖代 中半의 政局과 蕩平策의 再定立」, 『역사학보』 111, 역사학회, 1986.

鄭萬祚, 「英祖代 初半의 蕩平策과 蕩平派의 活動」, 『진단학보』 56, 진단학회, 1983.

鄭萬祚, 「陰崖 李耔와 기묘사림」, 『음애이자와 기묘사림』, 지식산업사, 2004.

鄭萬祚, 「朝鮮時代의 士林政治」, 『韓國史上의 政治形態』, 일조각, 1993

鄭萬祚, 「朝鮮時代의 士林政治 ─ 文人政權의 한 類型」, 『反亂인가? 革命인가?』, 韓·日 歷史家會議 組織委員會, 2008.

鄭萬祚, 「혜경궁의 삶과 영조대 중·후반의 정국」, 『조선시대사학보』 74, 조선시대사학회, 2015.

정해득, 「해창위 오태주의 생애와 글씨」, 『해창위 오태주의 서예』, 한신대학교 박물관,
2015.

조준호, 「18세기 전반 近畿南人의 분포와 戊申亂」, 『성호학보』 3, 성호학회, 2006.

조준호, 「朝鮮 肅宗~英祖代 近畿地域 老論學脈 연구」, 국민대학교 박사학위논문,
2003.

지두환, 「朝鮮後期 禮訟 硏究」, 『朝鮮時代 思想史의 再照明』, 역사문화, 1998.

차호연, 「조선 초기 公主·翁主의 封爵과 禮遇」, 『조선시대사학보』 77, 조선시대사학
회, 2016.

최성환, 「정조대 탕평정국의 군신의리 연구」, 서울대학교 박사학위논문, 2009.

崔完秀, 「玄齋 沈師正 評傳」 1, 『澗松文華』 67, 한국민족미술연구소, 2004.

崔完秀, 「玄齋 沈師正 評傳」 2, 『澗松文華』 73, 한국민족미술연구소, 2007.

崔完秀, 「總史」, 『古德面誌』, 고덕면지편찬위원회, 2006.

崔完秀, 「秋史實記」, 『澗松文華』 30, 한국민족미술연구소, 1986.

한명기, 「光海君代의 大北勢力과 政局의 動向」, 『한국사론』 20, 서울대학교 국사학과,
1988.

한충희, 「朝鮮初期 儀賓 硏究」, 『조선사연구』 5, 조선사연구회, 1996.

홍영의, 「고려말 李成桂의 婚姻關係와 경제적 기반」, 『한국학논총』 45, 국민대학교 한
국학연구소, 2016.

황인규, 「慶順公主와 敬惠公主의 생애와 비구니 출가」, 『역사와교육』 11, 역사와교육
학회, 2010.

황인규, 「조선전기 왕실녀의 가계와 비구니 출가」, 『한국불교학』 통권 57, 한국불교학
회, 2010.

저서

김문식, 『조선후기 지식인의 대외인식』, 새문사, 2009.

오항녕, 『조선의 힘』, 역사비평사, 2010.

유봉학, 『燕巖一派 北學思想 硏究』, 一志社, 1995.

유봉학, 『조선후기 학계와 지식인』, 신구문화사, 1998.

이근호, 『조선후기 탕평파와 국정운영』, 민속원, 2016.

이병휴, 『조선전기 기호사림파 연구』, 일조각, 1984.

이종묵, 『조선의 문화공간』 4, 휴머니스트, 2006.

이태진 편, 『조선시대 정치사의 재조명』, 태학사, 2003.

이태호, 『사람을 사랑한 시대의 예술, 조선후기 초상화』, 마로니에북스, 2016.

정만조, 『朝鮮時代 書院硏究』, 집문당, 1997.

정병설 옮김, 『한중록』, 문학동네, 2010.

정석종, 『朝鮮後期 社會變動 硏究』, 일조각, 1990.

정승모, 『조선후기 지역사회 구조 연구』, 민속원, 2010.

정옥자, 『조선후기 조선중화사상 연구』, 일지사, 1998.

지두환, 『왕실친인척과 조선정치사』, 역사문화, 2014.

지두환, 『조선의 왕실』 전52권, 역사문화, 1999~2009.

지두환, 『한국사상사』, 역사문화, 1999.

崔完秀, 『겸재 정선』 1~3, 현암사, 2009.

崔完秀, 『謙齋 鄭敾 眞景山水畵』, 汎友社, 1993.

崔完秀, 『조선왕조 충의열전』, 돌베개, 1998.

崔完秀 외, 『우리문화의 황금기 진경시대』 1·2, 돌베개, 1998.

단국대학교 동양학연구원 역, 『낙전당집』, 학자원, 2016.

사료

『조선왕조실록』(http://sillok.history.go.kr/main/main.do)
『승정원일기』(http://sjw.history.go.kr/main.do)
『醉夢軒散稿』(오태주)(http://www.koreanhistory.or.kr)

『昆侖集』(최창대)	『東江遺集』(신익전)	『林下筆記』(이유원)
『三淵集』(김창흡)	『三灘集』(이승소)	『象村稿』(신흠)
『瑞石集』(김만기)	『樂全堂集』(신익성)	『燃藜室記述』(이긍익)
『燕巖集』(박지원)	『燕行記』(서호수)	『二樂亭集』(신용개)
『頤庵遺稿』(송인)	『淸陰集』(김상헌)	『春沼子集』(신최)
『擇里志』(이중환)	『玄洲集』(윤신지)	『弘齋全書』(정조)

『大東野乘』
『列聖御製』 2(서울대학교 규장각한국학연구원)
『文獻世考(昌原黃氏世藏文獻攷)』(국립중앙도서관)

302 조선 왕실의 백년손님

단국대학교 동양학연구원 역, 『낙전당집』, 학자원, 2016.

사료

『조선왕조실록』(http://sillok.history.go.kr/main/main.do)
『승정원일기』(http://sjw.history.go.kr/main.do)
『醉夢軒散稿』(오태주)(http://www.koreanhistory.or.kr)

『昆侖集』(최창대)	『東江遺集』(신익전)	『林下筆記』(이유원)
『三淵集』(김창흡)	『三灘集』(이승소)	『象村稿』(신흠)
『瑞石集』(김만기)	『樂全堂集』(신익성)	『燃藜室記述』(이긍익)
『燕巖集』(박지원)	『燕行記』(서호수)	『二樂亭集』(신용개)
『頤庵遺稿』(송인)	『淸陰集』(김상헌)	『春沼子集』(신최)
『擇里志』(이중환)	『玄洲集』(윤신지)	『弘齋全書』(정조)

『大東野乘』
『列聖御製』 2(서울대학교 규장각한국학연구원)
『文獻世考(昌原黃氏世藏文獻攷)』(국립중앙도서관)

족보류

『江陵咸氏世譜』   『居昌愼氏世譜』   『慶州金氏族譜』

『高靈申氏世譜』   『光山金氏族譜』   『東萊鄭氏族譜』

『同福吳氏族譜』   『礪山宋氏族譜』   『綾城具氏世譜』

『潘南朴氏世譜』   『星州李氏世譜』   『信川康氏世譜原流』

『安東金氏世譜』   『楊州趙氏族譜』   『延安車氏世譜』

『宜寧南氏世譜』   『仁川李氏世譜』   『朝鮮王朝璿源錄』

『昌原黃氏世譜』   『清風金氏世譜』   『坡平尹氏世譜』

『平山申氏世譜』   『豊川任氏世譜』   『海州吳氏世譜』

『海州鄭氏族譜』   『海平尹氏世譜』

조선왕조 공주·옹주와 부마 명단

	부왕 (재위년)	공주·옹주 (생몰년)	차서	공주·옹주모	부마 작호	부마 성명	본관	비고
1	태조 (1392~1398)	경순공주慶順公主 (?~1407)	1녀	신덕왕후 강씨 神德王后 康氏	흥안군興安君	이제李濟 (1365?~1398)	성주 星州	
2		경신공주慶愼公主 (?~1426)	2녀	신의왕후 한씨 神懿王后 韓氏	상당군上黨君	이애李薆 (초명: 이저李佇) (1363~1414)	청주 淸州	
3		경선공주慶善公主 (?~?)	3녀	신의왕후 한씨	청원군靑原君	심종沈淙 (?~1418)	청송 靑松	
4		의령옹주宜寧翁主 (?~?)	서1녀	미상	계천위啓川尉	이등李登 (1379~1457)	개성 開城	
5		숙신옹주淑愼翁主 (?~1453)	서2녀	화의옹주 김씨? 和義翁主 金氏	당성위唐城尉	홍해洪海(초명: 홍 구해洪龜海) (?~?)	남양 南陽	
6	정종 (1399~1400)	함양군주咸陽郡主 (?~?)	서1녀	숙의 지씨? 淑儀池氏 윤씨尹氏?		박갱朴賡? 	밀양? 密陽	추정
7		숙신옹주淑愼翁主 (?~?)	서2녀	숙의 기씨 淑儀奇氏		김세민金世敏 (1401~1486)	경주 慶州	
8		덕천군주德川郡主 (?~?)	서3녀	미상		변상복邊尙服 (?~1455)	원주 原州	
9		고성군주高城郡主 (?~?)	서4녀	미상		김한金澣 (1409~1485)	안산 安山	
10		상원군주祥原郡主 (?~?)	서5녀	숙의 기씨 淑儀奇氏		조효산趙孝山 (?~1455)	평양 平壤	
11		전산군주全山郡主 (?~?)	서6녀	미상		이희종李希宗 (?~?)	용인 龍仁	

	부왕 (재위년)	공주·옹주 (생몰년)	차서	공주·옹주모	부마 작호	부마 성명 (생몰년)	본관	비고
12	정종 (1399~1400)	인천군주仁川郡主 (?~?)	서7녀	미상		이관식李寬植 (?~?)	전의 全義	
13		함안군주咸安郡主 (?~?)	서8녀	미상		이항신李恒信 (?~?)	경주 慶州	
14	태종 (1401~1418)	정순공주貞順公主 (1385~1460)	1녀	원경왕후 민씨 元敬王后 閔氏	청평위淸平尉	이백강李伯剛 (1381~1451)	청주 淸州	
15		경정공주慶貞公主 (?~1455)	2녀	원경왕후 민씨	평양부원군 平壤府院君	조대림趙大臨 (1387~1430)	평양 平壤	
16		경안공주慶安公主 (1393~1415)	3녀	원경왕후 민씨	길창군吉昌君	권규權跬 (1393~1421)	안동 安東	
17		정선공주貞善公主 (1404~1424)	4녀	원경왕후 민씨	의산위宜山尉	남휘南暉 (?~1454)	의령 宜寧	
18		정혜공주貞惠翁主 (?~1424)	서1녀	의빈 권씨懿嬪權氏	운성부원군 雲城府院君	박종우朴從愚 (1407~1464)	운봉 雲峯	
19		정신옹주貞信翁主 (?~1452)	서2녀	신빈 신씨信嬪辛氏	영평위鈴平尉	윤계동尹季童 (?~1454)	파평 坡平	
20		정정옹주貞靜翁主 (1410~1456)	서3녀	신빈 신씨	한원군漢原君	조선趙璿 (1410~1437)	양주 楊州	
21		숙정옹주淑貞翁主 (?~?)	서4녀	신빈 신씨	일성위日城尉	정효전鄭孝全 (?~1453)	연일 延日	
22		소선옹주昭善翁主 (?~1437)	서5녀	신빈 신씨	유천군柔川君	변효순邊孝順 (1416~1457)	원주 原州	
23		숙혜옹주淑惠翁主 (1413~1464)	서6녀	소빈 노씨昭嬪盧氏	성원위星原尉	이정녕李正寧 (1411~1455)	성주 星州	

	부왕 (재위년)	공주·옹주 (생몰년)	차서	공주·옹주모	부마작호	부마 성명 (생몰년)	본관	비고
24	태종 (1401~1418)	숙녕옹주淑寧翁主 (?~?)	서7녀	신빈 신씨信嬪辛氏	파성군坡城君	윤후尹厚 (?~1433)	파평 坡平	
25		소숙옹주昭淑翁主 (?~1456)	서8녀	숙빈 안씨淑嬪安氏	해평위海平尉	윤연명尹延命 (?~1458)	해평 海平	
26		숙경옹주淑慶翁主 (1420~1494)	서9녀	신빈 신씨信嬪辛氏	파평군坡平君	윤암尹巖 (1422~1461)	파평 坡平	
27		경신옹주敬愼翁主 (?~1468)	서10녀	숙빈 안씨淑嬪安氏	전의위全義尉	이완李梡 (?~1455)	전의 全義	
28		숙안옹주淑安翁主 (?~1464)	서11녀	후궁 김씨後宮金氏	회천위懷川尉	황유黃裕 (1421~1450)	회덕 懷德	
29		숙근옹주淑謹翁主 (?~1450)	서12녀	신빈 신씨信嬪辛氏	화천위花川尉	권공權恭 (?~1462)	안동 安東	
30		숙순옹주淑順翁主 (?~?)	서13녀	후궁 이씨後宮李氏	파원위坡原尉	윤평尹泙 (1420~1467)	파평 坡平	
31	세종 (1419~1450)	정의공주貞懿公主 (?~?)	2녀	소헌왕후 심씨 昭憲王后沈氏	연창위延昌尉	안맹담安孟聃 (1415~1462)	죽산 竹山	
32		정현옹주貞顯翁主 (?~1480)	서1녀	상침 송씨尙寢宋氏	영천위鈴川尉	윤사로尹師路 (1423~1463)	파평 坡平	
33		정안옹주貞安翁主 (?~1461)	서2녀	숙원 이씨淑媛李氏	청성위青城尉	심안의沈安義 (1438~1476)	청송 青松	
34	문종 (1451~1452)	경혜공주敬惠公主 (1435~1473)	2녀	현덕왕후 권씨 顯德王后權氏	영양위寧陽尉	정종鄭悰 (1435~1461)	해주 海州	
35		경숙옹주敬淑翁主 (?~?)	서1녀	사칙 양씨司則楊氏	반성위班城尉	강자순姜子順 (1443~?)	진주 晉州	

	부왕 (재위년)	공주·옹주 (생몰년)	차서	공주·옹주모	부마 작호	부마 성명 (생몰년)	본관	비고
36	세조 (1455~1468)	의숙공주懿淑公主 (1441~1477)	1녀	정희왕후 윤씨 貞熹王后 尹氏	하성위河城尉	정현조鄭顯祖 (1440~1504)	하동 河東	
37	예종 (1469~1469)	현숙공주顯肅公主 (1464~1502)	1녀	안순왕후 한씨 安順王后 韓氏	풍천위豊川尉	임광재任光載 (1465~1495)	풍천 豊川	
38	성종 (1470~1494)	혜숙옹주惠淑翁主 (?~?)	서1녀	숙의 홍씨淑儀洪氏	고원위高原尉	신항申沆 (1477~1507)	고령 高靈	
39		휘숙옹주徽淑翁主 (?~1506 이후)	서2녀	명빈 김씨明嬪金氏	풍원위豊原尉	임숭재任崇載 (?~1505)	풍천 豊川	
40		공신옹주恭愼翁主 (?~?)	서3녀	귀인 엄씨貴人嚴氏	청녕위淸寧尉	한경침韓景琛 (1482~1504)	청주 淸州	
41		경순옹주慶順翁主 (1482~?)	서4녀	숙용 심씨淑容沈氏	의성위宜城尉	남치원南致元 (?~?)	의령 宜寧	
42		경숙옹주敬淑翁主 (1483~?)	서5녀	명빈 김씨明嬪金氏	여천위驪川尉	민자방閔子芳 (?~?)	여흥 驪興	
43		정순옹주靜順翁主 (?~?)	서6녀	숙의 홍씨淑儀洪氏	봉성위奉城尉	정원준鄭元俊 (?~?)	봉화 奉化	
44		숙혜옹주淑惠翁主 (1486~1525)	서7녀	숙용 심씨淑容沈氏	한천위漢川尉	조무강趙無疆 (1488~1541)	양주 楊州	
45		경휘옹주慶徽翁主 (?~?)	서8녀	숙의 권씨淑儀權氏	영원위鈴原尉	윤내尹鼐 (?~1552)	파평 坡平	
46		휘정옹주徽靜翁主 (?~?)	서9녀	명빈 김씨明嬪金氏	의천위宜川尉	남섭원南燮元 (?~?)	의령 宜寧	
47		정혜옹주靜惠翁主 (1489~1507)	서10녀	귀인 정씨貴人鄭氏	청평위淸平尉	한기韓紀 (1490~1558)	청주 淸州	

	부왕 (재위년)	공주·옹주 (생몰년)	차서	공주·옹주모	부마 작호	부마 성명 (생몰년)	본관	비고
48	성종 (1470~1494)	정숙옹주靜淑翁主 (1493~1573)	서11녀	숙의 홍씨淑儀洪氏	영평위鈴平尉	윤섭尹燮 (1492~1516)	파평 坡平	
49	연산군 (1495~1506.9)	휘순공주徽順公主 (1492~?)	1녀	폐비 신씨慶妃愼氏	능양위綾陽尉	구문경具文璟 (1492~?)	능성 綾城	연산군 폐위 로 부마 작위 박탈
50		효혜공주孝惠公主 (1511~1531)	1녀	장경왕후 윤씨 章敬王后 尹氏	연성위延城尉	김희金禧(?~1531)	연안 延安	
51		의혜공주懿惠公主 (1521~?)	2녀	문정왕후 윤씨 文定王后 尹氏	청원위淸原尉	한경록韓景祿 (1520~1589)	청주 淸州	
52		효순공주孝順公主 (1522~1538)	3녀	문정왕후 윤씨	능원위綾原尉	구사안具思顏 (1523~1562)	능성 綾城	
53		경현공주敬顯公主 (1530~1584)	4녀	문정왕후 윤씨	영천위靈川尉	신의申檥 (1530~1584)	고령 高靈	
54	중종 (1506.9~1544)	혜순옹주惠順翁主 (1512~1583)	서1녀	경빈 박씨敬嬪朴氏	광천위光川尉	김인경金仁慶 (1515~1583)	광산 光山	
55		혜정옹주惠靜翁主 (1514~1580)	서2녀	경빈 박씨	당성위唐城尉	홍려洪礪 (?~1533)	남양 南陽	
56		정순옹주貞順翁主 (1517~1581)	서3녀	숙원 이씨淑媛李氏	여성위礪城尉	송인宋寅 (1517~1584)	여산 礪山	
57		효정옹주孝靜翁主 (1520~1544)	서4녀	숙원 이씨	순원위淳原尉	조의정趙義貞 (?~?)	순창 淳昌	
58		숙정옹주淑靜翁主 (1525~1564)	서5녀	숙원 김씨淑媛金氏	능창위綾昌尉	구한具澣 (1524~1558)	능성 綾城	

	부왕 (재위년)	공주·옹주 (생몰년)	차서	공주·옹주모	부마 작호	부마 성명 (생몰년)	본관	비고
59	중종 (1506.9~1544)	정신옹주靜愼翁主 (1526~1552)	서6녀	창빈 안씨昌嬪安氏	청천위淸川尉	한경우韓景祐 (1522~?)	청주 淸州	
60		정명공주貞明公主 (1603~1685)	1녀	인목왕후 김씨 仁穆王后 金氏	영안위永安尉	홍주원洪柱元 (1606~1672)	풍산 豊山	
61		정신옹주貞愼翁主 (1582~1653)	서1녀	인빈 김씨仁嬪金氏	달성위達城尉	서경주徐景霌 (1579~1643)	달성 達城	
62		정혜옹주貞惠翁主 (1584~1638)	서2녀	인빈 김씨	해숭위海嵩尉	윤신지尹新之 (1582~1657)	해평 海平	
63		정숙옹주貞淑翁主 (1587~1627)	서3녀	인빈 김씨	동양위東陽尉	신익성申翊聖 (1588~1644)	평산 平山	
64		정인옹주貞仁翁主 (1590~1656)	서4녀	정빈 민씨靜嬪閔氏	당원위唐原尉	홍우경洪友敬 (1590~1625)	남양 南陽	
65	선조 (1568~1608)	정안옹주貞安翁主 (1590~1660)	서5녀	인빈 김씨	금양위錦陽尉	박미朴瀰 (1592~1645)	반남 潘南	
66		정휘옹주貞徽翁主 (1593~1653)	서6녀	인빈 김씨	전창위全昌尉	유정량柳廷亮 (1591~1663)	전주 全州	
67		정선옹주貞善翁主 (1594~1614)	서7녀	정빈 민씨靜嬪閔氏	길성위吉城尉	권대임權大任 (1595~1645)	안동 安東	
68		정정옹주貞正翁主 (1595~1666)	서8녀	정빈 홍씨貞嬪洪氏	진안위晉安尉	유적柳頔 (1595~1619)	진주 晉州	
69		정근옹주貞謹翁主 (?~1613)	서9녀	정빈 민씨靜嬪閔氏	일선위一善尉	김극빈金克鑌 (1600~1628)	선산 善山	
70		정화옹주貞和翁主 (1604~1667)	서10녀	온빈 한씨溫嬪韓氏	동창위東昌尉	권대항權大恒 (1610~1666)	안동 安東	

	부왕 (재위년)	공주·옹주 (생몰년)	차서	공주·옹주모	부마 작호	부마 성명 (생몰년)	본관	비고
71	인조 (1623.3~1649)	효명옹주孝明翁主 (1637~1700)	서1녀	폐귀인 조씨 廢貴人 趙氏	낙성위洛城尉	김세룡金世龍 (?~1651)	안동 安東	
72	효종 (1650~1659)	숙안공주淑安公主 (1636~1697)	2녀	인선왕후 장씨 仁宣王后 張氏	익평위益平尉	홍득기洪得箕 (1635~1673)	남양 南陽	
73		숙명공주淑明公主 (1640~1669)	3녀	인선왕후 장씨	청평위靑平尉	심익현沈益顯 (1641~1683)	청송 靑松	
74		숙휘공주淑徽公主 (1642~1696)	4녀	인선왕후 장씨	인평위寅平尉	정제현鄭齊賢 (1642~1662)	영일 迎日	
75		숙정공주淑靜公主 (1645~1668)	5녀	인선왕후 장씨	동평위東平尉	정재륜鄭載崙 (1648~1723)	동래 東萊	
76		숙경공주淑敬公主 (1648~1671)	6녀	인선왕후 장씨	흥평위興平尉	원몽린元夢鱗 (1648~1674)	원주 原州	
77		숙녕옹주淑寧翁主 (1649~1668)	서1녀	안빈 이씨安嬪李氏	금평위錦平尉	박필성朴弼成 (1652~1747)	반남 潘南	
78	현종 (1660~1674)	명선공주明善公主 (1659~1673)	1녀	명성왕후 김씨 明聖王后 金氏	신안위新安尉	맹만택孟萬澤 (1660~1710)	신창 新昌	혼례를 올리 지 않고 부마 작위 환수
79		명혜공주明惠公主 (?~1673)	2녀	명성왕후 김씨	동안위東安尉	신요경申堯卿 (1663~?)	평산 平山	
80		명안공주明安公主 (1665~1687)	3녀	명성왕후 김씨	해창위海昌尉	오태주吳泰周 (1668~1716)	해주 海州	
81	영조 (1725~1776)	화순옹주和順翁主 (1720~1758)	서2녀	정빈 이씨靖嬪李氏	월성위月城尉	김한신金漢藎 (1720~1758)	경주 慶州	

	부왕 (재위년)	공주·옹주 (생몰년)	차서	공주·옹주모	부마 작호	부마 성명 (생몰년)	본관	비고
82	영조 (1725~1776)	화평옹주和平翁主 (1727~1748)	서3녀	영빈 이씨暎嬪李氏	금성위錦城尉	박명원朴明源 (1725~1790)	반남 潘南	
83		화협옹주和協翁主 (1733~1752)	서7녀	영빈 이씨	영성위永城尉	신광수申光綏 (1731~1775)	평산 平山	
84		화완옹주和緩翁主 (1738~1808)	서9녀	영빈 이씨	일성위日城尉	정치달鄭致達 (1738~1757)	영일 迎日	
85		화유옹주和柔翁主 (1740~1777)	서10녀	귀인 조씨貴人趙氏	창성위昌城尉	황인점黃仁點 (1740~1802)	창원 昌原	
86		화령옹주和寧翁主 (1753~1821)	서11녀	후궁 문씨後宮文氏	청성위靑城尉	심능건沈能建 (1752~1817)	청송 靑松	
87		화길옹주和吉翁主 (1754~1772)	서12녀	후궁 문씨	능성위綾城尉	구민화具敏和 (1754~1800)	능성 綾城	
88	정조 (1777~1800)	숙선옹주淑善翁主 (1793~1836)	서2녀	수빈 박씨綏嬪朴氏	영명위永明尉	홍현주洪顯周 (1793~1865)	풍산 豊山	
89	순조 (1801~1834)	명온공주明溫公主 (1810~1832)	1녀	순원왕후 김씨 純元王后 金氏	동녕위東寧尉	김현근金賢根 (1810~1868)	안동 安東	
90		복온공주福溫公主 (1818~1832)	2녀	순원왕후 김씨	창녕위昌寧尉	김병주金炳疇 (1819~1853)	안동 安東	
91		덕온공주德溫公主 (1822~1844)	3녀	순원왕후 김씨	남녕위南寧尉	윤의선尹宜善 (1823~1887)	해평 海平	
92	철종 (1850~1863)	영혜공주永惠翁主 (1858~1872)	서4녀	숙의 범씨淑儀范氏	금릉위錦陵尉	박영효朴泳孝 (1861~1939)	반남 潘南